Thore Rudzki

Harvard Project Manager

Einführung in das Projektmanagement

Harvard Project Manager
von Thore Rudzki

THORE RUDZKI

HARVARD PROJECT MANAGER

PROJEKTMANAGEMENT AUF DEM PC

2., überarbeitete und erweiterte Auflage

SOFTWARE TRAINER AUFBAUSTUFE

vieweg

1. Auflage 1988
2., überarbeitete und erweiterte Auflage 1990

Ursprünglich erschienen bei Friedr. Vieweg & Sohn Verlagsgesellschaft mbH, Braunschweig 1990

Umschlaggestaltung: Schrimpf + Partner, Wiesbaden

ISBN 978-3-663-19838-3 ISBN 978-3-663-20173-1 (eBook)
DOI 10.1007/978-3-663-20173-1

Vorwort

Die Planung von Projekten ist nichts Neues, auch die Netzplantechnik gibt es schon seit Jahrzehnten. Durch die Entwicklung immer leistungsfähigerer Personal Computer ist es jetzt aber erst mögich geworden, die sehr rechenintensive Netzplanung auch direkt mit dem PC durchzuführen.

Die Projektarbeit gerät zunehmend unter Zeitdruck, die Produkte müssen immer schneller entwickelt und auf den Markt gebracht werden. Um Kosten zu begrenzen, müssen die vorhandenen Ressourcen optimal ausgelastet sein. Engpässe und unvorhergesehene Zwischenfälle dürfen keine wesentlichen Verzögerungen verursachen, die entsprechenden Planungs-Korrekturen haben schnellstmöglich zu erfolgen.

Für derartige, höchste Anforderungen an die Qualität der Planung reichen die bisherigen, meist manuellen Methoden nicht mehr aus. Die Anzahl der gleichzeitig zu berücksichtigenden Variablen ist so groß geworden, daß diese Aufgabe nur noch vom Computer zu bewältigen ist. Besonders auch deshalb, weil diese Berechnungen nicht nur einmal, sondern regelmäßig nach dem Erhalt jedweder neuer Projektdaten erfolgen müssen.

Der Markt für Netzplanungs-Programme bietet einige Produkte, die auch für anspruchsvollere Aufgaben geeignet sind. Mit ihnen können gleichzeitig mehrere große Projekte und eine Vielzahl von Mitarbeitern effektiv verwaltet werden. Neben dieser theoretischen Leistungsfähigkeit gibt es aber noch das Qualitätsmerkmal der Benutzer-Freundlichkeit, ohne die sich ein Programm nur selten wirklich ausnutzen und erfolgreich einsetzen läßt. Die praktische Leistungsfähigkeit wird somit nur durch ein Optimum beider Eigenschaften erreicht.

Ein Netzplan-Programm stellt aber nur ein anwendbares System dar, die Programm-Anleitung beschreibt lediglich die vorhandenen Funktionen und Möglichkeiten. Was aber davon wirklich benötigt wird, oder auch besser nicht verwendet werden sollte, lehrt meist nur die Erfahrung vieler Jahre und Projekte.

Das vorliegende Buch soll hier eine Brücke schlagen, und die Zeit bis zu den ersten eigenen positiven Erfahrungen erheblich abkürzen. Auf der Basis eines in der Praxis bewährten Programms, wird ein erprobter Weg zur erfolgreichen Planung detailliert vorgeführt, Schritt für Schritt.

Inhaltsverzeichnis

Einleitung

Das Projektmanagement benötigt verschiedene Instrumente zur Planung und Ablauforganisation. Aus dem Einsatz dieser Werkzeuge resultieren Vorhersagen von Terminen und Kosten - aber auch eine Ablaufkontrolle, die während der Projektdurchführung prüft, ob diese Vorhersagen noch stimmen.

Die bisherigen Methoden basierten hauptsächlich auf dem 'Balkenplan'. Doch für kompliziertere Aufgabenzusammenhänge reicht er nicht aus - diese Verknüpfungen müssen in einem 'Netzplan' zusammengefaßt werden. Der Netzplan stellt das logische Bindeglied zwischen den auch bisher meist schon benutzten Hilfsmitteln dar:

- dem Balkenplan für die Termine
- den Auslastungsgrafiken für den Arbeitseinsatz von Mitarbeitern und Geräten
- die Kostengrafiken für den geplanten und erfolgten Kostenanfall

Über das Verbindungselement Netzplan sieht man die Auswirkungen jeder Projektveränderung sofort in allen anderen Planungswerkzeugen. Die dafür benötigten vielfältigen Berechnungen sind nur mit Hilfe eines Computers und dem entsprechenden Programm möglich. Wie die Planung, deren Eingabe und Auswertung hierbei grundsätzlich vor sich geht um aussagekräftige Ergebnisse zu erhalten, wird in diesem Buch Schritt für Schritt erläutert und demonstriert.

Der erste Teil zeigt zu Beginn, wie ein Netzplan aufgebaut ist. Zur Vorbereitung der Projektplanung erfolgt der erste Entwurf, aus dem die erkennbaren Verknüpfungen in das Programm eingegeben werden. Meist ist danach eine Verfeinerung der Vernetzung und die Prüfung des Netzplans notwendig. Wurden die Zeiten der einzelnen Tätigkeiten abgeschätzt und eingegeben, ist das erste Ergebnis zu begutachten: der 'Kritische Pfad' durch das Projekt. Nach der Anpassung an die firmenspezifischen Arbeitszeiten und freien Tage, gibt der Netzplan Auskunft über die zu erwartenden Termine des Projekts. Die einzelnen Aufgaben werden nun auf die vorhandenen Mitarbeiter verteilt, eventuelle Überlastungen anschließend korrigiert. Mit den Stundensätzen der Mitarbeiter und der eingeplanten Maschinen, sowie auch den eingegeben Kosten der benötigten Materialien, sind die zu erwartenden Kosten für jeden Monat bis hin zum Projektgesamtbetrag ablesbar. Nach der Dokumentation dieser ersten Ergebnisse ist die Aufnahme des neuen Projektes abgeschlossen.

Der zweite Teil behandelt die regelmäßig sich wiederholenden Projektkontrollen. Aus den 'Fortschrittsaufnahmen' können Korrekturen am Netzplan notwendig werden. Wichtig ist deshalb die häufige Projektanalyse, um entstehende Probleme rechtzeitig zu erkennen. Durch einen Plan-/Ist-Vergleich der Termin- und Kostendaten wird die eigenen Schätzgenauigkeit überprüft. Aus der überarbeiteten Planung entstehen die Arbeitsunterlagen für alle am Projekt Beteiligten.

Zum Projektmanagement gehört aber auch die Dokumentation der Erfahrungen aus dem Projekt, um daraus für zukünftige Planungen zu lernen. Ebenfalls werden meist mehrere Projekte parallel bearbeitet, weshalb eine gemeinsame Übersicht benötigt wird. Teil 2 endet mit Hinweisen für die Einführung des Projektmanagements - was z.B. bei der Planungsdurchführung zu beachten ist und welche Fehler vermieden werden sollten - gerade hinsichtlich des 'menschlichen' Faktors.

Nach der Beschreibung dieser prinzipiellen Abläufe einer Projektplanung an Hand von vielen Beispielen, folgen in Teil 3 die speziellen Bedienschritte des Programms HPM zur praktischen Lösung der einzelnen Planungsaufgaben.

In diesen Kapiteln erfährt man, wie das Programm zu bedienen und die Werte zu verarbeiten sind. Diese Projektdaten und die daraus resultierenden Ergebnisse müssen gesichert werden, bevor man mit unterschiedlichen Mitteln die verschiedenen Eigenschaften der Planung (Zeiten, Einsatzmittel, Kosten) beurteilt. Die Ergebnisse davon können danach ausgedruckt oder auch weiterverarbeitet werden.

Teil 3 beinhaltet auch Hinweise, was beim Einrichten des HPM-Programms zu beachten ist. Dazu gehören ebenso verschiedene Möglichkeiten, wie man die Programmbedienung komfortabler und schneller machen kann. Für Benutzer früherer HTPM-Versionen werden die Unterschiede zum neuen Programm erläutert.

Die drei Teile des Buches ergänzen sich zu einer praxisgerechten Anleitung, um eigene Projekte schnell selbständig bearbeiten zu können. Teil 3 enthält die detaillierten programmbezogenen Maßnahmen zu den vorher beschriebenen Tätigkeiten der Eingabe und Kontrolle. Jedes Kapitel ist dabei so aufgebaut, daß man sich immer nur auf einen Arbeitsschritt konzentriert und so möglichst schnell und ohne Ablenkung zum jeweiligen Ergebnis kommt. Dadurch wird bei jeder Projekt-Bearbeitungsstufe die Zahl der Eingaben verringert - und somit auch die Fehlerwahrscheinlichkeit gesenkt. Denn die Fehlersuche bei derartig vielen Daten ist sehr zeitaufwendig.

Damit der Umgang mit dem Planungsinstrument Netzplan-Programm leichter verständlich wird, werden die Arbeitsschritte der ersten zwei Teile unabhängig von einem zu verwendenden Programm erläutert - der hier beschriebene Planungsablauf kann also mit fast jedem dafür geeigneten Programm realisiert werden. Ebenso wird der Einsatz von Fremdprogrammen (z.B. Kalkulationsprogrammen) zur besseren Auswertung der Ergebnisse vorgeschlagen. Auch die Benutzung von einfachen Handskizzen ist oft sinnvoll und kann dazu geeignet sein, die Daten für die Eingabe oder Präsentation bestmöglich aufzubereiten.

Um die Bildbeispiele auf dem zur Verfügung stehenden Raum aussagekräftiger zu machen, wurden teilweise Netzplandarstellungen auch aus anderen Programmversionen verwendet. Wichtige Planungsbegriffe sind durch eine besondere Schreibweise (z.B. PLAN-Start-Termin) hervorgehoben, um schneller im Text bestimmte Passagen finden zu können, Details verständlicher zu machen. Aus diesem Grund wurden viele, aber dafür meist kurze, Unterkapitel formuliert.

Unter dem Titel "HINWEISE" sind persönliche Erfahrungen des Autors aufgeführt, die nicht für alle Situationen gültig sein müssen, aber vielleicht doch auch für andere bei der Arbeit hilfreich sein können.

Die Anforderungen an diejenigen Personen, die mit so einem anspruchsvollen Programm arbeiten sollen, sind erheblich. Entscheidungen, die auf Basis dieser Programm-Berechnungen getroffen werden, sind deshalb für nicht direkt beteiligte Personen schwer nachvollziehbar. Darum wurden einige Kapitel dem organisatorischen Umfeld der Computerplanung gewidmet, um die nötigen Vorraussetzungen, aber auch die möglichen Risiken zu zeigen.

Wer dann aber schließlich das Prinzip der Vernetzung verstanden und eine Planung mit einem derart leistungsfähigen Programm durchgeführt hat, wird in Zukunft auf dieses Instrument nicht mehr verzichten wollen.

1 Eingabe der Planung

Die Eingabe der Planung ist der wichtigste Schritt bei der Projektarbeit mit dem PC. Fehler, die hierbei gemacht werden, führen bei der späteren Projektarbeit zu Verzögerungen und Ablaufproblemen. Später bemerkte Fehler können natürlich immer beseitigt werden, doch ist der Aufwand dafür um ein mehrfaches größer, da in der Regel nach einer geänderten Verknüpfung alle Abgleich- und Optimierungsschritte wiederholt werden müssen.

1.1 WAS IST NETZPLANUNG

Die Netzplanung ist eine Technik, die den Ablauf eines Projektes strukturiert. Vorgänge werden einander zeitlich zugeordnet und stehen dadurch miteinander in einer vorgegebenen Beziehung; folgen sie z.B. aufeinander, entsteht dadurch eine Reihenfolge. Durch die Eingabe eines Netzplanes benennt man nicht nur die einzelnen Vorgänge, sondern teilt dem Rechner auch mit, wie sich diese zueinander verhalten, wie sie angeordnet sind. Erst dadurch kann man mit den Planungsdaten arbeiten und den Projektablauf berechnen.

1.1.1 Zusammenhänge zwischen Vorgängen

Vorgänge sind natürlich keine Erfindung der Netzplantechnik. Ein Vorgang ist eine Tätigkeit in einer Abfolge von anderen Tätigkeiten. Um von einem Startpunkt zu einem Endpunkt zu gelangen, bedarf es verschiedener Handlungen, Tätigkeiten und Vorgänge. Ein Vorgang kann die Benutzung einer Maschine, das Ausarbeiten der Planung oder das Warten auf die Lieferung einer Bestellung sein. Diese Vorgänge gibt es ebenfalls bei der Ablaufdarstellung mit Hilfe eines Balkenplans. Dort wird jeder Vorgang in Form eines Balkens dargestellt. Je länger der Vorgang dauert, desto länger ist der Balken dargestellt. Entsprechend verläuft parallel zu den Balken eine Zeitachse, auf der z.B. die Anfangs- und Endtermine des Balkens, also des Vorgangs, abzulesen sind.

Beginnt am Ende des ersten Balkens ein zweiter, sind hier zwei Vorgänge hintereinander angeordnet. Der zweite beginnt erst, wenn der erste beendet ist. Ebensogut können zwei Balken auch direkt untereinander liegen - die entsprechenden Vorgänge laufen dann gleichzeitig ab, sind parallel (Bild 1.1.1 zeigt diese Zusammenhänge).

Ein Balkenplan stellt die zeitliche Vorgangsabfolge sehr anschaulich dar und ist Bestandteil jedes Netzplanungs-Programms. Schwieriger für die Übersichtlichkeit wird es aber, wenn einerseits die Zahl der Vorgänge zunimmt, und wenn andererseits einigen parallelen Vorgängen mit gleichem Endzeitpunkt weitere Vorgänge folgen. Aus dem Balkenplan kann man dann kaum ablesen, welcher Vorgang von welchem abhängt. Und wie soll ein Programm das erkennen können?

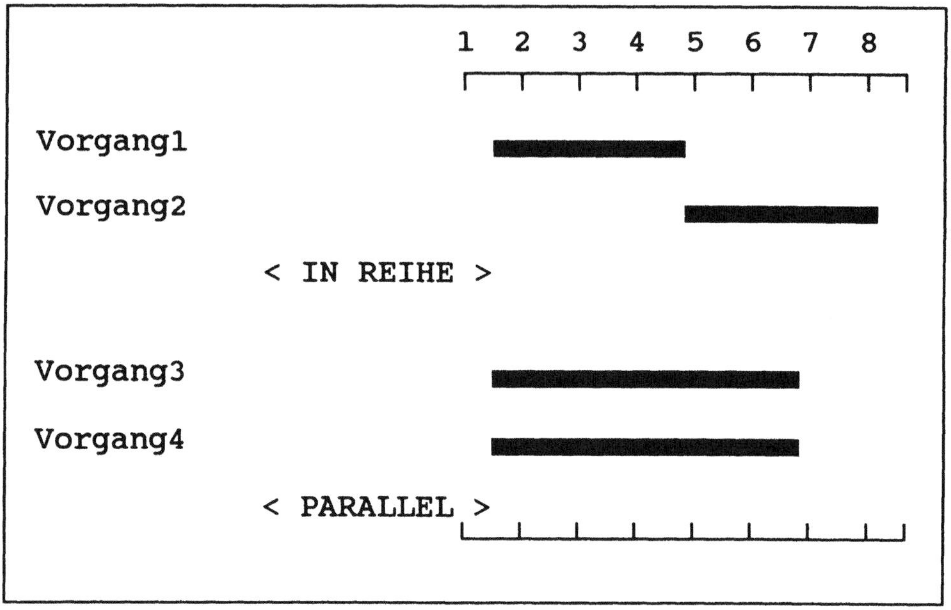

BILD 1.1.1-1 *SERIELLE VORGÄNGE*

Die Verknüpfungen, die der Planer sich zwischen den Vorgängen überlegt hat, werden in der Form eines Netzplanes festgeschrieben. Dabei kommt es nicht auf die Zeitdauer der Vorgänge an, sondern nur auf den logischen Zusammenhang: Was kommt vor oder nach einem Vorgang, und was läuft parallel zu ihm. Laufen verschiedene Netzzweige parallel, kommt es häufig vor, daß ein Vorgang zeitlich später beendet wird als einer, der auf dem anderen Zweig ein ganzes Stück weiter hinter diesem gezeichnet ist. Es handelt sich hier also nur um eine Ablaufanordnung und nicht um die Darstellung entlang einer Zeitachse, wie man sie beim Balkenplan hat (Bild 1.1.2-2 zeigt die Vorgänge in ihrem Netz-Zusammenhang entsprechend der Balkenplan-Anordnung von Bild 1.1.2-1).

BEISPIEL

In Bild 1.1.1-1 sind im oberen Teil als Balken die Aneinanderreihung zweier Arbeitsvorgänge zu sehen. Wenn Vorgang1 fertig ist, beginnt die Arbeit in Vorgang2. Genauso ist der Ablauf in Bild 1.1.1-2, nur jetzt eben als Netzplan dargestellt. Als Ergänzung sind hier nur noch der Start- und der Endpunkt aufgeführt, da jede Planung in einem Punkt beginnen, und in einem anderen Punkt enden muß. Erst dann sind Berechnungen im Netzplan möglich.

Vorgang3 und Vorgang4 stellen zwei Arbeitsgänge dar, die parallel, also gleichzeitig ablaufen. Im Balkenplan sind die Vorgangsbalken gleich lang, also haben sie auch die gleiche Dauer. Die entsprechenden Zeiten können auf der Zeitachse im Balkenplan abgelesen werden.

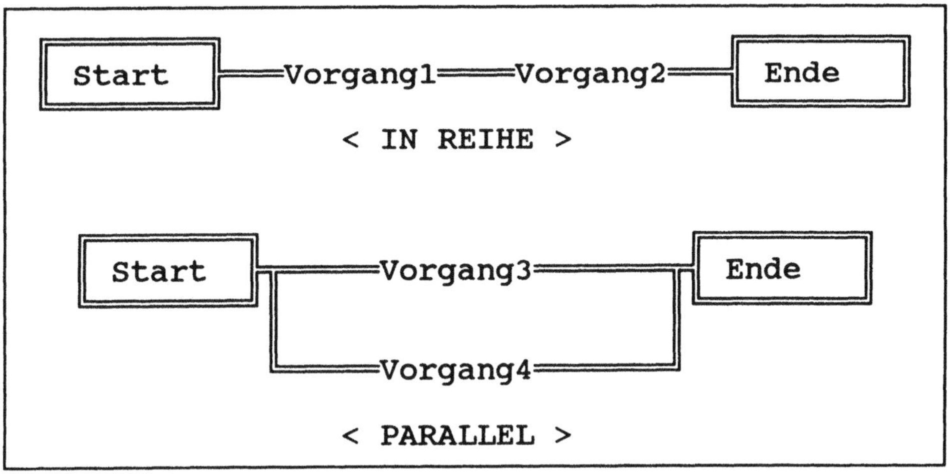

BILD 1.1.1-2 PARALLELE VORGÄNGE

Im Netzplan ist die zeitliche Situation nicht so abzulesen. Vorgang3 und Vorgang4 sind parallel, sie beginnen am START-Punkt und münden schließlich im ENDE-Punkt. Mehr kann aus der Netzplan-Darstellung nicht entnommen werden. Vorgang4 kann länger oder kürzer als Vorgang3 sein, oder er kann auch erst mit einer Verzögerung anfangen - es ist in einem Netzplan nicht erkennbar. Keiner der beiden Vorgänge kann vor dem START-Zeitpunkt beginnen, und der ENDE-Termin kann frühestens zu dem Zeitpunkt liegen, an dem beide Vorgänge beendet sind.

1.1.2 Meilensteine

Bei jedem Plan hat man einen Startpunkt von dem aus man ein Ziel, einen Endpunkt, erreichen will. Beides sind MEILENSTEINE des Projekts, denen die Start- und die Endzeitpunkte zugeordnet werden. Aber auch mitten im Projektablauf gibt es oft sehr wichtige Punkte, an denen man den Projektablauf kontrollieren will. Auch solch ein Punkt kann als Meilenstein des Projektes gesehen und in entsprechender Form dargestellt werden.

Meilensteine sind im wesentlichen Punkte im Projektablauf, an denen z.B. zwei Vorgänge in einen dritten münden. Erst wenn die Arbeiten in den beiden Vorgängen vor dem Meilenstein abgeschlossen sind, kann die Arbeit in dem Vorgang hinter dem Meilenstein beginnen. Das ist die Grundlage des Netzaufbaus, von der auch der Name "Netz"-Plan abgeleitet wurde.

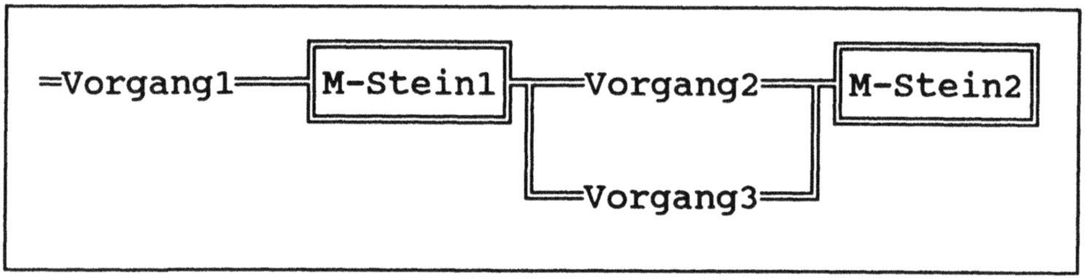

BILD 1.1.2 MEILENSTEINE ALS KONTROLLPUNKTE

Ein Netz besteht aus Maschen und Knoten; die Fäden von verschiedenen Richtungen treffen in einem Knoten zusammen, sind dort miteinander verbunden. Alle Vorgangsinhalte, die vor einem derartigen Meilenstein-Knoten erarbeitet werden, sammeln sich sozusagen im Meilenstein. Erst wenn alle Ergebnisse und Informationen vorliegen, kann im Vorgang nach dem Meilenstein die Weiterarbeit im Projekt begonnen werden. Die Projektarbeit wird danach über verschiedene Vorgänge fortgesetzt, bis wiederum ein Meilenstein erreicht wird, in dem verschiedene Ergebnisse zusammenfließen.

BEISPIEL

> Bild 1.1.2 zeigt den schon im Kapitel 1.1.1 angesprochenen Zusammenhang zwischen Meilensteinen und Vorgängen. Der Fertigstellung von Vorgang1 entspricht der Termin des Meilensteins MStein1. Erst danach können Vorgang2 und Vorgang3 beginnen, müssen es aber nicht gleichzeitig tun. Der Termin von MStein2 ergibt sich aus dem Zeitpunkt, an dem Vorgang2 und Vorgang3 beendet sind. Ein weiterer Vorgang hinter MStein2 kann somit erst beginnen, wenn sowohl Vorgang2 als auch Vorgang3 fertig sind.

1.1.3 Was kann eine Netzplanung

Mit den Vernetzungsbeziehungen der Vorgänge erhält das Programm Informationen für die logische Abfolge der Aufgaben. Um nun das Programm zu nutzen, benötigt es zu jedem dieser Vorgänge noch weitere Eingaben:

a) Aus den Angaben über die jeweilige Vorgangsdauer wird z.B. der früheste Endtermin und der Kritische Pfad berechnet.

b) Aus den Angaben über die jeweils während eines Vorgangs mit diesem befaßten Mitarbeiter wird für jede Person ihre Arbeitsauslastung berechnet.

c) Aus den Angaben jedes Vorgangs über die anfallenden Kosten und den Mitarbeiteraufwand werden die Projektkosten berechnet.

Alle diese Berechnungen stimmen natürlich nur dann, wenn man die logische Verknüpfung der Vorgänge richtig konstruiert hatte. Wurden erst einmal die vielen Zusatzeingaben gemacht, ergibt sich bei einer später vorgenommenen Veränderung in der Vernetzung ein recht Korrekturaufwand, da viele Eingaben komplett zu löschen und neu zuzuordnen sind.

1.2 ERSTER ENTWURF

Die Eingabe eines Netzplans in den Computer setzt einige Vorarbeiten voraus. Es ist zwar denkbar, daß man das Programm aufruft, das Projekt anlegt und danach hinter dem Start-Meilenstein mit der Eingabe der Vorgänge beginnt. Aber dafür sollte der Projekt-Aufbau schon sehr klar strukturiert im Gedächtnis vorliegen. Änderungen am Netzplan bestehen im Löschen und Neuanlegen von Vorgängen, einer Tätigkeit, die gerade bei den ersten Projekteingaben noch nicht so schnell zu bedienen ist.

1.2.1 Ideensammlung

Mit der Projektidee liegen meist schon Vorstellungen über viele Arbeitsschritte vor. Alle diese Vorgänge sollten zunächst in einer Liste ohne eine feste Reihenfolge zusammengefaßt werden. Hat man alle Ideen niedergeschrieben, gilt es herauszufinden, was noch fehlen könnte. Dabei sind die neuen Angaben einfach an das Ende der Liste zu schreiben. Dabei sollten aber nur solche Vorgangs-Ideen aufgenommen werden, deren Wichtigkeit und Länge nicht zu gering im Verhältnis zum abgeschätzten Projektaufwand sind.

BEISPIEL

> Läßt die Erfahrung mit ähnlichen Projekten eine Projektdauer von 18 Monaten erwarten, dann sollten keine Vorgänge in den Netzplan aufgenommen werden, die kürzer als 5 Tage sind. Es sei denn, es handelt sich um elementare Abläufe, wie z.B die Prüfung oder Abnahme eines Funktionsmusters.

Meistens können mehrere kleinere Arbeitsschritte unter einem Oberbegriff zusammengefaßt werden. Je mehr kürzere Vorgänge im Netzplan eingesetzt werden, desto unübersichtlicher wird er. Sollen die kleineren Arbeiten doch in einer Netzstruktur auftauchen, sollte man überlegen, ob eine Übernahme in ein Unterprojekt sinnvoll ist.

Ist die Ideenliste der Vorgänge abgeschlossen, muß sie geordnet werden. Am einfachsten sind die Vorgänge mit Nummern zu versehen: Der erste Arbeitsschritt erhält die Nummer Eins. Soll eine Arbeit parallel zu einer anderen stattfinden, so wird dieser Vorgang mit der gleichen Nummer versehen, aber mit einem Zusatz zur Kennzeichnung der doppelten Nummernvergabe. Zu Vorgang5 liegt jetzt z.B. Vorgang5.1 parallel.

BEISPIEL

> Die Ideenliste in Bild 1.2.1 beschreibt in einem einfachen Beispiel, welche Aufgaben für die Errichtung eines Messestandes notwendig sind. Die einzelnen Aufgaben werden so notiert, wie sie einem einfallen. Selten gelingt es dabei, gleich die richtige Reihenfolge des

späteren Ablaufs einzuhalten. Vorgänge, die zunächst vergessen wurden (wie z.B. 'Zimmer buchen'), werden am Schluß der Liste eingetragen - die Hauptsache dabei ist, daß insgesamt nichts übersehen wird.

```
    IDEENLISTE

Aufgabe: Messestand errichten

IDEEN                              REIHENFOLGE

Stand aufbauen                          5
Stand mieten                            2
Stand planen                            1
Geräte aussuchen                      3.1
Geräte transportieren                 5.1
Geräte aufstellen                       6
Stand transportieren                    4
Zimmer buchen                         2.1
Stand herstellen                        3
```

BILD 1.2.1 IDEENLISTE FÜR NEUES PROJEKT

Die richtige Reihenfolge wird erst ganz am Schluß festgelegt, indem hinter jedem Vorgang die Rangfolgennummer notiert wird. Bei diesem Beispiel können 'Stand mieten (2)' und 'Zimmer buchen (2.1)' nebeneinander ablaufen, da sie nichts miteinander zu tun haben. Erst wenn beide erfolgreich abgeschlossen sind, kann 'Stand herstellen (3)' folgen. Der Vorgang 'Geräte aussuchen (3.1)' kann unabhängig vom Standbau (3) begonnen werden, wenn Standplatz und Zimmer reserviert sind.

HINWEIS

Diese Verzahnungen können zwar aus der Ideenliste herausgelesen und durch die Numerierung dargestellt werden, was aber nicht sehr einfach ist. Der beste Weg führt eigentlich immer über eine einfache Skizze, um die Ideenliste in der richtigen Reihenfolge zu numerieren (Siehe Bild 1.2.3).

1.2.2 Abhängigkeits-Formular

Für Projekte mit einer größeren Anzahl von Vorgängen kann eine Ideensammlung auch in Form einer Tabelle übersichtlich gestaltet werden. Damit wird diese Gliederung für eine leichtere Eingabe in das Programm aufbereitet.

Ebenfalls wird bei einer großen Anzahl von Vorgängen ein Netzplan übersichtlicher, wenn man in ihm nicht die Namen der Vorgänge verwendet, sondern diesen zugeordnete Nummern. Die Vorgangsnummern helfen dabei, einen Vorgang einem bestimmten Projektteil zuzuordnen, wenn man ihn z.B. in einer Listenzusammenstellung sieht. Bei der Sortierung der Ideensammlung, entsprechend ihrer Abfolge, wurden ja die Vorgänge schon mit Nummern versehen, die jetzt weiterhin verwendet werden können.

Das Abhängigkeits-Formular (Bild 1.2.2) beinhaltet verschiedene Spalten. Pro Zeile wird ein Vorgang eingetragen. Nach der Nummer und dem Namen des Vorgangs sind die Nummern der Vorgänge einzutragen, die diesem Vorgang folgen, deshalb FOLGER als Überschrift dieser Spalte. Schon hier zeigt sich, wieviel übersichtlicher mit Nummern statt mit Namen zu arbeiten ist.

ABHÄNGIGKEITS - FORMULAR

NR	VORGANGS-NAME	FOLGER (Nr)	DAUER VORG.	MITAR-BEITER	DAUER ARBEIT
1	Stand planen	2 2.1			
2	Stand mieten	3 3.1			
3	S.herstellen	4			
4	S.transport.	5			
5	S.aufbauen	6			
6	Geräte aufstellen	E			
2.1	Zimm. buchen	3 3.1			
3.1	G.aussuchen	5.1			
5.1	G.transport.	6			

BILD 1.2.2 IDEENLISTE IN ABHÄNGIGKEITS-FORMULAR

Die weiteren Spalten für Vorgangsdauer, Mitarbeiterzuordnung, Zeitaufwand (und eventuell noch Verantwortung) werden erst später ausgefüllt.

HINWEIS

Es sollten jeweils nur diejenigen Spalten im Abhängigkeits-Formular ausgefüllt werden, die für den aktuellen Arbeitsschritt wirklich notwendig sind. So kann man sich besser auf die Zusammenhänge zwischen den Vorgängen konzentrieren, ohne jeweils durch den Eintrag so vieler Einzeldaten vielleicht doch den Überblick zu verlieren.

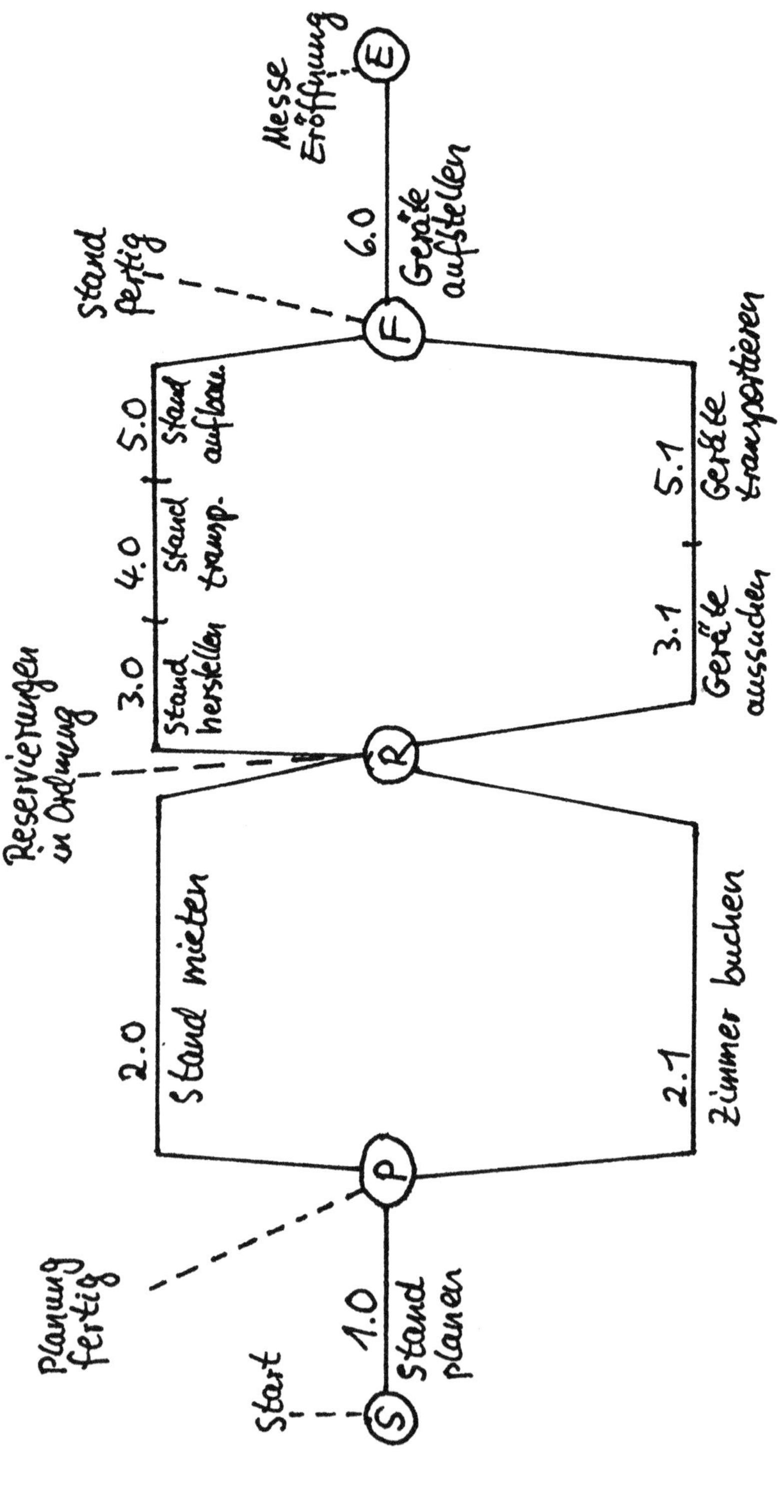

BILD 1.2.3 NETZPLAN-SKIZZE ZU IDEENSKIZZE

HINWEIS

Es ist wahrscheinlich, daß beim Eintragen in dieses Abhängigkeits-Formular sich neue Verknüpfungen oder übersehene Vorgänge herausstellen. Je länger man sich mit einem Plan beschäftigt, desto besser durchschaut man die Zusammenhänge und erkennt neue Verflechtungen. Deshalb sollte auf jedem Formularblatt genügend Platz für Nachträge bleiben, damit diese auf der richtigen Seite erfolgen können.

Die spätere Dateneingabe mit Hilfe dieses Abhängigkeits-Formulars geschieht in der Form, daß man nach dem ersten Vorgang den FOLGER eingibt. Daraufhin wiederum den FOLGER von diesem Vorgang usw., bis man den Endtermin erreicht hat. Hat ein Vorgang mehrere FOLGER, so wird erst der eine Pfad bis zum Ende eingegeben, danach der Pfad des parallelen Folgers, der entweder bis zum Ende führt oder vorher in einen anderen Pfad einmündet. Auf diese Weise können auch größere Projekte systematisch vorbereitet und anschließend eingegeben werden, so daß übersehene oder falsch verknüpfte Vorgänge nicht so häufig auftreten.

BEISPIEL

In Bild 1.2.2 ist die Ideenliste in der richtigen Reihenfolge dargestellt. Dabei wurde zuerst ein Pfad bis zum Ende aufgelistet. Die zu diesen Vorgängen teilweise parallel verlaufenden Arbeiten folgen im Anschluß. Diese Anordnung entspricht der Form der späteren Eingabe in das Programm. In der Spalte 'Folger' ist ersichtlich, hinter welchem Vorgang eine Aufgabelung in mehrere Pfade und durch welche Vorgänge erfolgt.

Nach 'Stand planen (1)' folgen die Vorgänge (2) und (2.1). Bei beiden ist als Folger der Vorgang (3) notiert, so daß beide Pfade wieder zusammengeführt werden. An dieser Stelle im Netzplan sollte ein Meilenstein eingefügt werden. Wird er im Projektablauf erreicht, bedeutet das, daß alle Reservierungsarbeiten erfolgreich waren, und nun die weiteren Vorbereitungen fortgesetzt werden können.

Der Folger von Vorgang (6) ist mit 'E' vermerkt. Damit wurde das Ende der Planung erreicht, das im Netzplan mit einem End-Meilenstein gekennzeichnet wird.

1.2.3 Planskizze

Eine weitere wertvolle Hilfe, als Vorbereitung für die Eingabe der Vorgänge in das Netzplanprogramm, ist eine Handskizze mit der Vernetzung aller Vorgänge. In ihr zeichnet man vom Startpunkt beginnend Vorgang nach Vorgang ein und überlegt dabei, welche Arbeit nach dem letzten Eintrag erfolgen muß. Umgekehrt sollte man aber auch bei jedem Vorgang, der hinter verzweigten Tätigkeiten angeordnet ist, nochmals fragen, ob mit dem Beginn dieser Arbeit wirklich bis zur Beendigung aller vorangehenden Aktivitäten gewartet werden muß. Denn leicht verschachtelt man etwas zu viel und baut dadurch unnötige Hemmnisse in die Planung ein. In so einem Fall kann der Teil einer voranstehenden Tätigkeit, dessen Ende nicht abgewartet werden muß, an das Ende dieses Vorgangs gekoppelt werden, so daß die beiden Aktivitäten parallel laufen. Oft ist es sinnvoll, einen Vorgang aufzuteilen.

Die Handskizze hat zwei sehr große Vorteile:

a) Es kann hierbei sehr leicht korrigiert werden, Veränderungen sind mit dem Radiergummi schnell realisiert.

b) Der Gesamtüberblick über den Netzplan hilft den Projektablauf besser zu beurteilen. Man sieht alle Pfade und Querverbindungen, kann so Fehler in den Verknüpfungen und im Gesamtablauf leichter erkennen.

BEISPIEL

Bild 1.2.3 zeigt den Netzplan der Ideenliste (Bild 1.2.2) als Handskizze. An den Stellen, an denen Pfade zusammentreffen oder sich teilen, wurden Meilensteine eingesetzt. Diese verdeutlichen, daß die nachfolgenden Vorgänge erst dann beginnen können, wenn die Aufgaben vor dem Meilenstein erledigt worden sind.

1.2.4 Hilfsmittel Phasen-Stufen-Plan

Bisherige Planungen benutzten neben dem Balkenplan auch andere Hilfsmittel. Der inhaltlichen Gliederung der Planung, besonders im Projektmanagement der Industriefertigung, dient u.a. der PHASEN-STUFEN-PLAN. Mit dieser wichtigen Strukturierungsmethode wird der Projekt-Gesamtdurchlauf auf zwei Arten unterteilt. Die erste grobe Aufteilung erfolgt in Hauptschritten von z.B. fünf Phasen: Ideen-, Entwicklungs-, Prototyp-, Nullserien- und Fertigungs-Phase. Jede dieser Phasen teilt sich wiederum in mehrere Stufen auf (siehe Beispiel in Bild 1.2.4). Die einzelnen Stufen sind die wesentlichen Arbeits- und Überprüfungsschritte einer Phase. Die einzelnen Stufen werden firmenspezifisch so gewählt, daß sie den immer wiederkehrenden firmeninternen Ablaufstrukturen aller Projekte weitgehend entsprechen. Dadurch besitzt man ein Kontrollinstrument mit dem sich alle Projekte nach einem gleichen Maßstab terminlich verwalten und vergleichen lassen. Der Phasen-Stufen-Plan ist somit eine Art Checkliste, in der die geplanten Ecktermine eingetragen und bei Erreichen abgehakt werden. Am wichtigsten ist die letzte Stufe jeder Phase. In ihr findet die Prüfung der in dieser Phase geleisteten Arbeiten statt. Erst wenn das gestellte Ziel erreicht ist, erfolgt die Freigabe für die nächste Phase.

Durch diese firmenspezifische Ablaufstruktur kann der Phasen-Stufen-Plan auch die Netzplan-Erstellung wirksam unterstützen. Dies kann auf verschiedenen Wegen geschehen:

a) Im Phasen-Stufen-Plan wird der Projektablauf sehr fein in bis zu vierzig Stufen unterteilt. Diese sinnvolle Auswahl von wesentlichen Arbeitsschritten und Prüfvorgängen kann dazu dienen, einen Großteil dieser Namen für den eigenen Netzplan zu übernehmen.

P H A S E N - S T U F E N - P L A N

1. IDEEN PHASE	2. ENTWICKLUNGS PHASE
Aufgabendefinition Marketingkonzept Funktionsmuster Fertigungskonzept Patentprüfung Freigabe zur E-Phase	Konzept-Erstellung Entwicklungs-Muster Funktions-Analyse Patent-Anmeldung Konzept Qualitätssich. Freigabe P-Phase
3. PROTOTYP PHASE	**4. NULLSERIEN PHASE**
Detaill.Ausarbeitung Prototyp-Bau Anleitungen erarbeiten Sicherheits-Tests Anwendungs-Prüfung Prototyp-Abnahme Unterlagen überprüfen Freigabe zur N-Phase	Langläufer bestellen Teile disponieren Arbeitspläne erstellen Betriebsmittel bauen Herstellung Nullserie Nullserie testen Überarbeiten Unterlag. Freigabe zur F-Phase
5. FERTIGUNGS PHASE	
Fertigungsbeginn Auslieferung Serie	

BILD 1.2.4 PHASEN-STUFEN-PLAN-BEISPIEL

b) Der eigene fertige Netzplan-Entwurf kann mit dem Phasen-Stufen-Plan auf Vollständigkeit überprüft werden.

c) Bei größeren Projekten ist es sinnvoll, die Phasengrenzen als Umfangsgrenze eines Teilnetzplanes zu nehmen. Jede Phase kann ein Unterprojekt sein.

HINWEIS

Es wird selten gelingen, einen Netzplan entsprechend einer Phasen-Stufen-Plan-Vorlage zu erstellen. Denn jedes Projekt ist durch seine spezifischen Anforderungen wieder ganz anders aufgebaut. Die meisten benötigen zusätzliche Arbeitsschritte, andere Projekte dagegen kommen mit wenigen der Phasenschritte aus. Versucht man die eigene Planung in das starre Konzept eines Phasen-Stufen-Plans zu zwingen, so wird sie kaum einen schnellstmöglichen Durchlauf gestatten.

Das Einhalten von Phasen-Grenzen für Netzplanabschnitte ist sehr empfehlenswert. Aber gerade bei der zunehmenden Tendenz Projekte immer schneller abzuwickeln, tritt eine starke Schachtelung von Arbeitsabläufen auf, daß bestimmte Pfade auch Phasengrenzen überschreiten werden. Damit wird es Probleme bei der Unterprojekt-Erstellung geben, deren Umgehung im Kapitel 2.9 (Unterprojekte) vorgeschlagen wird.

1.3 NETZEINGABE

Nach den planerischen Vorarbeiten und dem Überprüfen der Anordnungen folgt nun die Eingabe dieser Daten in das Netzplan-Programm. Dafür muß das Programm natürlich erst vorbereitet und entsprechend den eigenen Vorraussetzungen konfiguriert und installiert werden. Die Grundlagen für die Bedienung des Programms werden in Kapitel 3 beschrieben. Die ersten Arbeitsschritte sind auch im Programm-Handbuch nachzulesen.

Das Programm HPM III hat eine ausgezeichnete HILFE-Funktion. Zu jedem Menü- oder Auswahlpunkt kann die HILFSTASTE F1 gedrückt werden. Es erscheinen daraufhin sehr gute Hilfstexte, die die wichtigen Anleitungshinweise für den anstehenden Arbeitsschritt beinhalten. Das Anleitungsbuch wird man dadurch nur selten benötigen. Mit 'SHIFT F1' wird ein Hilfe-Index angezeigt, aus dem man das gewünschte Hilfskapitel auswählen kann. 'CTRL F1' zeigt wichtige Tastenkombinationen.

1.3.1 Projekt-Eröffnung

Bevor ein Netzplan eingegeben werden kann, ist dafür ein neues Projekt mit dem entsprechenden Projektnamen zu eröffnen. Unter diesem Namen können der Netzplan und die vielen in ihm enthaltenen Daten später jederzeit wieder aufgerufen und bearbeitet werden.

Im Anfangsmenü des Programms wird PROJEKT ANLEGEN gewählt. Im anschließend erscheinenden Auszug aus dem PROJEKT FORMULAR werden zuerst nur die wichtigsten Datenfelder ausgefüllt. Es reicht die Eingabe des Projektnamens. Die Kalenderwahl z.B. wird automatisch mit dem Standard-Kalender ausgefüllt, wenn man das Formular verläßt. Alle anderen Daten werden nach und nach mit dem Fortschreiten der Projektdaten-Eingabe vorgenommen, um zunächst schneller die aktuelle Aufgabe der Vernetzungseingabe zu erfüllen.

1.3.2 Vernetzung

Für die Eingabe der Vorgänge und Meilensteine ist das gleiche Vorgehen wie beim Erstellen der Handskizze empfehlenswert. Nur ist die Ausgangssituation etwas anders. Auf dem Bildschirm sind der Anfangs- und der Ende-Meilenstein zu sehen. Zwischen beiden Meilensteinen wird ein Vorgang angelegt. Im dabei angezeigten Auszug aus dem Vorgangs-Formular wird der Name des Vorgangs eingetragen - mehr ist zum jetzigen Zeitpunkt nicht notwendig. Danach wird der Folger dieses Vorgangs eingefügt, wieder über Menüwahl oder mit Tasten-Direktwahl. Jetzt folgt Vorgang nach Vorgang, immer erst einem Pfad bis zum Ende folgend, um nicht den Überblick zu verlieren. Ist ein Pfad am Ende-Meilenstein angelangt, dann geht man auf ihm zurück bis zum nächsten Knotenpunkt, von dem ein Pfad bis zum Ende oder parallel zu einem anderen Vorgang verlaufen soll.

HINWEIS
Die Benutzung von Meilensteinen ist bei HTPM I bei jeder Verzweigung vorgeschrieben, sollte aber auch mit HTPM II oder HPM 3.0 bei jeder Verzweigung in einem Pfad mit mehr als drei Vorgängen zur besseren Übersicht benutzt werden.

1.3.3 Benennung

Die Namen der Vorgänge und Meilensteine sind sowohl für die Orientierung im Netzplan, als auch für die Sortierung der Vorgänge und Meilensteine sehr wichtig. Die Anzahl der Buchstaben im Namensfeld der Vorgänge ist begrenzt, bietet meist nur Raum für abgekürzte Bezeichnungen. Darum ist, für alle Projekte ab ca. 20 Vorgängen, der Einsatz von Nummern statt Namen in diesen kurzen Feldern zu empfehlen.

In den Vorgangs-Formularen sollte in dem BESCHREIBUNG's-Feld der Vorgangsname eingetragen werden. Am besten ist die Benennung in Form einer Funktion zu wählen, z.B. 'Zeichnung erstellen', 'Schrauben beschaffen'. Also erst ein Substantiv, so daß man sofort erkennt, worum es sich handelt. Danach ein Verb, damit zu verstehen ist, was mit diesem Gegenstand in diesem Vorgang geschieht. Diese ersten zwei Worte sollten den Vorgang schon eindeutig kennzeichnen, auch wenn dahinter noch viel Platz für weitere Angaben ist, den man bei Bedarf nutzen sollte.

Es besteht im Programm die Möglichkeit, bei verschiedenen Darstellungen die ersten Worte dieses Feldes als Ergänzung zur Nummer anzuzeigen. So kann beim Netzplan mit der Wahl des entsprechenden Bildschirmattributes der Anfang des Textes unter der Darstellung des Vorgangs auf dem Bildschirm angezeigt werden. Ebenso erscheint dieser Text in einer einstellbaren Länge vor den Balken des Balkenplans. Da die Darstellung der Balken wichtiger als der voranstehende Text ist, sollten die ersten zwei Worte für diese Anzeige ausreichen.

1.3.4 Eingaben sichern

Hat man schließlich den vollständigen Netzplan eingegeben, sollten spätestens jetzt die Eingaben abgespeichert werden, um sie gegen versehentliches Löschen zu sichern. Wichtig ist das Sichern auch dafür, daß, wenn man bei einem Bedienungsfehler das Programm oder den Netzplan in einen so fehlerhaften Zustand gebracht hat, daß eine Weiterarbeit nicht ratsam oder möglich erscheint, man das Programm verlassen sollte, um das Projekt in der früher gesicherten Darstellung neu zu laden. Natürlich sind dann alle Eingaben seit dem letzten Speichern verloren. Deshalb sollte die kurze Arbeitsunterbrechung des Zwischenspeicherns häufiger vorgenommen werden.

1.4 NETZ-ÜBERARBEITUNG

Wenn nun alle Vorgänge mit ihren Verbindungen untereinander eingegeben worden sind, sollte der gesamte Netzplan erneut überprüft werden. Zu schnell schleichen sich Fehler ein. Sehr leicht kann z.B. einmal eine falsche Taste gedrückt worden sein. Bei jeder Eingabe von Änderungen können nochmals auch die von den Änderungen nicht betroffenen Vorgänge in der Umgebung der Korrekturstellen kontrolliert werden. Auch bei der späteren Eingabe von Kosten- und Einsatzmittel-Daten kann man die anderen Vorgangsdaten ohne großen Aufwand auf Fehlerfreiheit überprüfen.

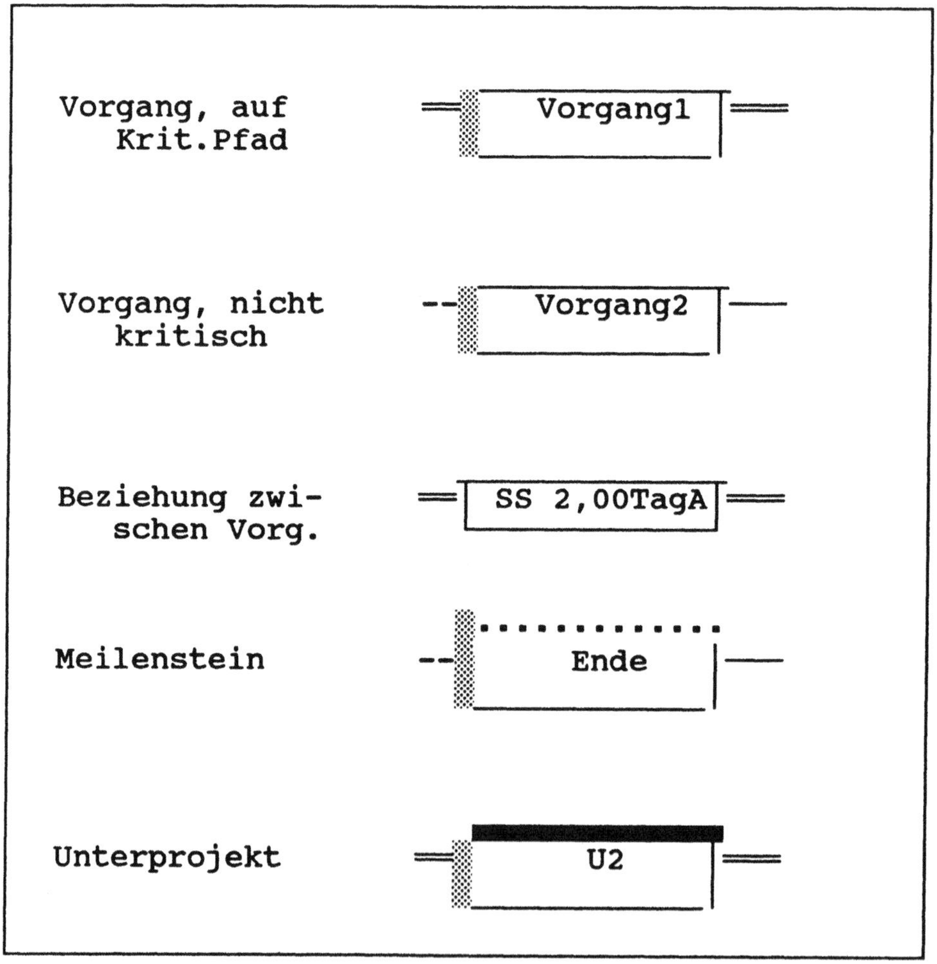

BILD 1.4 NETZPLANZEICHEN

1.4.1 Handnetzplan

Die Handskizze des Netzplan-Entwurfs hat mit ihrer Übersichtlichkeit schon viel bei der Eingabe geholfen. Auch später kann ein von Hand erstellter Netzplan sehr nützlich sein. Zwar kann das Programm den eingegebenen Netzplan auch ausdrucken, doch wird sich später zeigen, daß er wegen der automatisch formatierten Anordnungen nicht so Übersichtlich und wegen seiner Größe nicht immer gut zu handhaben ist.

Besser als das Programm weiß der Ersteller des Netzplans, welche Vorgänge auf einem Pfad inhaltlich zusammen gehören. Deshalb kann er einzelne Vorgänge so abgesetzt zeichnen, daß dieser Zusammenhang deutlicher sichtbar wird. Zu einer besseren Erkennbarkeit gehört aber auch die Kennzeichnung der Vorgänge mit Nummer und Namen. Man kann die Nummer über und den Namen unter der Vorgangslinie angeben. Besonders der Name ist wiederum sehr kurz zu schreiben, um auf einem A4- oder A3-Blatt ein umfangreichen Plan unterzubringen.

HINWEIS
Folgendes Vorgehen hat sich bewährt: Zuerst wird auf einem großen Blatt die Vernetzung gezeichnet. Dabei sollte das Papier doppelt so groß sein, wie das später benötigte Format. Das Original mit der Vernetzungsstruktur wird für eventuelle Korrekturen aufbewahrt, damit nicht immer alles neu gezeichnet werden muß. In eine Kopie werden mit Hand oder der Schreibmaschine die Nummern und Namen eingetragen. Abschließend wird der Handnetzplan auf die halbe Größe mit dem Kopierer verkleinert. Die Verkleinerung ist noch sehr gut lesbar, aber handlicher im Format.

Ein weiterer Grund für einen Handnetzplan liegt in einer Programmschwäche des HPM begründet. Befinden sich sehr viele Vorgänge parallel vor einem oder mehreren Meilenstein, so laufen auf dem vom Monitor gezeigten Netzplan die Verbindungslinien der Vorgänge zum Meilenstein übereinander, sie sind nicht mehr voneinander zu trennen. Schlimmer noch die Konsequenz davon: ein Pfad ist nicht mehr von hinten nach vorne zu verfolgen, da man visuell nicht den Vorgänger finden kann.

Zum Abschluß soll noch die Vielfalt der Darstellungsmöglichkeiten eines Handnetzplans erwähnt werden. Anders, als im vorgefertigten Programm-Darstellungsschema, können hier jetzt zu den Meilenstein-Nummern die jeweiligen Termine eingetragen werden - besonders markant z.B. mit einem Fähnchen. Während der Entwurfsphase könnte man Vorgänge, die erst später wichtig werden, unter einem übergeordneten Namen zusammenfassen, um den Netzplan z.B. für eine Präsentation übersichtlicher zu gestalten.

BEISPIEL

In Bild 1.4.1 ist ein umfangreicherer, handgezeichneter Netzplan gezeigt. Durch die Möglichkeiten, auch schräge Linien und unterschiedliche Vorgangsgrößen zu verwenden, kann der gesamte Plan auf weniger Raum übersichtlich dargestellt werden. Zusammengehörende Vorgänge eines Pfades sind besser zu erkennen, da die einzelnen Pfade sehr gut sichtbar von anderen getrennt gezeichnet wurden.

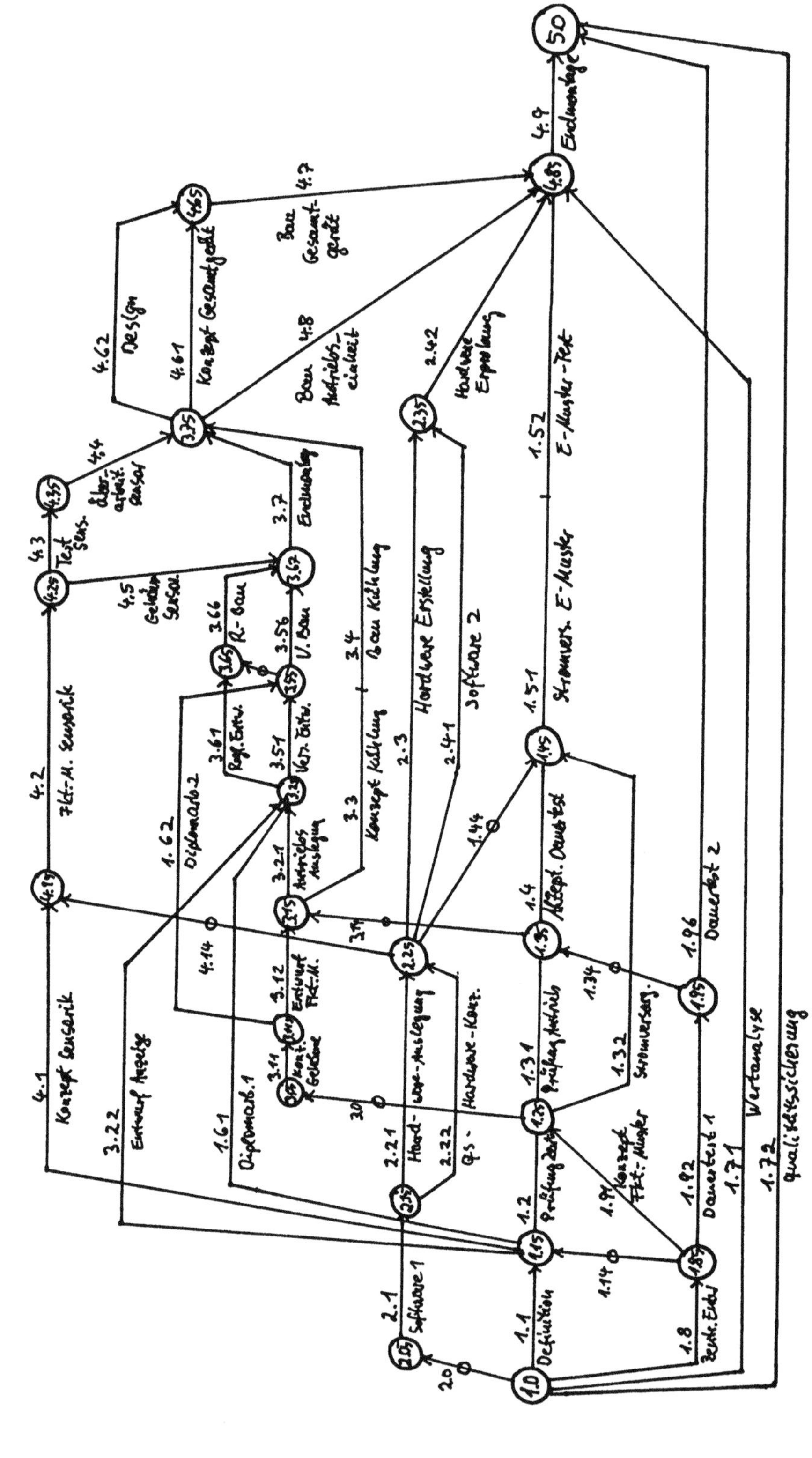

BILD 1.4.1 HAND-NETZPLAN

1.4.2 Geordnete Benennung

Hat man im Handnetzplan durch besondere Betonung der zusammengehörenden Vorgänge in Pfadform auf Übersichtlichkeit geachtet, dann kann man diese Ordnung bei der späteren Arbeit mit dem Computer-Netzplan beibehalten und ausweiten.

1.4.2.1 Benennung von Vorgängen

Wenn das Programm Vorgänge auflistet, z.B. bei der Balkenplandarstellung, sortiert es die Vorgänge im wesentlichen nach dem Namen, hier also entsprechend der vergebenen Nummern. Vorteilhaft ist deshalb eine Numerierung des Netzplans in einer Form derartig, daß die einzelnen Pfade fortlaufend von Beginn bis Ende mit aufsteigenden Nummern gekennzeichnet sind. Bei einer Auflistung werden nun immer die zu einem Pfad gehörenden Vorgänge in der richtigen Reihenfolge direkt untereinander stehen. Im Balkenplan ist damit der Fortgang der Arbeiten in jedem Projektteil sehr viel einfacher zu überblicken und darzustellen.

Bei der Numerierung sollte man aber auch einen Zahlenspielraum lassen für weitere Vorgänge, deren Einfügung mit dem Projektfortschritt eventuell später notwendig wird.

Sehr wichtig ist, daß nur Nummern zwischen "0" und "9.9999" vergeben werden sollten, da das Programm die Hauptsortierung nur nach der ersten Ziffer vornimmt. Die Zahl 10 würde somit zwischen 1 und 2 eingeordnet! Damit wäre natürlich jeder Sortierungsvorteil dahin. Eine Lösung könnte das Voranstellen eines Buchstabens (z.B. E5.21) sein, wenn die Anzahl der Vorgänge zu groß wird, also die Zahlen zwischen 1 bis 10 mit ihren Dezimalstellen nicht ausreichen oder zu unübersichtlich werden (4.3245 ist z.B. schlecht zu merken).

Ein weiterer wichtiger Grund für die Verwendung von Nummern ist die damit verbundene Möglichkeit, die Benennung von Vorgängen und Meilensteinen möglichst kurz zu halten. Hat der Netzplan die Größe mehrerer Bildschirme erreicht, so kann es recht langwierig sein, mit Hilfe der Cursor-Tasten einen Vorgang aufzusuchen. Hier bietet das Programm eine Unterstützung - die Vorgangs-Suchfunktion. Man kann durch Eingabe der Nummer oder des Namens den entsprechenden Vorgang direkt anspringen. Je kürzer nun ein Name ist, desto schneller und fehlerfreier ist er natürlich eingegeben und gesucht.

Bei einer sinnvollen Zuordnung der Nummern kommt man in der Regel mit zwei Nachkommastellen (3.21 oder 6.45) für die Kennzeichnung der Vorgänge aus.

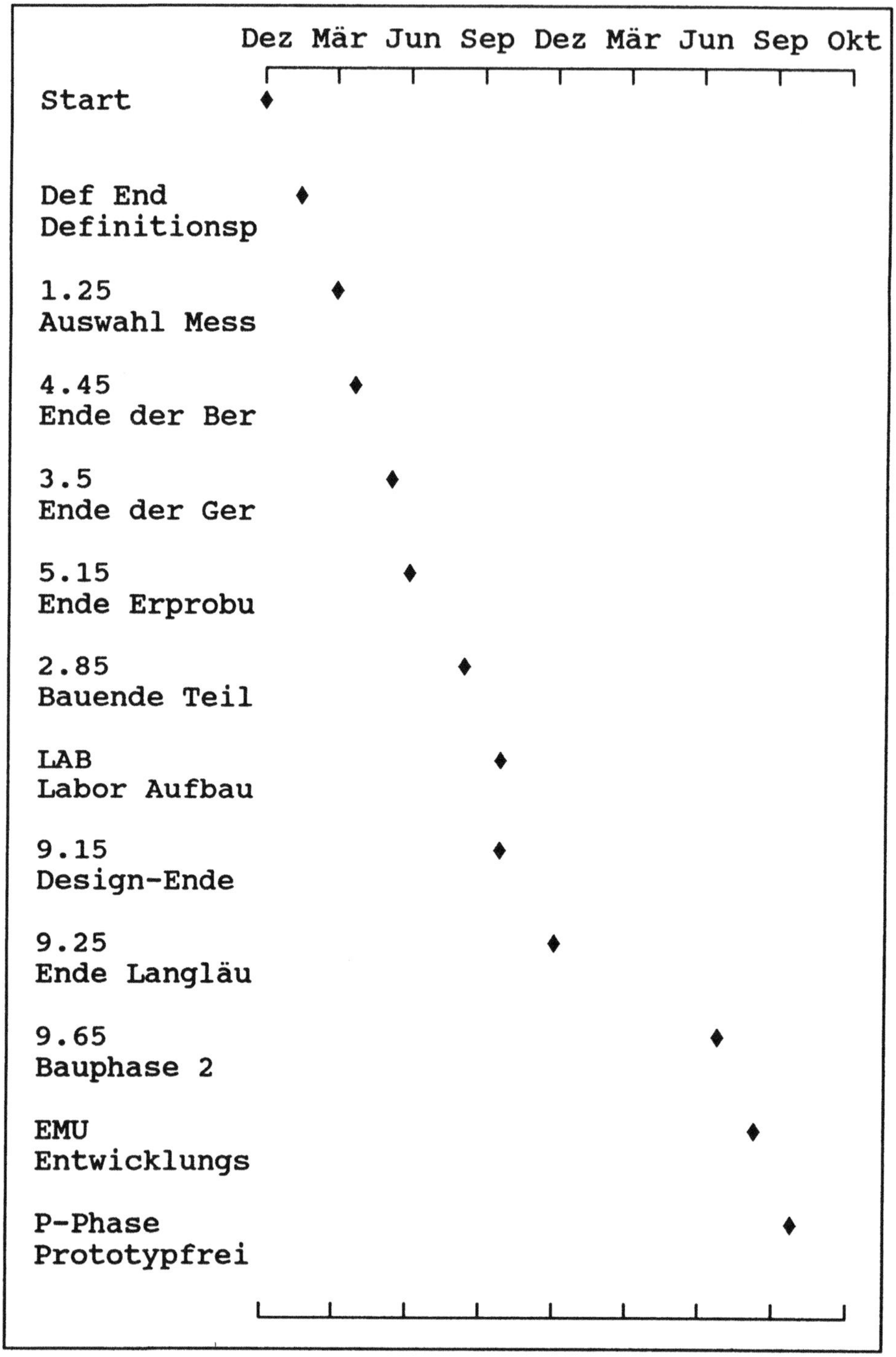

BILD 1.4.2.2 BALKENPLAN NUR MIT MEILENSTEINEN

1.4.2.2 Benennung von Meilensteinen

Bei den Meilensteinen gilt weitgehend das gleiche wie bei den Vorgängen, nur gibt es hier noch einige zusätzliche Varianten. Meilensteine sollten sich schon mit ihrer Kennzeichnung aus der Vielzahl der Vorgangsnummern herausheben, ohne aber ihre Position in der Pfad-Auflistung zu verlieren. Benennt man alle Meilensteine bei fortlaufender Numerierung mit z.B. einer '5' als letzter Zahl, auch wenn es dann in der Numerierung Sprünge gibt, so erkennt man die Meilensteine in jeder Auflistung oder Darstellung sofort.

Sollen bestimmte Meilensteine besonders hervorgehoben werden, auch wenn dadurch ihre Bezugsposition im Pfad verlorengeht, dann kann man sie mit einem Buchstaben statt mit einer Nummer kennzeichnen. Bei einer alphabetischen Auflistung erscheinen sie dann am Ende der Liste. In der Balkenplan-Darstellung bekommt man damit einen kleinen Abschnitt, in dem die Termine dieser Projektpunkte auf der parallel verlaufenden Zeitachse abzulesen sind. Als Überblick für den Projektleiter ist diese Darstellung recht nützlich.

Meilensteine, die in dieser Form hervorgehoben sind, sollten wichtige Projektziele, z.B. Endpunkte besonderer Abschnitte kennzeichnen. Sie dienen gleichzeitig als Arbeitsziele für das Projektteam, zusätzlich zu den Phasen-Übergängen. Diese Meilensteine sind meist auch zeitkritischer Natur, der entsprechende Termin dieses Punktes muß eingehalten werden, um den Projekt-Endtermin halten zu können.

BEISPIEL

> Der Ausdruck des Meilenstein-Balkenplans in Bild 1.4.2.2 kann mit der Sortierfunktion des Balkenplans erzeugt werden. Hier sind alle wichtigen Eckpunkte eines Projekts herausgehoben. Die zugehörigen Termine sind auf der oberen Zeitskala abzulesen, deren Maßstab so gewählt wurde, daß der gesamte Projektablauf in eine Grafik paßt.
>
> Deutlich wird hier bei der Benennung: Alle Meilensteine sind mit einer '5' am Ende ihrer Kennzeichnungsnummer versehen, oder sie haben eine Buchstabenkennung. So heben sie sich bei der Auflistung von den allgemeinen Vorgängen besser ab.

1.4.3 Vernetzung ändern

Hat man bei der Verbindung von Vorgängen und Meilensteinen Fehler gemacht oder gab es neue Erkenntnisse, die eine Korrektur der bisherigen Eingaben erfordern, dann kann jeder Anschlußpunkt leicht verlegt werden.

Beim Umsetzen der Vorgänge kann zwischen drei Maßnahmen gewählt werden:

a) ANFANG verlegen, wenn z.B. ein Vorgang oder der gesamte Pfad an einer anderen Stelle starten soll.

b) ENDE verlegen, wenn z.B. die bisher folgenden Vorgänge nicht von diesem Vorgangsende abhängig sind.

c) ANFANG und ENDE verlegen, wenn der Vorgang vollständig falsch plaziert war.

Das Programm unterstützt diese Korrekturen, indem die gewünschte neue Position nicht nur durch Namenseingabe, sondern auch durch Ansteuern mit den Cursor-Tasten gekennzeichnet werden kann.

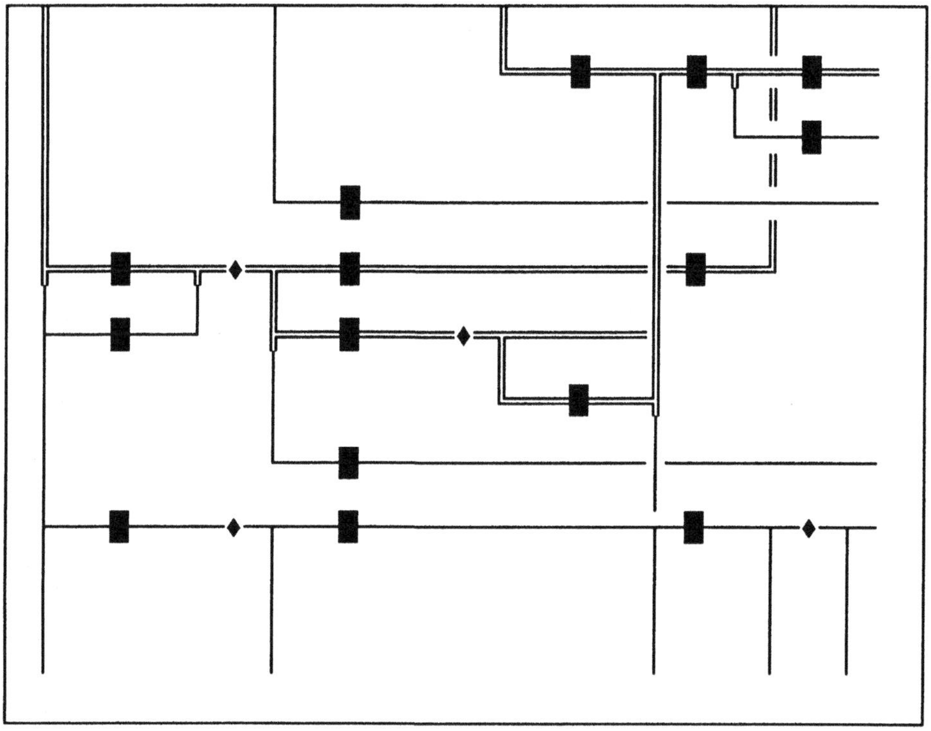

BILD 1.4.3 ZOOM-NETZPLAN

Bei derartigen Umsetzungen im Netzplan kommt es meist vor, daß freie Pfadenden entstehen. Meilensteinen oder Vorgängen fehlt dann an einer Seite die notwendige Ankopplung - das Programm zeigt diesen Fehler mit der Meldung 'UNVOLLSTÄNDIG' an. Eine Kalkulation des Netzplans kann dann nicht erfolgen, da es ja mehr als nur einen Anfang und ein Ende im Netzplan gibt.

Um die Fehlerstelle schneller aufzufinden, hilft es, eine der ZOOM-Darstellungen des Netzplans im Programm aufzurufen. Bei dieser Übersichtsdarstellung ist die Vernetzungsstruktur besser zu überblicken. In ihr erkennt man leichter, ob irgendwo ein Vorgang nicht beidseitig verbunden ist. Meistens werden die unvollständigen Netzteile vom Programm an den unteren Rand der Netzplananzeige gelegt. Bild 1.4.3 zeigt einen Ausschnitt aus der extremen ZOOM-Darstellung eines Netzplans.

BEISPIEL

Im Zoom-Netzplan von Bild 1.4.3 sind die Vorgänge als Rechtecke und die Meilensteine als Rauten dargestellt. Die doppelte Linie stellt den in einem späteren Kapitel beschriebenen Kritischen Pfad dar. Hat man nun in diesem Netzplan ein 'verlorenes' Ende eines Vorgangs oder Meilensteins gefunden und den Cursor darauf plaziert, dann ist nach dem Umschalten in die normale Netzplan-Darstellung der Cursor auch direkt am gesuchten Bruch im Netz positioniert.

1.5 ZEITEN

Erst wenn die Vernetzung korrekt eingegeben ist, sollte der nächste Schritt, die Eingabe der Zeiten, erfolgen. Zusammen mit der Einordnung der Planung in den Kalender ergeben sich die Termine des Projektablaufs.

1.5.1 Eingabe

1.5.1.1 Vorgangsdauer ermitteln

Wurde ein Abhängigkeits-Formular erstellt, so können in der entsprechenden Spalte die für jeden Vorgang abgeschätzten Zeitdauern eingetragen werden. Die Ermittlung dieser Zeiten ist nicht einfach. Oft kann man schon auf vergleichbare frühere Arbeitsgänge zurückgreifen, deren Erfahrungswerte zu übernehmen oder an die neue Aufgabe anzupassen sind. Der Projektleiter wird aber auch den Mitarbeiter, den er mit dieser Aufgabe betrauen will, um seine Meinung und Abschätzung fragen.

Hilfreich bei der Ermittlung von Planzeiten ist auch ein Verfahren, daß im Kapitel 2.8, "Maßnahmenliste", beschrieben wird. Jeder Vorgang kann in die in ihm enthaltenen Arbeitsschritte unterteilt werden. Denn der einzelne Arbeitsschritt ist von seinem Zeitaufwand leichter abzuschätzen, da Einzelschritte besser zu überblicken sind. Meist reicht eine Addition der Zeitvorgaben aller Teilschritte, um die gesamte Vorgangsdauer zu ermitteln.

Bei externen Arbeitsvorgängen ist es meist etwas einfacher, an die zu planenden Vorgangszeiten zu gelangen. Bei Wartezeiten auf Lieferungen kann man von der Firma ein Angebot verlangen oder auf Zeitangaben in Katalogen zurückgreifen. Auch für Fremdarbeiten sind Zeiten im Angebot enthalten. Bei der Planerstellung liegen aber meistens derartige Angebote noch nicht vor. Dann müssen Vergleichswerte von der Einkaufsabteilung erfragt werden. Die tatsächlichen Zeitangaben sind später bei Angebotserhalt einzusetzen.

1.5.1.2 Zeiten eingeben

Die in der Abhängigkeitstabelle oder gesondert ermittelten Zeiten sind nun den Vorgängen zuzuordnen. Dabei gibt es zwei Möglichkeiten (Bei HTPM I nur die erste):

a)Vorgangs-Formular

Mit den Cursor-Tasten oder mit Hilfe der direkten Nummern-/Namen-Eingabe wird der zu bearbeitende Vorgang aufgesucht. Mit Menü- oder Tastendirektwahl holt man das Vorgangsformular auf den Bildschirm. Bisher sind dort nur Vorgangsname und -Beschreibung eingetragen. Im PLAN-DAUER-Feld kann die ermittelte Zeit eingegeben werden. Vorher ist aber noch zu überlegen, welche Zeiteinheiten für das gesamte Projekt verwendet werden sollen.

Die Einheit Stunden ist in den seltensten Fällen angebracht, die Wahl von Wochen nur dann ratsam, wenn sich die meisten Vorgangszeiten als Vielfaches von Wochen darstellen lassen. Als Zwischenlösung wären zwar noch halbe Wochenangaben denkbar, aber sehr genaue Berechnungen sind damit kaum vorzunehmen. Tageseinheiten sollten die Regel sein.

HINWEIS
Bewährt haben sich bei Vorgängen Zeitangaben in Tagen (bis hin zu Größen von ca. 80 Tagen). Eine weitere Festlegung erleichtert den Umgang mit großen Zahlenangaben, nämlich die Verwendung von ARBEITSTAGEN. Durch die Zahlen 5 oder 20 geteilt, erhält man mit hinreichender Genauigkeit die Anzahl der Wochen oder Monate, um einen Vorgang in der Regel zeitlich besser beurteilen zu können.

Erst bei sehr langen Lieferzeiten (von ca. 4/5-Monaten) sind Monatseinheiten sinnvoll. Allein die Verwendung dieser anderen Einheit zeigt auch die besonders lange Laufzeit eines Vorgangs an. Derartige Tätigkeiten können kaum durch zusätzliche Maßnahmen der Projektoptimierung verkürzt werden.

HINWEIS
Die Möglichkeit der Nutzung von ARBEITS- und KALENDER-ZEIT sollte möglichst nicht gleichzeitig genutzt werden. Bei der Planung von Aufgabenzeiten wird kaum jemand Wochenenden und Feiertage berücksichtigen. Erst bei Lieferzeiten oder sehr langen, nicht genau abschätzbaren Arbeiten, kann eine Angabe in Wochen oder Monaten im Kalenderzeitformat erfolgen.

b) Vorgangsliste

Eine Eingabemöglichkeit für Vorgangsangaben, die schneller durchzuführen ist, da nicht jeder Vorgang erst im Netzplan zu plazieren ist, besteht in der Verwendung der Vorgangsliste. Dort sind alle Vorgänge mit allen Eingabefeldern tabellarisch angeordnet. Von Zeile zu Zeile brauchen nur noch die entsprechenden Zeitfelder ausgefüllt zu werden.

1.5.1.3 Zeitliche Abhängigkeiten eingeben

Bei der Aufstellung des Netzplans kann man bei bestimmten Vorgangsanordnungen Schwierigkeiten gehabt haben. Denn manchmal finden zwei Arbeiten nicht direkt hintereinander und auch nicht wirklich parallel statt, sondern jeweils mit einer zeitlichen Verzögerung zu dem Vorgänger. Eine dazu geeignete Anpassung der Vernetzung kann auf drei Arten vorgenommen werden:

a) Durch das Einfügen eines PUFFER-VORGANGS, ohne Namen (oder nur durch ein "p" als Puffer gekennzeichnet), zwischen zwei hintereinander angeordneten Vorgängen, kann der Start des späteren Vorgangs um eine eingegeben Pufferzeit hinter das zeitliche Ende des vorherigen Vorgangs gelegt werden (siehe Bild 1.5.1.3-1).

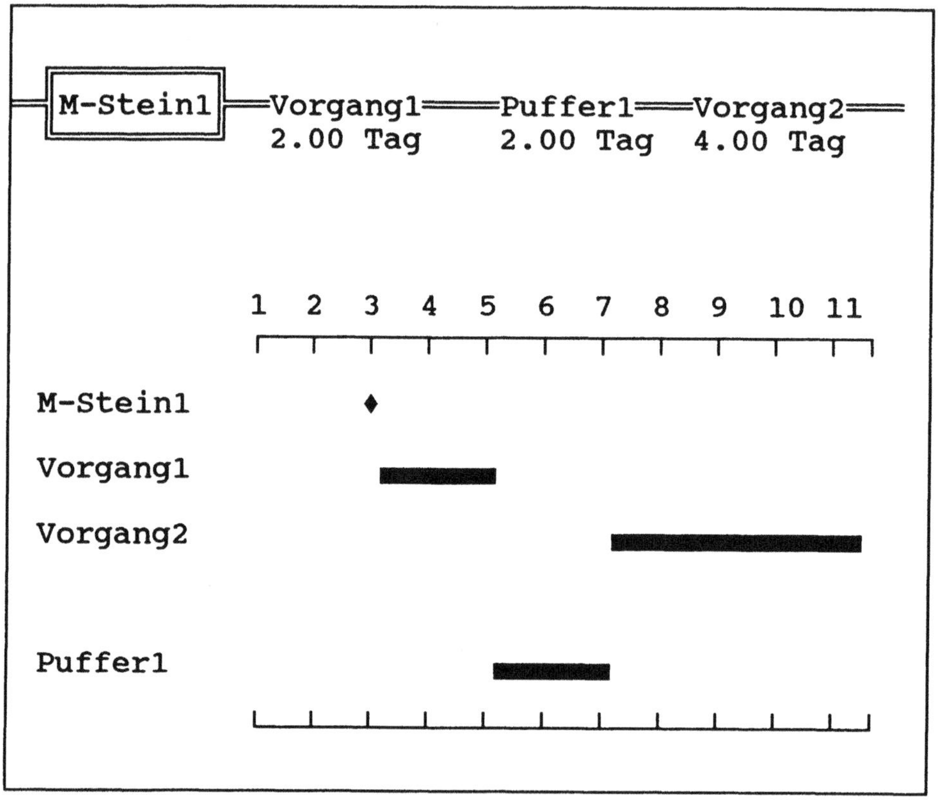

BILD 1.5.1.3-1 ZEIT-VERSATZ DURCH PUFFER-VORGANG

Dieses Prinzip kann bei parallelen Vorgängen ebenfalls angewendet werden. Vor den Vorgang 2 wird ein Puffer-Vorgang eingesetzt. Dadurch startet Vorgang 2 um die Pufferzeit verzögert zu Vorgang 1 (siehe Bild 1.5.1.3-2).

b) Die Programm-Möglichkeit der SPEZIAL-VERBINDUNG (nicht bei HTPM I) sieht zwei Einstellmöglichkeiten im Vorgangs-Formular vor. Durch einen halbhohen Vorgangsbalken vor dem verzögert beginnenden Vorgang wird im Netzplan angezeigt, daß hier eine besondere Verbindung besteht. Die einzugebende Verzögerungszeit kann sich entweder auf den Startzeitpunkt oder auf den Endzeitpunkt des vorhergehenden Vorgangs beziehen. Damit wird also die gleiche Wirkung wie bei den beiden Möglichkeiten unter a) erreicht (Siehe Bild 1.5.1.3-3).

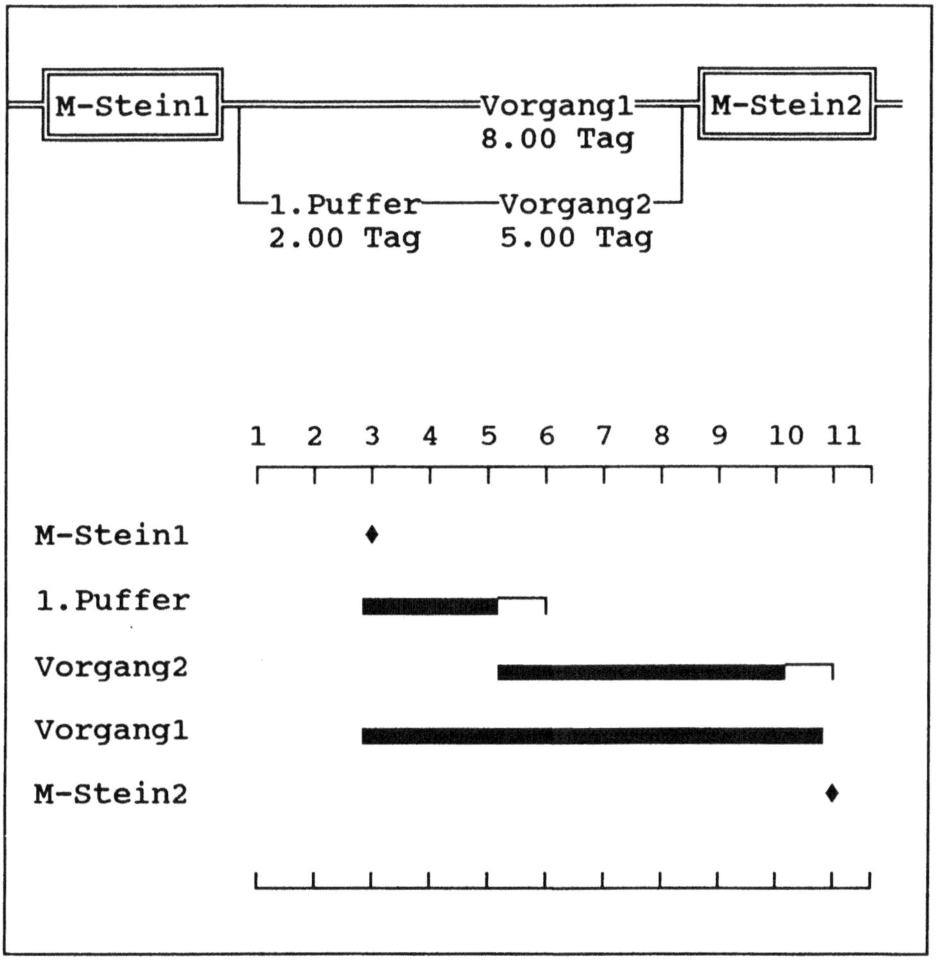

BILD 1.5.1.3-2 VERSATZ BEI PARALLELEN VORGÄNGEN

c) Im PLAN-START-Feld des Vorgangs-Formulars kann ein Termin eingetragen werden, der angibt, wann dieser Vorgang beginnen soll. Zuerst liest man den Start- oder Endtermin des vorhergehenden oder parallelen Vorgangs ab. Dann berechnet man den Starttermin des hinteren Vorgangs mit der gewünschten Verzögerungszeit und trägt diesen Termin dort ein.

HINWEIS

Von dieser dritten Möglichkeit ist abzuraten. Wird im Netzplan ein Vorgang z.B. auf diese Art an einen Termin gebunden, dann ist der Netzplan in diesem Punkt so fixiert, daß keine zeitliche Verschiebungen der gesamten Planung mehr möglich ist.

Will man den Netzplan korrigieren oder erweitern, so kann es im Umfeld dieses fixierten Termins zu Verschiebungen kommen. Die mit dieser Vorgangs-Terminierung geplante zeitliche Verschachtelung geht dadurch wieder verloren. Oder das Programm zeigt sogar eine Fehlermeldung ("Negativer Puffer) an, da es den Vorgang nach den Veränderungen zeitlich nach hinten schieben müßte, dieses aber durch die Terminierung nicht kann.

Ebenso sind Simulationen mit veränderten Projekt-Anfangs- oder Endzeiten meistens nicht mehr durchführbar, da die neuen Termine durch den einen, zeitlich festgelegten Vorgang nicht mehr berechenbar sind.

Als Ausnahme können projektbedingte Festtermine gelten, die aber dann erst nach der endgültigen Planungsfertigstellung einzugeben sind. Hierzu gehören z.B. der Projekt-Endtermin oder vertraglich vereinbarte Liefertermine für externe Teilaufgaben. In diesen Fällen müssen die vorstehend aufgeführten Einschränkungen hingenommen werden.

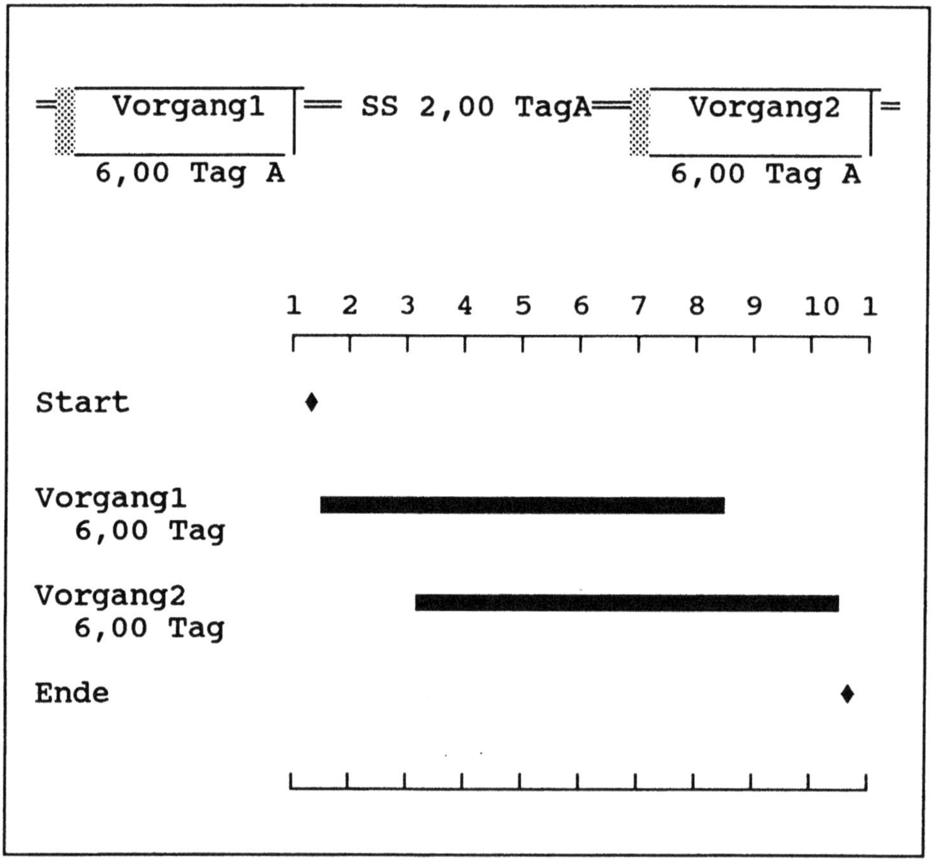

BILD 1.5.1.3-3 START-START-VERZÖGERUNG

BEISPIEL

In Bild 1.5.1.3-1 sind zwei Vorgänge im Abstand von 2 Tagen hintereinander dargestellt. Die Zeitdifferenz zwischen ihnen wird durch den Puffer-Vorgang hervorgerufen, der genau diese Dauer von 2 Tagen hat. Werden die Vorgänge mit Nummern und der Puffer z.B. mit dem Buchstaben 'P' bezeichnet, so kann die Anzeige des Puffers bei einer Vorgangsauflistung unterdrückt oder an das Ende dieser Liste sortiert werden.

Bild 1.5.1.3-2 zeigt die Verwendung einer Zeitverschiebung mit Hilfe eines Puffervorgangs bei parallelen Vorgängen. Im Balkenplan darunter beginnt Vorgang 2 um die Pufferzeit verschoben nach dem Start von Vorgang 1.

Bild 1.5.1.3-3 stellt eine Besonderheit dar, einen speziellen Vorgang für die beiden vorstehend beschriebenen Möglichkeiten. In diesem Verbindungs-Vorgang wird eine Verzögerungszeit zum Start oder zum Ende des vorhergehenden Vorgangs festgelegt. Im Beispiel ist es eine StartStart-Verzögerung (SS) von 2 Tagen, wie im Balkenplan zu sehen ist.

1.5.2 Kritischer Pfad

Der KRITISCHE PFAD ist der zeitlich kürzeste Weg durch den Netzplan zwischen Start- und Endpunkt. Im Netzplan wird dieser Weg durch eine Doppellinie hervorgehoben. Diese Doppellinie und die auf ihr liegenden Vorgänge werden vom Programm rot gekennzeichnet. Durch die Verschachtelungen im Netzplan haben die meisten Vorgänge einen gewissen zeitlichen Spielraum, bis sie fertig sein müssen, die PUFFER-Zeit. Hat ein Vorgang keinen Puffer, dann liegt er auf dem Kritischen Pfad. Verzögert sich ein solcher Vorgang, ist diese Verzögerung bis zum Endtermin des Projektes zu bemerken, der sich um den gleichen Betrag verzögert. Die Situation dieser Vorgänge ohne Puffer ist also "kritisch" für das Gesamtprojekt.

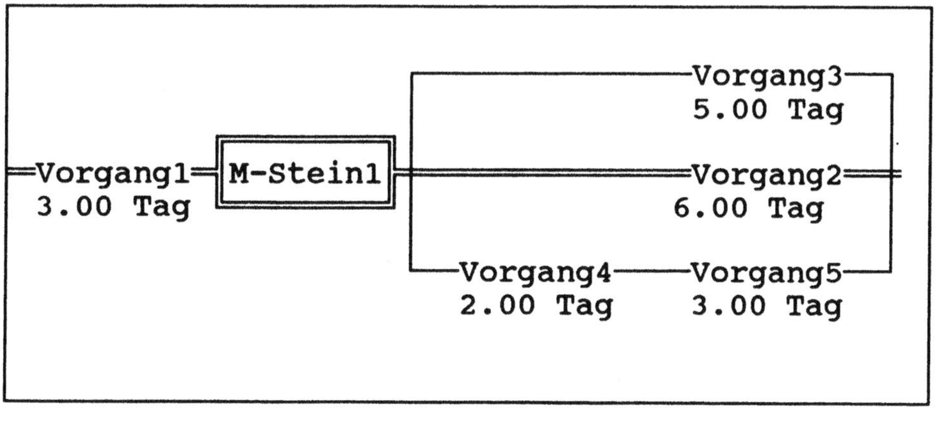

BILD 1.5.2 KRITISCHER PFAD

BEISPIEL

Der Kritische Pfad ist in Bild 1.5.2 in zwei verschiedenen Netzplanteilen zu sehen. Vorgang1 hat keine parallel verlaufenden Vorgänge, der Kritische Pfad muß also durch ihn führen, verdeutlicht durch die Doppellinie. Diese wird hinter dem Meilenstein1 durch den Vorgang2 weitergeführt. Da dieser Vorgang eine längere Zeitdauer als die parallelen Aufgaben hat, bestimmt sein Endtermin den Beginn der nachfolgenden Arbeiten. Auch die Summe der Zeitangaben von Vorgang4 und Vorgang5 ist kürzer als die des Vorgangs2.

1.5.2.1 Prüfung auf Ablauffehler

Sind alle Vorgangszeiten eingegeben, berechnet das Programm die resultierenden Termine. Besonders interessant ist der so kalkulierte Endtermin, aber eben auch, durch welche der Vorgänge der Kritische Pfad führt, die somit diesen Termin verursachen.

Noch bezieht sich das Projekt nur auf den Standard-Kalender, der ausschließlich die Wochenenden als arbeitsfreie Tage berücksichtigt - der firmenspezifische Kalender kann später noch angelegt werden. Deshalb sind die berechneten Termine nur Anhaltspunkte und somit nicht verbindlich.

Wichtiger ist die Kontrolle des Kritischen Pfads. Dieses kann auf folgende drei Arten erfolgen:

a) Jeder der Kritischen Vorgänge sollte überprüft werden. Benötigt er wirklich die Informationen aus den Vorgängen vor ihm? Könnte er nicht doch etwas früher beginnen oder anders angebunden werden? Gelänge mit diesen Untersuchungen bei einigen der Kritischen Vorgänge eine Verlegung, käme man mit dem Endtermin schon wieder ein Stück 'voran'.

b) Wird der Druck, den Endtermin zeitlich weiter nach vorne zu verlegen, noch größer, so ist zu überlegen, welche einzelnen Tätigkeiten in jedem der Kritischen Vorgänge vorhanden sind. Können einige dieser Aufgaben aus dem Vorgang herausgenommen und eher bearbeitet werden? Dann wird der betreffende Vorgang geteilt, der zweite Teil anders verbunden. Das Resultat sollte eine Verkürzung der ursprünglichen Vorgangslänge ergeben.

c) Eine wichtige Prüfung muß es sein zu untersuchen, ob die Vorgänge auf dem Kritischen Pfad wirklich die wichtigen sind, die während des Projektablaufs besonders zu beobachten sind. Finden in diesen Vorgängen wirklich die Hauptarbeiten mit dem größten Zeitrisiko für das Projekt statt, oder sind es "nur" Lieferzeiten oder Wartezeiten auf z.B. eine TÜV-Abnahme? Natürlich sind diese Vorgänge terminbestimmend für das Projektende, doch wo liegt der nächstkritische Pfad?

1.5.2.2 Korrektur des kritischen Pfads

Alle Zeitabschätzungen der einzelnen Aufgaben sind mehr oder minder mit Fehlern behaftet. Deshalb muß z.B. der angezeigte Kritische Pfad nicht unbedingt durch die "projekt-wichtigsten" Vorgänge verlaufen. Auf vier Arten kann nun gesucht werden, ob es einen zweiten oder gar dritten Kritischen Pfad gibt, der nur um wenige Tage unter dem angezeigten liegt und deshalb nicht in Erscheinung tritt.

a) Projekt-Puffer heraufsetzen

Im Projekt-Formular kann die Zeitdifferenz für den Pufferbereich des Kritischen Pfads eingegeben werden. Alle Vorgänge, deren Puffer innerhalb dieses Zeitbereichs liegt, werden als kritisch angezeigt. Hatte ein Vorgang einen Puffer von 4 Tagen, so wird er jetzt, wenn die Zeitdifferenz des Kritischen Pfads auf 5 Tage gesetzt wurde, mit in den Kritischen Pfad aufgenommen.

b) Puffer anzeigen

Bei der Netzplananzeige können verschiedene Attribute, die MARKEN, für die Bildschirmanzeige gewählt werden. Läßt man nun an alle Vorgänge als Zusatzattribute ihre Pufferzeit schreiben, so kann man durch einen Blick auf die Vorgänge der Netzplandarstellung recht schnell feststellen, welcher Vorgang so wenig Puffer hat, daß er bei einer geringen Verzögerung kritisch werden kann.

c) Kritischen Vorgang vorübergehend kürzen

Damit besser zu erkennen ist, wohin der Kritische Pfad springen könnte, kann ein etwas längerer Vorgang des bisherigen Kritischen Pfads vorübergehend in der Zeitangabe gekürzt oder auf '0' gesetzt werden. Nach einer Neukalkulation des Netzplanes ist die neue "Lage" sofort zu beurteilen. Wird auch hier die Zeit eines Vorgangs reduziert, so gelangt man zur Anzeige eines dritten Kritischen Pfads.

d) Wichtige Vorgänge verlängern

Sinnvoll ist die dauerhafte Berücksichtigung weiterer fast Kritischer Pfade aber nur dann, wenn sie Vorgänge mit einem Zeitrisiko enthalten oder nur geringe Zeit unter dem angezeigten Pfad liegen. Erhöht man nun bei einem der wichtigen Vorgänge die Plan-Dauer um die Pufferzeit, so entsteht ein zweiter kritischer Pfad durch diesen Vorgang und den betreffenden Pfad. Die Zeitanhebung sollte in der Schätzgenauigkeit der Vorgangsdauer liegen, um realistische Vorgangstermine zu behalten. Einen Vorgang mit einer Dauer von 10 Tagen sollte man nicht um 6 Tage erhöhen.

HINWEIS
Die einfachste Methode ist es, den Pufferbereich des Kritischen Pfads zu erhöhen. Das kann aber zur Folge haben, daß man zu viele "rote" Pfade bekommt und damit ein wichtiger Teil der Information verloren geht. Wenn zwei Kritische Pfade berücksichtigt werden sollen, muß dies gezielt geschehen und durch die inhaltliche Besonderheit der Vorgänge begründet sein.

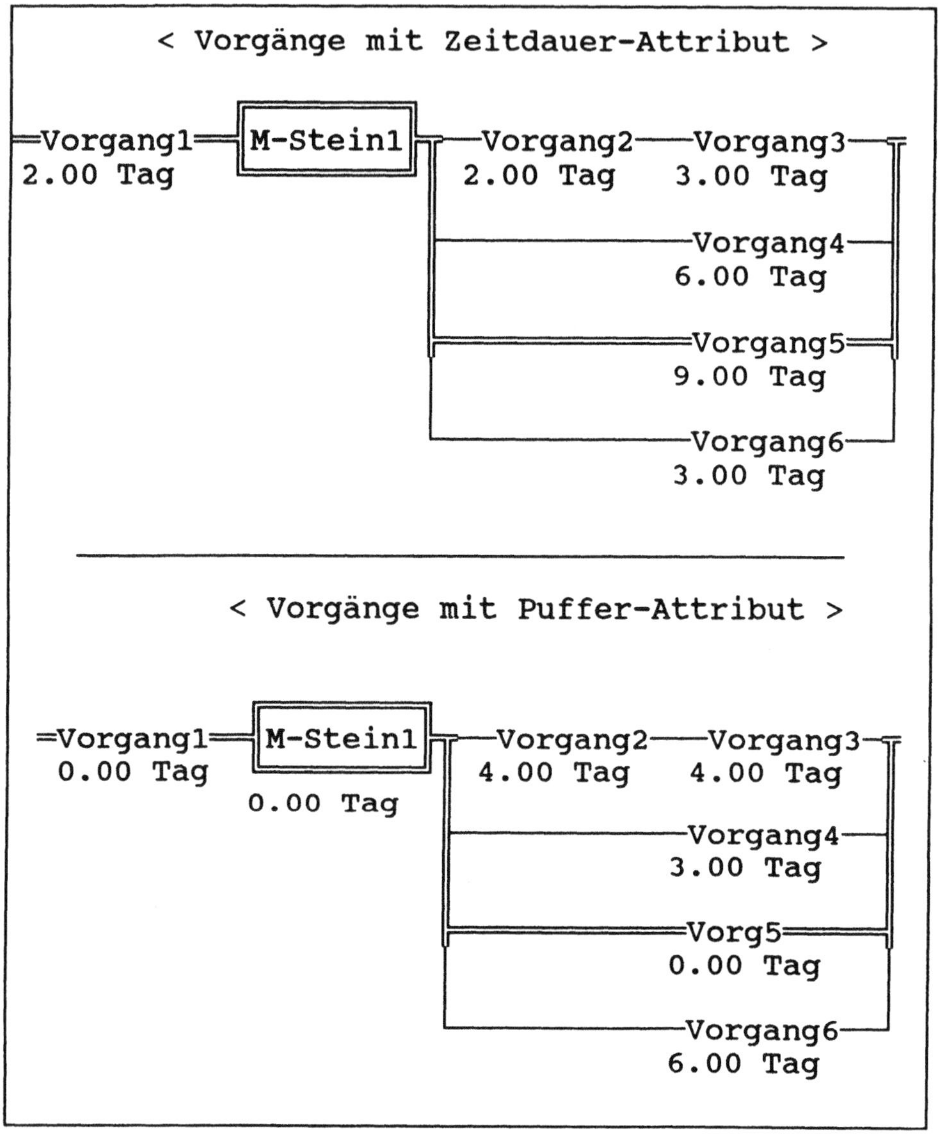

BILD 1.5.2.2 ZEITDAUER- UND PUFFER-ATTRIBUTE

BEISPIEL

Vorgängen, die auf dem Kritischen Pfad liegen, bleibt kein Zeitspielraum, keine Pufferzeit. In Bild 1.5.2.2 ist oben ein Netzplan-Ausschnitt dargestellt, in dem zu jedem Vorgang seine Dauer als Attribut (oder Marke) gezeigt wird. Vorgang5 stellt mit seiner Dauer von 9 Tagen den Kritischen Pfad dar, weil die parallelen Vorgänge kürzer sind. Um wieviel sie kürzer sind, kann man leicht ausrechnen, doch ist es einfacher, sich für jeden Vorgang diese Abstände zum Kritischen Pfad als Attribut anzeigen zu lassen. Der untere Bildteil zeigt die entsprechende Netzplan-Darstellung. Die in Reihe liegenden Vorgänge 2 und 3 haben jeweils einen Puffer von 4 Tagen. Verlängert sich bei einem von ihnen die Arbeitsdauer, sinkt bei beiden die Pufferzeit entsprechend.

1.5.3 Einordnen in Kalender

Ist der interne Zeitablauf des Projekts geklärt, muß es jetzt spätestens in einen Kalenderablauf eingegliedert werden.

Januar

S	M	D	M	D	F	S
					1	**2**
3	4	5	6	7	8	**9**
10	11	12	13	**14**	15	**16**
17	18	19	20	21	22	**23**
24	25	26	27	28	29	**30**
31						

Februar

S	M	D	M	D	F	S
	1	2	3	4	5	**6**
7	8	9	**10**	**11**	**12**	**13**
14	15	16	17	18	19	**20**
21	22	23	24	25	26	**27**
28	29					

April

S	M	D	M	D	F	S
					1	**2**
3	**4**	5	6	7	8	**9**
10	11	12	13	14	15	**16**
17	18	19	20	21	22	**23**
24	25	26	27	28	29	**30**

1988

Mai

S	M	D	M	D	F	S
1	2	3	4	5	6	**7**
8	9	10	**11**	12	13	**14**
15	16	17	18	19	20	**21**
22	23	24	25	26	**27**	**28**
29	30	31				

BILD 1.5.3.1 KALENDER MIT ARBEITSFREIEN TAGEN

1.5.3.1 Kalender erstellen

Für jeden Anwendungsbereich und jedes Projekt kann ein spezieller Kalender angelegt werden. Hierbei sind z.B. firmenspezifische Arbeitszeiten und Feiertage zu berücksichtigen, aber auch die regional unterschiedlichen gesetzlichen Feiertage. Diese Angaben sind für die Jahre des Projektdurchlaufs in das Kalender-Formular und in das Kalenderblatt einzutragen (Siehe Bild 1.5.3.1). Der Kalender sollte auch für die folgenden Jahre eingerichtet werden, um ein Verschieben von Projekten zu gestatten.

Im Kalender-Blatt sind nur einzelne Tage zu arbeitsfreien Zeiten zu erklären. Alle anderen Eingaben im Kalender-Formular, wie die tägliche Arbeitszeit, gelten sich wiederholend jede Woche. Abschließend wird der neue Kalender gesichert. Der Name, den man dem neuen Kalender gegeben hat, muß in das Projekt-Formular eingetragen werden. In Zukunft wird bei jedem Laden des Projekts automatisch dieser Kalender geladen und für die Berechnungen der Termine und Kosten verwendet.

1.5.3.2 Projekt-Termine prüfen

Mit dem firmenspezifischen Kalender ist es jetzt möglich, exakte Termine aus der Netzplan-Berechnung abzulesen. Wird im Projekt-Formular bei PLAN-START der Termin des geplanten Projekt-Starts eingegeben, erscheint nach der Programm-Kalkulation im Feld PLAN-ENDE der Endtermin, der aus den Netzdaten berechnet wurde. Ebenso kann das Enddatum eingegeben werden und man erhält den spätest möglichen Start-Zeitpunkt im PLAN-START-Feld.

Um sich ein Bild über die Termine aller Vorgänge oder Meilensteine zu machen, können entsprechende Attribute ausgewählt werden. Bietet sich bei den Vorgängen neben der ausführlichen namentlichen Bezeichnung sonst standardmäßig die Anzeige der Vorgangsdauer an, könnte man nun zur Kontrolle die Start- oder Endzeitpunkte auswählen. Hierbei gibt es auch noch die Möglichkeit, die spätestmöglichen Termine anzuzeigen, die sich bei der Ausschöpfung des Pufferbereichs ergeben. All diese Termine werden im Vorgangs-Formular angezeigt.

Ein derart berechneter Endtermin ist aber für das Projekt noch nicht verbindlich, denn es fehlen die später beschriebenen Überprüfungen auf mögliche Überlastung von Mitarbeitern oder Maschinen.

1.5.4 Kontrolle mit dem Balkenplan

Sind die Vorgangszeiten in den Netzplan eingegeben, bietet es sich an, ein weiteres Hilfsmittel für die Projektkontrolle einzusetzen. Ganz am Anfang der Beschreibungen wurde der Balkenplan mit seiner Zeitachsen-Darstellung vorgestellt. Mit den bis hierher erstellten Netzplan-Eingaben kann auch im Balkenplan der Kritische Pfad sehr gut verfolgt werden.

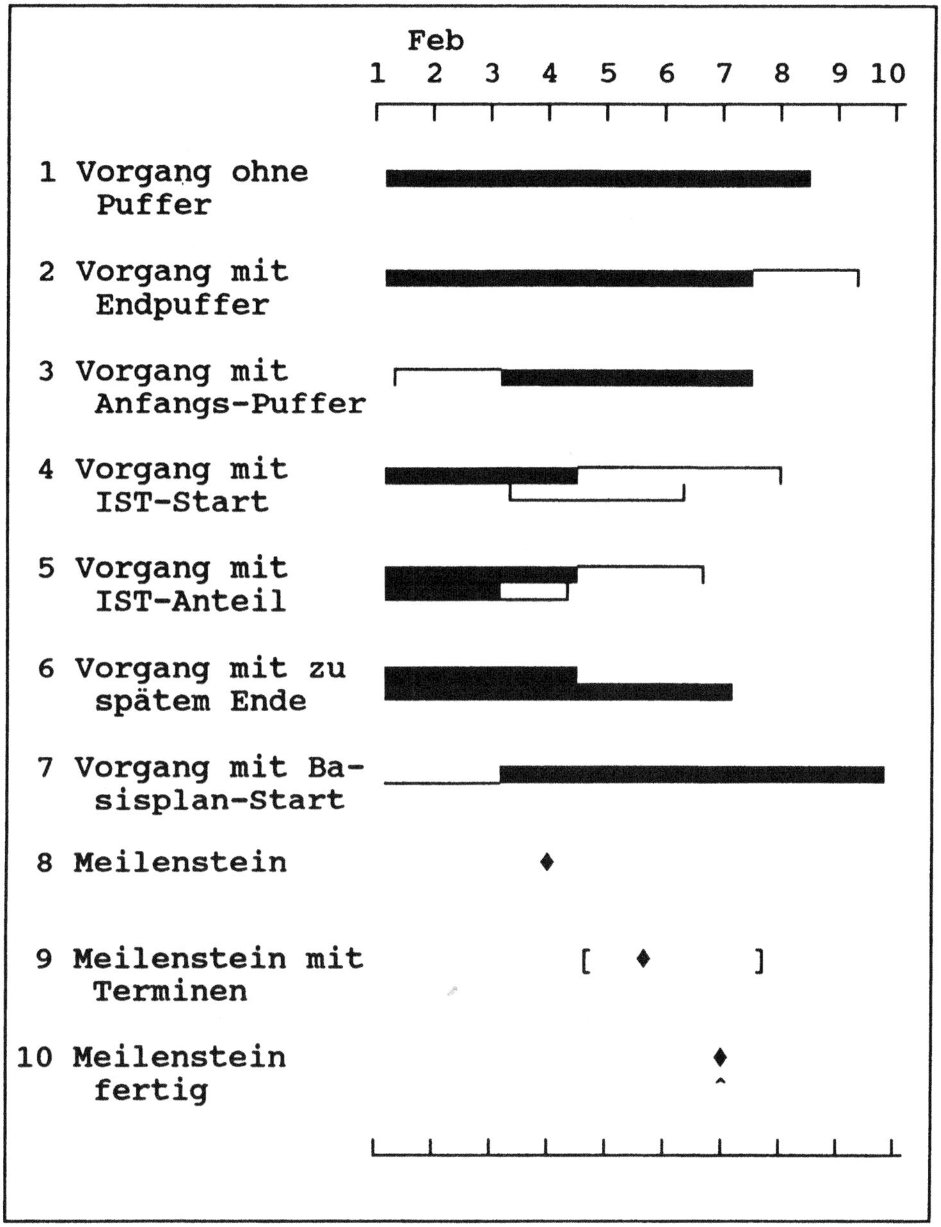

BILD 1.5.4 BALKENPLAN-ZEICHEN

Wurde die Arbeit an einem Vorgang aufgenommen, wird das durch eine Linie unter dem Balken dargestellt (4). In Beispiel 4 verzögerte sich der IST-Start. Davon ist auch das PLAN-Ende betroffen. Ist die Arbeit zu z.B. 60 % fortgeschritten, wird die untere Linie entsprechend soweit als Balken dargestellt (5). Der verbleibende Arbeitsanteil wird weiterhin durch die dünne untere Linie gezeigt.

In Beispiel 6 wurde ein Vorgang auf dem Kritischen Pfad zwar fertig, aber die Fertigstellung dauerte länger als geplant, was zur entsprechenden Verschiebung des Endtermins führte. In der Darstellung des Basisplans können die Verschiebungen zur ursprünglichen Planung angezeigt werden. Vor Vorgang (7) kennzeichnet eine dünne Linie ohne den Puffer-'Haken' den ursprünglich geplanten Startpunkt des Vorgangs.

Die Meilensteine werden durch eine Raute dargestellt (8), wenn sie auf dem Kritischen Pfad liegen. Durch Verschiebungen im Netzplan kann sich der Termin eines Kritischen Meilensteins auch ändern. Hat man aber Zeitpunkte festgesetzt, dann werden diese Zeitgrenzen durch Klammern (9) markiert. Sie bedeuten, daß der Termin nicht vor, aber auch nicht nach diesem Datum liegen darf.

Ist ein Meilenstein erreicht worden, wird er mit einer Pfeilspitze als fertig gekennzeichnet. Liegt der Meilenstein nicht auf dem Kritischen Pfad, dann gibt es auch für ihn einen Zeit-Puffer-Bereich, der im Abstand der beiden Rautenteile zu erkennen ist.

1.5.4.1 Auswirkungen der Benennung

Die Benennung der Vorgänge und Meilensteine war ein wichtiges Thema bei der Netzplan-Erstellung. Die Vorteile einer sinnvollen Ordnung zeigen sich sofort beim Aufruf des Balkenplans. Von der Grundeinstellung her wird er alphabetisch sortiert, von 1 bis 10 und dann von A bis Z, in aufsteigender Reihenfolge.

Ist ein Pfad im Netzplan von Anfang bis Ende zusammenhängend numeriert, werden auch die dazugehörenden Vorgänge im Balkenplan in dieser Reihenfolge untereinander dargestellt.

Wie beim Netzplan können neben der Balkenbenennung auch andere Attribute angezeigt werden (Nicht bei HTPM I). So mag es hilfreich sein, zu der, je nach Maßstab, etwas ungenauen graphischen Darstellung die Anfangs- und Endtermine vor jedem Balken erscheinen zu lassen.

Der erwähnte Zeitmaßstab läßt sich auch den jeweiligen Aufgabenstellungen anpassen. Für einen Überblick über das ganze Projekt läßt sich ein Maßstab so einstellen, daß Start und Ende innerhalb der Bildschirmbreite auf dem Monitor abgebildet werden. Dazu muß meistens neben dem passenden Zeitintervall auch die entsprechende Zeichenanzahl pro Zeitintervall sehr klein gewählt werden (bis zur unteren Grenze von 3 hinab).

BEISPIEL

Benötigt man Angaben mit der Genauigkeit von Tagen, ist das entsprechende Zeitintervall "1 Tag" zu wählen. Die Zeichenanzahl kann dann z.B. auf "8" gesetzt werden, womit eine (Arbeits-) Stundenauflösung auf dem Bildschirm erreicht wäre. Jedem Zeichenintervall des Bildschirms entspricht somit eine Arbeitsstunde (bei einem Arbeitstag von 8 Stunden).

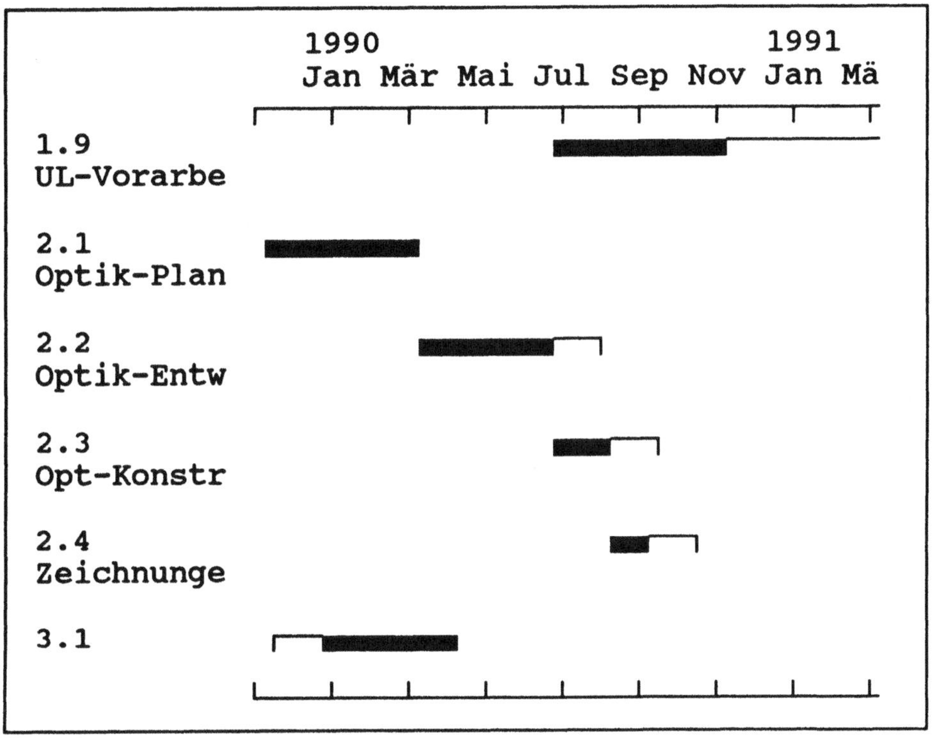

BILD 1.5.4.1 PFAD-ORIENTIERTE NUMERIERUNG

HINWEIS

Eine praxisgerechte Einstellung mit einer für die meisten Projekte geeigneten Auflösung ist die Wahl eines Zeitintervalls von "1 Woche" mit einer Zeichenzahl von "5". Damit ist die kleinste Einheit ein Arbeitstag. Hat man als Projekt-Startdatum einen Montag eingesetzt, dann entsprechen die auf der Zeitachse erscheinenden Daten immer einem Wochenanfang. Leider ist keine Anzeige von KW (Kalenderwochen) möglich.

BEISPIEL

Bild 1.5.4.1 zeigt in dem nach dem Namensfeld - hier also den Nummern - sortierten Balkenplan die richtige Abfolge des zusammengehörenden Pfads der Vorgänge 2.1 bis 2.4. Erst danach folgt Vorgang 3.1, der bei einer Sortierung nach PLAN-Start weiter vorne gelistet würde.

1.5.4.2 Sortiermöglichkeiten

Die Anzeige des Balkenplans ist aber noch vielfältiger zu beeinflussen. So kann man sich nur die Vorgänge oder die Meilensteine anzeigen lassen, wobei letztere ja die wichtigen Termine eines Projektes komprimiert darstellen. Für verschiedene Anwendungen kann die dazu passende Darstellung gewählt und auch, genau wie auf dem Monitor gezeigt, ausgedruckt werden.

BEISPIEL

a) Will man wissen, welche Arbeiten zuerst durchgeführt werden sollen, wird eine Sortierung nach dem frühesten Start durchgeführt.

b) Nur die Vorgänge auf dem Kritischen Pfad werden angezeigt, wenn nicht nur 'Puffer', sondern auch noch seine Größe mit "0" gewählt wird.

c) Sind schon 'Verantwortliche' für die einzelnen Vorgänge in die Vorgangs-Formulare eingetragen, können die Aufgaben einer Person isoliert aufgelistet werden.

d) Wurde im CODE-Feld jedes Vorgangs das Abteilungskürzel der für diese Aufgabe zuständigen Abteilung eingetragen, so erhält der Abteilungsleiter eine Übersicht der Arbeiten, die bei ihm anfallen.

1.6 EINSATZMITTEL

Die Hauptaufgabe eines Netzplans ist es, die Termine zu berechnen. Der zweite Schritt dient der Abschätzung der Kosten, die hauptsächlich durch die geplanten Tätigkeiten entstehen. Jeder Aufgabe werden die für ihre Durchführung benötigten Personen und auch Maschinen zugeordnet. Zusammenfassend nennt man sie EINSATZMITTEL, kurz EM. Da ihre Verfügbarkeit, oder besser: Belastbarkeit begrenzt ist, kann es durch eventuell fehlende Kapazitäten zu Engpässen im Netzplan kommen.

1.6.1 Anlegen einer EM-Liste

Um die verschiedenen Personen oder Geräte für die Zuordnung zu den Vorgängen zur Verfügung zu haben, müssen sie in der EINSATZMITTEL-LISTE eingetragen sein. In dieser wird jedes Einsatzmittel u.a. mit seiner Verfügbarkeit dokumentiert.

Einsatzmit	Menge	Zeit-Einh.	Kosten \ZE	Arbeits-Std/Tag	Code
Albrecht	1,0	Std	108,00	8,00	GK
Bachle	1,0	Std	96,80	8,00	EK
Berger	0,5	Std	96,80	4,00	GK
Dahniels	1,0	Std	76,40	8,00	VM
Eilers	1,0	Std	96,80	8,00	EW
EK	3,0	Std	122,40	8,00	EK
Herman	1,0	Std	66,80	8,00	SE
Q	2,4	Std	93,00	8,00	Q
GW	6,0	Std	57,00	8,00	GW
Franz	1,0	Std	96,80	8,00	EP

BILD 1.6.1 EINSATZMITTEL-LISTE

Ein Mitarbeiter ist nur bis 100 % belastbar, eine ganze Abteilung z.B. bei 6 Mitarbeitern bis 600 %. Die entsprechenden Eingaben für die maximale Arbeitsmenge sind entsprechend 1.0 und 6.0. Im dazugehörigen Auslastungs-Diagramm ist bei genau diesen Werten eine Grenzlinie zu sehen.

HINWEIS
Normalerweise wird kaum ein Mitarbeiter mit der maximalen Kapazität von 100 % für die Projektarbeit einsetzbar sein, hier liegt der Erfahrungswert bei ca. 70 - 80 %. Es gibt nun

mehrere Gründe, trotzdem bei der Eingabe der 100 % an dieser Stelle zu bleiben. Bei der Planung des Personalbedarfs einer Aufgabe geht man meist schon von einer Verfügbarkeit von 80 % aus und setzt diese mit 100 %-Auslastung gleich. Da die grafische Auflösung der Programmdiagramme sehr gering ist, verbessert eine höhere Auslastungsgrenze die Genauigkeit der Ablesung kleinerer Unterschiede in der Auslastungskurve. Bei einer 100 %-Grenze ergeben sich ebenfalls Vorteile bei der Wahl von sinnvollen Zuordnungseinheiten für die Belastungswerte, da mit Teilen von 100 besser zu rechnen ist als mit Bruchteilen von 80. Bei einem Belastungswert von 50 % denkt jeder an die halbe Auslastung des Einsatzmittels, doch entspräche er 62 % bei einer 80 %-Grenze.

Hilfreich für die Zuordnung der Mitarbeiter kann noch der Eintrag des für dieses EM Verantwortlichen sowie derjenige der betreffende Abteilung sein. Im Feld 'Beschreibung' werden der Beruf, die Ausbildung oder die Einsatzmöglichkeiten des EM vermerkt.

BEISPIEL

Die Einsatzmittel-Liste in Bild 1.6.1 umfaßt neben einigen Personen auch drei Gruppen-EM. Statt mit 100 % sind diese mit 300 %, bzw. mit 240 % und 600 % entsprechend der vorhandenen Personenzahl und deren Verfügbarkeit belastbar. In der Abteilung 'Q' kann einer der Mitarbeiter also nur zu 40 % eingeplant werden, da er vielleicht durch abteilungsinterne Aufgaben darüber hinaus belastet ist. Das EM 'Berger' kann nur mit 50 % eingeplant werden, weil der Mitarbeiter nur halbtags arbeitet.

Die Arbeit aller EM wird pro eingesetzter Stunden abgerechnet, der entsprechend zu verwendende Stundensatz ist in der vierten Spalte aufgeführt. Der am Ende aufgeführte Abteilungs-Code hilft bei der Zuordnung der Mitarbeiter, da Namen oft nicht so viel sagen und auch doppelt vorkommen können.

1.6.2 Eingabe der EM in Vorgänge

Aus der Liste der Einsatzmittel können nun, mit Hilfe der EM-Zuweisungsliste, jeder Aufgabe die für sie benötigten Personen oder Geräte zugeordnet werden.

Nach der Anwahl des gewünschten Vorgangs und dem Aufruf der EM-Zuweisungsliste, müssen die Namen der EM so eingegeben werden wie sie in der EM-Liste geschrieben worden sind. Zu jedem EM-Namen ist der Prozentwert seiner Beteiligung an der Vorgangsarbeit einzutragen.

BEISPIEL

Wird eine Person zu 30 % an einer Aufgabe beteiligt sein, ist in das Feld MENGE der Wert von 0,3 einzutragen (1,0 entspräche 100 %). Den richtigen Prozentwert kann man auch anders ermitteln: Dauert ein Vorgang 20 Tage und ist der Mitarbeiter ca. 10 Tage mit seiner Arbeit daran beteiligt, so ist er in diesem Vorgangs-Zeitraum mit 50 % belegt.

Die Arbeitsanteile der einzelnen EM an einem Vorgang sind recht unterschiedlich bezogen auf die Länge und die Abfolge der Tätigkeiten. Obwohl der Mitarbeiter aus dem Beispiel 5 Tage mit voller Kapazität an einer Aufgabe arbeitet, erscheint er in diesem Zeitraum nur mit 50 %. Da nicht für jede Teiltätigkeit ein eigener Vorgang angelegt werden kann, müssen sich mehrere EM einen Vorgang "teilen", da ihre Aufgaben zusammen erst das Ergebnis dieses Vorgangs liefern.

Kleine Teilaufgaben eines Vorgangs haben selten die Länge der aus ihnen resultierenden Vorgangsdauer. Die Mitarbeiterbelastung berechnet sich aber auf der Basis der Vorgangsdauer. Damit wird bei einer kürzeren Teilaufgabenlänge der Belastungswert des Mitarbeiters proportional sinken, da sich die Arbeit auf eine längere Zeit verteilt. Durch diese vergrößerten Längen gibt es aber in diesen Vorgangs-Zeitbereichen eine zusätzliche Überlagerung mit anderen Tätigkeiten, die aber im Mittel die Auslastung im wesentlichen korrekt darstellt (Mehr dazu beim EM-Auslastungsdiagramm in Kapitel 1.6.4).

Eine weitere Programmeigenschaft kann die EM-Zuordnung bei Teilaufgaben erleichtern (Nicht bei HTPM I). Für jedes EM ist eine Start-Verschiebung in der EM-Zuweisungsliste möglich. Das ist für den oben angesprochenen Fall sinnvoll, wenn bei einer Aufgabe mit mehreren Beteiligten eine Teilaufgabe erst nach einer Vorarbeit der anderen beginnen kann.

HINWEIS
Bei der Berechnung der Prozentwerte für den Einsatzanteil der EM ergeben sich durch den beschriebenen Rechenvorgang oft Bruchwerte. Da das Abschätzen eines Arbeitsanteils sowieso mit einer großen Ungenauigkeit behaftet ist, sind Abstufungen von 10 % mehr als hinreichend. Dadurch wird die Kontrolle der Auslastungen und Zuordnungen beim Kapazitätsabgleich übersichtlicher und einfacher.

Eine Ausnahme kann bei geringfügiger Beteiligung gemacht werden, wenn der Anteil weit unter 10 % liegt. Eine Kennzeichnung mit 5 %, oder besser noch 1 %, fällt bei der Auslastung und bei den Kosten selten ins Gewicht, zeigt aber gleichzeitig an, daß diese Teilaufgabe eher beratend ist. Die Aufnahme in die EM-Zuweisungsliste des Vorgangs ist aber trotzdem notwendig, damit dieses EM nicht vergessen wird, wenn z.B. während der Vorgangsdauer eine Sitzung angesetzt wird.

1.6.3 Urlaub

Nicht ganz einfach ist eine Berücksichtigung des Urlaubs. Programmtechnisch gibt es dafür die Unterstützung durch spezielle Einsatzmittel-Kalender. Da deren Einsatz nicht ganz unproblematisch ist, bietet sich auch der Weg über ein eigenständiges "Urlaubs"-Projekt. Der Aufwand dafür wird zwar größer, die Ergebnisse lohnen aber die Mühe.

1.6.3.1 Urlaubsprojekt

Für eine flexible, anwendungsorientierte Lösung des Urlaubsproblems muß ein Urlaubs-Projekt angelegt werden. In ihm wird für jeden Urlaubsteil der Mitarbeiter ein Vorgang angelegt. Der Vorgang hat die Länge des Urlaubteils. Die Einsatzmittel-Zuweisung erhält den Namen des Mitarbeiters mit der Belastung 1,0 - also 100 %.

Da die EM-Liste für alle Projekte die Basis darstellt, werden die EM-Zuweisungen aller Projekte für jedes EM zeitlich überlagert, addieren sich also auch im Urlaubszeitraum.

Das einfachste wäre eine Verschiebung des Vorgangs, während dem der Mitarbeiter in Urlaub ist. Aber meistens sind auch noch weitere EM an der Bearbeitung einer Aufgabe beteiligt. Die anderen Mitarbeiter können in dieser Zeit natürlich an der Aufgabe weiterarbeiten.

HINWEIS

Das Urlaubsprojekt wird auch in Form eines Netzplans angelegt. Für jede Person führt ein Pfad vom Start bis zum Ende. Die Anzahl der Vorgänge entspricht den geplanten Urlaubsintervallen. Urlaub, der kürzer als 4 Tage ist, sollte in der Regel nur aufgenommen werden, wenn er mit mehreren Feiertagen einen längeren Block bildet.

Übersichtlicher wird der Urlaubs-Netzplan, wenn man ihn 'nach Abteilungen ordnet'. Für jede Abteilung der Firma wird ein eigener Pfad angelegt, der sich in die parallel verlaufenden Mitarbeiter-Urlaubs-Vorgänge auffächert. Dazu beginnen alle Mitarbeiter-Vorgänge an einem "Abteilungs"-Meilenstein und enden auch in einem weiteren. Je nach der Anzahl der Urlaubsteile folgen für jeden Mitarbeiter mehrere Vorgänge hintereinander. Wird in diesen Vorgängen im CODE-Feld die Abteilung angegeben, so erhält man bei entsprechender Sortierung einen Urlaubs-Balkenplan der Abteilung.

1.6.3.2 EM-Kalender

Mit der Version HPM 3.0 gibt es sogenannte Einsatzmittel-Kalender. Sie sind den normalen Projektkalendern vergleichbar, werden über entsprechende Formulare eingerichtet. Es kann für jedes einzelne Einsatzmittel ein eigener Kalender angelegt werden, der die speziellen Arbeitszeiten und Arbeitstage enthält. Also auch die z.B. vom Mitarbeiter geplanten Urlaubszeiten. Im Prinzip kann ein EM-Kalender verschiedenen Einsatzmitteln zugeordnet werden. Bei Urlaubsberücksichtigung wird das aber wohl kaum sinnvoll sein. Eher bei Geräten, die nur zu bestimmten Zeiten zur Verfügung stehen.

Wie bearbeitet nun das Programm die im EM-Kalender angegebenen nicht verfügbaren Zeiträume? Wird durch dieses neue Hilfsmittel also endlich die Urlaubsplanung vereinfacht? Wohl nicht, denn die auf dem Bildschirm zu beobachtenden Auswirkungen "verschieben" die Probleme, beseitigen sie nicht.

Ein Vorgang, dessen EM während der Vorgangsdauer z.B. Urlaub hat, wird um die Urlaubsdauer verlängert. Damit ergibt sich während des Urlaubszeitraums keine Überlast-Ausweisung im Auslastungsdiagramm. War der Mitarbeiter bisher aber auch nach seinem Urlaub voll ausgelastet, dann wird er jetzt die Belastung aus der Urlaubszeit zusätzlich als Überlast in der Grafik erkennen. Der durch Urlaub entstehende Berg wurde also nur verschoben.

Bis hierhin hat man also keine Vorteile durch die neuen EM-Kalender. Erst beim automatischen EM-Abgleich werden diese Überlastungen abgebaut. Die Bedenken gegen dieses Verfahren werden aber in Kapitel 1.7.6 ausführlich dargelegt. Häufig arbeiten aber mehrere Mitarbeiter an einem Vorgang - die Verlängerung des Vorgangs wegen des Urlaubs eines einzelnen Mitarbeiters ist dem Projektfortschritt sicherlich nicht förderlich. Man müßte dann für diese Mitarbeiter zusätzliche Aufgaben finden, um deren Auslastung wieder herzustellen. Die im Kapitel 1.7 aufgeführten Maßnahmen sind für die Praxis sinnvoller.

HINWEIS
Die im EM-Kalender-Formular gemachten Angaben zur Arbeitszeit müssen mit den Daten im Projekt-Kalender soweit übereinstimmen, daß sie nicht größer als dort sind, da das zu Fehlermeldungen führt.

1.6.4 Prüfen auf Überlastungen

Schon während der Einsatzmittel-Eingabe kann es zu der Programm-Warnanzeige der Überlastung eines EM kommen. Das entsprechende EM und die betroffenen Vorgänge werden automatisch gekennzeichnet. Sogar vor dem Projektnamen erscheint eine Warnmarkierung("E").

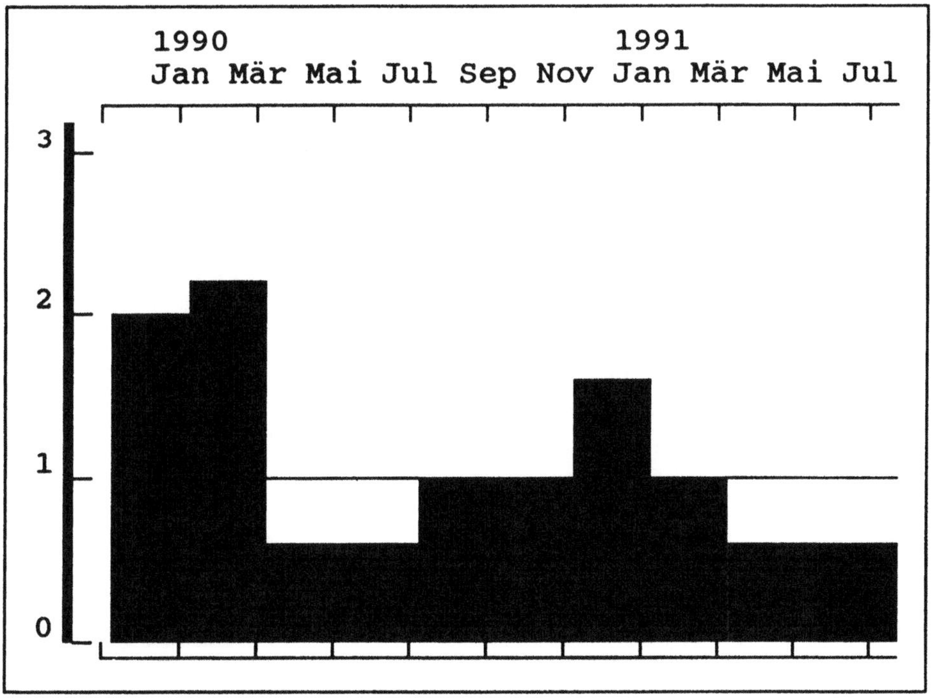

BILD 1.6.4-1 EM-AUSLASTUNGS-DIAGRAMM

Im Einsatzmittel-Auslastungs-Diagramm kann jedes EM aufgerufen und, innerhalb des Projektzeitraums, in seiner zeitlichen Belastung kontrolliert werden (Bild 1.6.4-1). Die waagerechte Grenzlinie gibt die maximale Verfügbarkeit an, bei Personen also in der Regel 100 %, in dieser Grafik bei "1" dargestellt. Alle Kurventeile, die über diese Grenzlinie hinausragen, werden rot dargestellt, das Programm kennzeichnet dieses EM als überlastet.

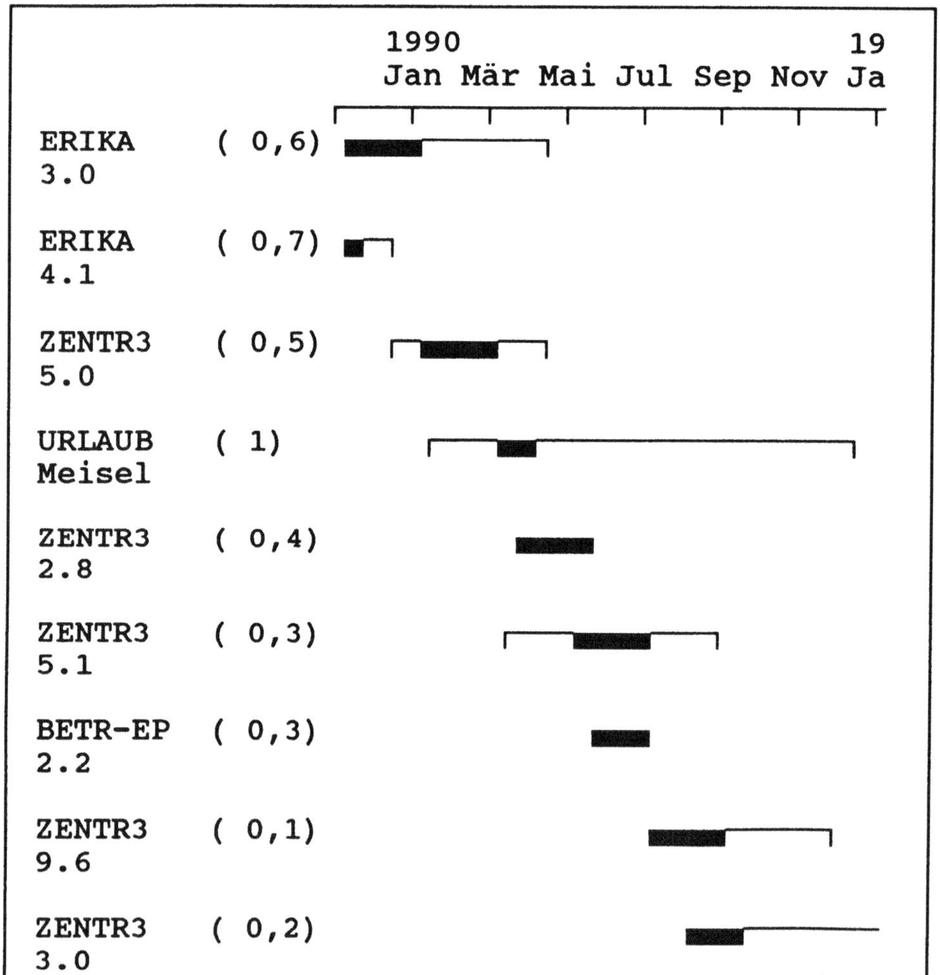

BILD 1.6.4-2 EM-ZUWEISUNGS-BALKENPLAN

Die Vorgänge, die in diesem "überlasteten Zeitraum" liegen oder in ihn teilweise "hineinragen", werden im zugehörigen EM-Zuweisungs-Balkenplan (Bild 1.6.4-2) rot dargestellt. In diesem Diagramm sind alle Vorgänge, in denen das EM tätig ist, aufgelistet. Aus allen Projekten sind die entsprechenden Vorgangsbalken mit dem zugehörigen Pufferbereich aufgeführt. Vor den Balken sind Projektname, Vorgangsname und Belastungswert angegeben (Nicht mit Puffer und auch nicht mit Vorgangsnamen aus anderen Projekten bei HTPM I).

BEISPIEL

Das Auslastungs-Diagramm in Bild 1.6.4-1 beschreibt die geplante Belastung eines EM mit der Verfügbarkeit '1'. Die Überlastung ist hier so erheblich, daß die geplante Arbeit auch bei größter Anstrengung nicht zu schaffen ist. Die Folge davon werden Terminveränderungen sein, da diese Überlast nachfolgende Aufgaben verschieben wird. Im April/Mai ist ein Auslastungs-Tal zu erkennen, das aber sicher nicht als Ausgleich für die vorhergehende Überlast ausreicht.

Bild 1.6.4-2 zeigt die Vorgänge, die zu dieser Auslastungskurve ihren Beitrag leisten. Viele kleine und mittlere Belastungen haben sich hier zu sehr großen Überlastungen aufgebaut, da sie alle im gleichen Zeitraum geplant wurden. Die an den Balken gekennzeichneten Pufferbereiche können helfen, die Überlastung abzubauen, was im nächsten Kapitel gezeigt wird.

1.7 BESEITIGUNG VON EM-ENGPÄSSEN

Gibt es im Einsatzmittel-Auslastungs-Diagramm bei einem oder mehreren EM große Überlastungen, dann muß eine Korrektur erfolgen, weil sich der geplante Projektdurchlauf bei EM-Engpässen nicht wie beabsichtigt durchführen läßt. Eine Auslastungskurve sollte nach verschiedenen Kriterien daraufhin untersucht werden, ob und welche Ausgleichsschritte vorzunehmen sind.

Fast jede Veränderung durch Verschieben von Vorgängen, und somit EM-Auslastungen, beeinflußt andere EM. Deshalb sind im Anschluß an jede Abgleichbemühung alle anderen Einsatzmittel auf Überlastung zu überprüfen.

HINWEIS
Einsatzmittel-Überlastungen, die mehr als 4/5 Monate hinter dem Starttermin liegen, sollten noch unberücksichtigt bleiben, wenn die Überlastung nicht zu groß ist (weniger als das Doppelte). Bis dieser Teil des Netzplans erreicht sein wird, kann so viel geschehen sein, daß der Netzplan in wesentlichen Teilen verändert werden mußte. Ein Feinabgleich für die folgenden drei Monate ist meistens ausreichend.

1.7.1 EM-Umverteilung

Die Auslastungskurve verläuft meistens in einem bizarren Auf und Ab. Folgt einem kurzzeitigen "Berg" oberhalb der Grenzlinie ein vergleichbares "Tal" unterhalb dieser Linie, dann gleicht sich dieser Unterschied sicherlich von selbst aus, da sich die betroffene Person die Aufgaben in so einem kurzen Zeitraum selbst richtig einteilen wird.

Auch eine gewisse Überlastung bei einem Wert von 110 % ist bei der Schätztechnik, mit der diese Werte entstanden sind, im Rahmen der zu berücksichtigenden Ungenauigkeiten tolerierbar. Aus dem gleichen Grund sollte ein Mitarbeiter mit einer geplanten Auslastung um 90 % nicht noch weitere Aufgaben in diesem Zeitraum bekommen.

Treten längere und größere Überlastungen auf, dann ist die einfachste Lösung, diesen Mitarbeiter aus Vorgängen auszugliedern und durch einen gleichqualifizierten Kollegen zu ersetzen. Dazu sucht man im EM-Zuweisungs-Balkenplan nach einem oder mehreren Vorgängen, die zeitlich den Überlastbereich abdecken und die in der Summe ihrer Auslastungs-Prozentwerte ungefähr der abzulesenden Überlastung entsprechen. Da man die zugehörigen Namen und auch Projekte ablesen kann, ist das Auffinden der Vorgänge und die Änderung der EM schnell geschehen.

Schwierig wird dieses Vorhaben aber oft, weil nicht immer ein passender Ersatzmann zu finden ist. Denn meist ist ein überlasteter Mitarbeiter so im Projektablauf eingebunden, daß die Arbeit nicht ohne seine Erfahrungen fortgeführt, er somit nicht so einfach ausgetauscht werden kann.

1.7.2 Verschiebung im Pufferbereich

Eine weitere Möglichkeit zum Ausgleich von Überlastungen ist das Verschieben von denjenigen Vorgängen, die zu der Überlast beitragen. Vorrausgesetzt muß aber werden, daß vor oder hinter der Überlastzone Zeiträume mit ausreichend großen Auslastungstälern vorhanden sind, die diese verschobenen Kapazitäten aufnehmen können. Zum Verschieben eignen sich Vorgänge, die einen ausreichend großen Pufferbereich in der Größe des zeitlichen Abstands zum Auslastungstals haben. Innerhalb dieses Pufferbereichs kann man den Vorgang soweit verschieben, daß seine Aktivitäten im Zeitraum des Auslastungstal stattfinden. Dieser Versatz im Pufferbereich ist möglich, ohne daß Termine oder der Kritische Pfad gefährdet werden.

In der EM-Zuweisungsgrafik sind die Vorgangsbalken mit dem jeweiligen Puffer hinter dem Balken auszuwählen. Den Zeitraum der Überlast und den der geringeren Auslastung hat man vorher im Auslastungs-Diagramm abgelesen. Nun sind die Vorgänge mit den in der Summierung ausreichenden Zuordnungs-Prozentwerten auszusuchen, aufzurufen und zu verschieben.

Zum Verschieben bieten sich die drei früher beschriebenen Methoden an. Am besten wird ein Puffer-Vorgang eingebaut, den man in der Länge so einstellt, daß der Überlastberg verschwindet. In der Regel reicht es nicht, nur einen Vorgang zu verschieben.

1.7.3 Streckung im Pufferbereich

Bei größeren Schwankungen um die Grenzlinie bot sich das vorstehende Verfahren an. Bei kleineren Abweichungen kann ein anderes Verfahren verwendet werden.

Die für die Überlast verantwortlichen Vorgänge müssen dafür einen ausreichend großen Pufferbereich haben. Um die Auslastung zu verringern, werden die daran beteiligten Vorgänge "gestreckt". Dem entsprechend können auch die Belastungs-Prozentwerte der den Vorgängen zugewiesenen EM reduziert werden. Als Folge davon wird die Auslastungskurve in einem weiten Bereich durch leichtes Absenken und Anheben geebnet.

BEISPIEL

> Hat ein Vorgang mit einer Dauer von 20 Tagen und einem Puffer von 50 Tagen ein EM, das in ihm zu 100 % eingesetzt ist, so kann die Vorgangsdauer auf 40 Tage erhöht werden. Dadurch sinkt die Belastung des EM auf 50 %. Die zu verrichtende Arbeitsmenge bleibt die gleiche, doch wird sie nur auf einen größeren Zeitraum verteilt. Das EM arbeitet jetzt doppelt so lange an der Aufgabe, aber nur mit halber Belastung. Der Restpuffer von 10 Tagen läßt sogar

immer noch mögliche Terminüberschreitungen bis zum Plan-Ende des Vorgangs zu.

1.7.4 Veränderung von Abhängigkeiten

Helfen die vorausgegangenen Maßnahmen nicht, eine bestehende Überlastung eines EM zu beseitigen, kann versucht werden, durch eine andere Verknüpfung im Netzplan einige der beteiligten Vorgänge nach vorne oder hinten zu versetzen. Dafür ist zu prüfen, ob von der Ablauflogik Teile einer Aufgabe schon früher begonnen werden können. Vielleicht benötigt man die erarbeiteten Ergebnisse sogar erst zu einem späteren Zeitpunkt? Aber meistens sind diese Bemühungen zwecklos, wenn in den vorausgegangenen Bearbeitungsschritten schon ähnliches an dieser Netzplanposition versucht wurde.

1.7.5 Veränderung auf dem Kritischem Pfad

Bevor etwa wegen des nicht zu beseitigenden EM-Engpasses im Netzplan falsche Verknüpfungen geschaffen werden, muß die Projektplanung auf Kosten des Endtermins korrigiert werden. Vorgänge mit Überlastbeteiligung sind soweit nach hinten zu schieben, bis ein so großes Auslastungstal entstanden ist, daß durch die zuvor beschriebenen Maßnahmen die Überlastung abgebaut werden kann. Gerade bei dieser Methode werden aber leicht an anderen Stellen eventuell neue EM-Engpässe aufgebaut, so daß die Kontrolle aller EM-Auslastungskurven notwendig ist.

1.7.6 Automatischer EM-Abgleich

Eine ganz andere Möglichkeit (Nicht bei HTPM I) ist der automatische Abgleich der Einsatzmittel-Auslastung. Das Programm bedient sich hier verschiedener oben schon angesprochener Möglichkeiten. Es versetzt Vorgänge im Pufferbereich, versucht aber auch durch Überstunden-Einsatz, soweit er vorgesehen ist, die Überlastungen zu reduzieren. Als letzte Stufe werden die Vorgänge ohne Rücksicht auf die Termine nach hinten verschoben. Eine Streckung im Pufferbereich, eine Teilung und Umverlegung von Vorgängen oder eine EM-Umverteilung kann das Programm natürlich nicht selbsttätig durchführen.

HINWEIS
So verlockend die Möglichkeit eines automatischen Abgleichs auch scheint, sollte man sie doch mit Vorsicht und erst nach viel praktischer Erfahrung anwenden. Besonders wichtig ist, daß der Netzplan vor diesem Eingriff gesichert wurde. Denn danach erkennt man ihn vielleicht nicht mehr wieder. Und alle Veränderungen, die das Programm im Netzplan durchgeführt hat, kann man kaum wieder rückgängig machen - da ist es dann einfacher, die gesicherte Version neu zu laden.

Neue Möglichkeiten ergeben sich durch die EM-Kalender, die seit der Version 3.0 Programmbestandteil sind. Kapitel 1.6.3.2 erläutert ihren Einsatz. Je nach Projektart und Erfahrung des Planers mit dem HPM-Programm sollten zuerst nur vorsichtige Versuche gemacht werden, ob die Verwendung dieser Möglichkeiten wirklich Nutzen bringt.

1.7.7 Urlaubs-Abgleich

In einer Auslastungs-Kurve fällt ein Urlaubszeitraum meist sofort auf. Da in der Regel die Planung für eine gleichmäßige Auslastung um ca. 100 % sorgt, addiert sich der jeweilige Urlaubs-Vorgang dazu. Es entsteht eine meist kastenförmige Überhöhung auf 200 %.

Die Reaktion auf diese Überhöhung muß in mehreren Schritten ablaufen. Für eine Bearbeitung ist Voraussetzung, daß der Urlaub innerhalb der nächsten Monate liegt. Die notwendigen Veränderungen bei parallelen Vorgängen verschieben sich sonst bei normalen Netzplan-Änderungen zu anderen Zeitpunkten, z.B. hinter den Urlaub. Dadurch bleibt zeitlich die alte Schwachstelle, und die geänderten Vorgänge entsprechen jetzt nicht mehr optimaler Planung, da in diesem Bereich keine Überhöhung war.

Es kann versucht werden, den Überhöhungsberg wie beschrieben umzuverteilen. Meist akzeptiert man eine gewisses Maß an Überlastung und verlängert, "streckt" nur diejenigen Vorgänge, die vom Urlaub des Einsatzmittels betroffen sind. Diese Streckung erfolgt um einen dem Urlaub vergleichbaren Zeitraum, ohne aber die EM-Belastungen zu verringern. Das heißt somit, daß alle anderen EM dieser Vorgänge einen Teil der Arbeit übernehmen. Weiterhin können Aufgaben gezielt auf andere Mitarbeiter übertragen werden. Deren Belastung steigt damit entsprechend. Gerade aber der Sommerurlaub, mit mehrwöchiger Länge, verursacht meist Vorgangsverschiebungen mit Terminänderungen.

1.8 KOSTEN

Das Netzplan-Programm hat bisher die Daten für Termine und die Auslastungen der Mitarbeiter berechnet. Beides ist Grundlage für die Berechnung des Hauptanteils der Kosten, den Einsatzmittel-Kosten. Der andere Teil sind die Festkosten, also z.B. Materialkosten oder Fremdleistungen.

1.8.1 Definition der Kostenfaktoren

Daß der Umgang mit den Einsatzmitteln nicht einfach ist, wurde beim Anlegen der EM-Liste erwähnt. Eine Auslastungswert von 100 % wurde so definiert, daß der Mitarbeiter ca. 80 % seiner Arbeitszeit für die Projekte aufwendet, da in der Regel die restliche Zeit für interne Aufgaben benötigt wird. Als Berechnungsgrundlage sind aber im Kalenderformular 8 Arbeitsstunden täglich angesetzt.

Jetzt wäre die naheliegenste Möglichkeit, den Tages-Stundensatz auf 80 % zu reduzieren, also entsprechend auf 6,4 Arbeitsstunden. Dagegen spricht, daß bestimmte EM, z.B. Maschinen oder auch manche Mitarbeiter von Werkstätten weiterhin mit einem 8 Stunden-Arbeitstag eingeplant werden müssen.

Um nun für alle vorhandenen Arten von Einsatzmitteln eine korrekte Grundlage der Kostenberechnung zu haben, wird der 8 Stunden-Arbeitstag im Kalenderformular beibehalten. Dafür werden aber die Kostensätze der Einsatzmittel entsprechend ihrer tatsächlichen Verfügbarkeit reduziert. Für die meisten Mitarbeiter werden z.B. deshalb nur 80 % ihres Kostensatzes in der Einsatzmittelliste eingetragen, um nicht überhöhte Kosten zu erhalten.

1.8.2 EM-Liste vervollständigen

Wichtig für die Kostenberechnung sind die den Einsatzmitteln zuzuordnenden Kosten. Diese können in verschiedenen Zeiteinheiten berechnet sein. Ein EM kann z.B in Stunden, in Tagen oder Monaten abgerechnet werden, je nachdem, wie die Berechnungssätze in einem Unternehmen definiert sind.

Sinnvoll ist in den meisten Fällen eine Stundenzuordnung bei allen Mitarbeitern, da für die Nachkalkulation in der Regel Stundenschreibungen der betreffenden Personen erstellt werden. Geliehene Geräte dagegen bekommt man oft nur zu Tagessätzen, so daß in der Einsatzmittel-Liste hierfür die Kostenangabe pro Tag zu erfolgen hat.

Sollen Überstunden berücksichtigt werden, so können (Nicht bei HTPM I) die erhöhten Stunden-/Tagessätze eingetragen werden.

Entsprechend den Kosteneinheiten, der Vorgangsdauer und den Zuweisungs-Prozentsätzen werden für jedes Einsatzmittel die ihm entsprechenden Vorgangskosten berechnet und im EM-Zuweisungsformular angezeigt. Die Summe der Kosten aller EM eines Vorgangs ist im zugehörigen Vorgangs-Formular abzulesen.

1.8.3 Festkosten

1.8.3.1 Vorgangsabhängige Festkosten

Viele der anfallenden Material- und Gerätekosten hängen eng mit den Tätigkeiten in einem Vorgang zusammen. Wenn diese Arbeit abgeschlossen ist, sind auch die Kosten angefallen. Wird z.B. ein Funktionsmuster aufgebaut, können die Kosten der dafür benötigten Materialien exakt diesem Vorgang zugeordnet und für ihn eingeplant werden. Im entsprechenden Feld des Vorgangs-Formulars sind diese 'Sonstigen' Plan-Kosten einzutragen.

BEISPIEL

> Zu diesen vorgangsabhängigen Kosten gehören u.a. alle externen Arbeiten, die zur Erfüllung dieser Vorgangsaufgabe beitragen. Die Kosten sind meist über entsprechende Angebote oder Verträge festzustellen. Gleiches gilt auch für Leihgebühren und jede Art von Kosten für Materialien oder Geräte, die pauschal und nicht entsprechend dem zeitlichen Fortschritt der Projektarbeiten ansteigend entstehen.

1.8.3.2 Projektbezogene Festkosten

Kosten, die nicht einem oder mehreren Vorgängen eindeutig zuzuordnen sind, werden pauschal dem Projekt als sogenannte OVERHEAD-Kosten zugeschrieben. Entsprechend dem Projekterfüllungsstand wird der entsprechende Prozentsatz davon als angefallene IST-Kosten ausgewiesen.

Dazu gehören z.B., neben Raummieten oder Stromkosten auch Geräte, die in verschiedensten Vorgängen zu verschiedenen Zeitpunkten eingesetzt werden sollen. Solche Kosten sind eben nicht an einen Vorgang zu binden. Ein entsprechendes Eingabefeld für diese Plan-Kosten findet sich im Projekt-Formular.

1.8.3.3 Regelmäßig anfallende Festkosten

Ein Sonderfall für die Kostenverwaltung sind verschiedene Festkosten, die einmal nicht bestimmten Vorgängen zugeordnet, andererseits aber auch nicht dem Projektfortschritt entsprechend abgerechnet werden können.

Sie fallen z.B. in unterschiedlicher Höhe jeden Monat an, unabhängig vom Projektfortschritt. Dazu gehören u.a. Leihkosten für Geräte, die für einen Zeitraum bereitgestellt werden müssen. Zugleich sind sie nicht kurzfristig zu disponieren, können also nicht an Vorgangstermine gekoppelt werden.

Das Einbeziehen dieser Kosten kann nur durch den Einbau eines zusätzlichen Pfads in den Netzplan erfolgen, der aus einer Aneinanderreihung von etwa gleichlangen Vorgängen besteht. Jeder dieser Vorgänge hat z.B. die Länge des entsprechenden Monats, für den er steht. Hier muß man sich bei der Eingabe der Vorgangsdauer dem Kalenderzeit-Format bedienen, um exakte Monatsanfangs- und -endtermine zu bekommen. Bei der späteren IST-Kosten-Aufstellung können diese Monats-Vorgänge noch eine hilfreiche Rolle spielen.

1.8.4 Kostenvorhersage

Bisher wurden Kosten pro Einsatzmittel, Vorgang, Zeitpunkt oder Projektanteil ermittelt. Die durch diese Planung entstehenden Gesamtkosten des Projektes sind im Projekt-Formular abzulesen. Dort sind sie unterteilt nach Einsatzmittel-, Sonstigen- und Overhead-Kosten.

1.8.4.1 Darstellung pro Zeiteinheit

Für den Projektablauf sind aber zeitliche Kostendarstellungen wichtiger als vorgangsbezogene Zusammenstellungen. In den Kostengrafiken des Programms werden die geplanten Kosten pro Zeitintervall angezeigt. Von allen Vorgängen wird derjenige Anteil der Plankosten summiert, der in der jeweiligen Zeiteinheit anfällt. Die Kostengrafik hat den gleichen Zeitmaßstab wie der Balkenplan. Nur gibt es hier nicht die waagerechten Vorgangsbalken, sondern nur die senkrechten Kostensäulen. Wurde als Zeiteinheit der Monat gewählt, so wird auch pro Monat ein Säule angezeigt. Ihre Höhe richtet sich danach, wie hoch die Kosten der Vorgänge in diesem Monatsintervall sind.

Betrachtet man die Kostensäulen pro Projektzeitraum, ist an den verschiedenen Höhen, dem Auf und Ab der geplanten Kosten, sehr gut der Aktivitätsverlauf des Projektes abzulesen.

BEISPIEL

In Bild 1.8.4.1 ist eine PLAN-Kosten-Grafik in Form von Monatsintervallen dargestellt. Je mehr EM z.B. in einem Monat tätig sind, um so höher ist die Kostensäule. Gibt es Warte-/Lieferzeiten, werden die Säulen recht niedrig sein (hier Jan/Feb z.B.). Sind die Kostensäulen während der Haupturlaubszeit verhältnismäßig hoch, wird es sicher zu Kapazitäts-Engpässen kommen, da dann nicht alle Mitarbeiter zur Verfügung stehen werden. Die Kosten entlang der linken Skala sind mit 1000 zu multiplizieren (entsprechend der gezeigten Einheit).

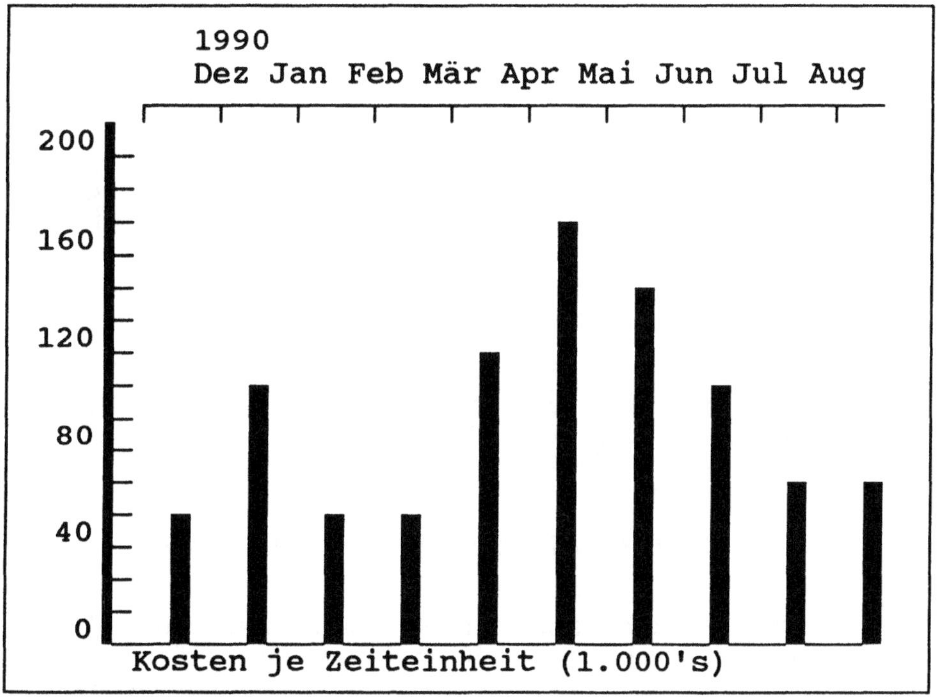

BILD 1.8.4.1 KOSTEN IN INTERVALL-DARSTELLUNG

HINWEIS

In den Zeiten sehr niedriger Kostenaktivität sollten Ersatzprojekte bereitstehen, damit kein unnötiger Leerlauf entsteht, mit dem nur die Projekt-IST-Kosten hochgetrieben werden.

1.8.4.2 Summierte Darstellung

In der summierten oder auch kumulierten Kostendarstellung erscheinen alle Kosten in einer derartigen Form, daß in jedem neuen Zeitintervall die dort anfallenden Kosten zu den bisherigen Gesamtkosten addiert werden. So enthält Intervall 2 die Kosten von 1 und 2, Intervall 3 die Kosten von 1, 2 und 3. Im letzten Intervall stehen dann die Gesamtkosten des Projektes, die zum Endzeitpunkt angefallen sein werden.

Anders als in der vorige Kostengrafik gibt es hier kein Auf und Ab der Kostensäule, nur einen mehr oder minder starken Anstieg. Der jeweilige Anstieg hängt mit der Größe der Aktivitäten in diesem Zeitbereich zusammen. Je weniger Arbeit anfällt, desto flacher ist der Anstieg der Kostenkurve. Das entspricht den Aktivitätssenken in der vorigen Kostengrafik, ist dort aber durch den feineren Maßstab deutlicher ablesbar.

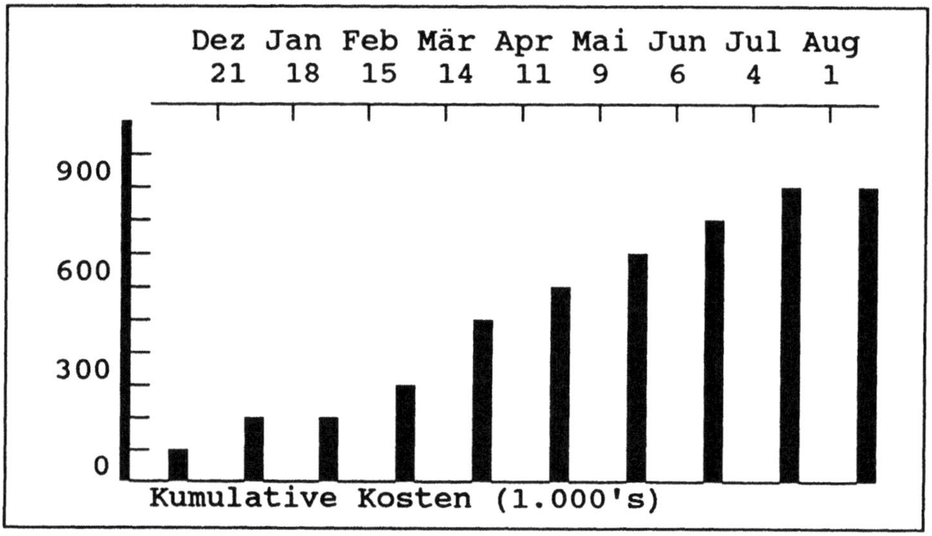

BILD 1.8.4.2 KUMULIERTE KOSTEN-DARSTELLUNG

Die kumulierte Grafik gibt dafür aber sehr genau Auskunft über die anfallenden Kosten in beliebig großen Intervallen. So ist für die Haushaltsplanung eines Jahres wichtig, wieviel der Kosten eines Projektes in diesem Jahr anfallen werden, die dem zufolge bereitzustellen sind.

BEISPIEL

> Will man für ein Projekt das sich über mehrere Jahre hinzieht, die Kosten ermitteln die pro Jahr anfallen, dann ist am besten ein Monatsmaßstab als Zeitachse zu wählen. Für jedes Jahresende wird der Dezember-Wert in der Grafik abgelesen. Die Differenzen zweier aufeinander folgender Dezemberwerte ergeben die für das jeweilige Jahr anfallenden Kosten.

HINWEIS

Die Bildschirm-Grafik ist nicht sehr genau ablesbar, da sie mit kleinen Blöcken statt mit Grafikauflösung arbeitet. Dadurch wird die Zeit zum Aufbauen eines Bildes auf dem Bildschirm zwar sehr viel geringer, aber die abzulesenden Kosten enthalten eben eine Darstellungstoleranz. Stören sollte das aber nicht, da alle Angaben, die in diese Kosten eingeflossen sind, abge-

schätzt wurden. Der daraus resultierende Fehler ist sowieso schon größer als 10 Prozent. Deshalb wäre es bestimmt auch falsch zu versuchen, die Kosten auf die Kommastelle genau abzulesen oder gar anzugeben.

BEISPIEL

Die 'Kumulierte' Kostengrafik in Bild 1.8.4.2 zeigt den im vorigen Kapitel beschriebenen ungleichmäßigen Kostenanfall an der unterschiedlichen Größe der Zunahme der Säulenhöhen. Durch die schlechte Bildschirmauflösung sind die Unterschiede schlecht erkennbar

1.8.5 Urlaubs-Projekt

Beim kostenmäßigen Erfassen des Urlaubs ergeben sich Probleme. Der Vorgang, der vom Urlaub eines Mitarbeiters betroffen ist, wird ja nicht unterbrochen und auch nicht um den EM-Anteil dieses Mitarbeiters verringert. Die EM-Kosten des Urlaubers laufen also im Vorgang während des Urlaubs weiter, obwohl er nicht für das Projekt arbeitet. Dadurch erhöhen sich die Gesamtkosten jedes Projekts um den Betrag, der der Urlaubszeit aller am Projekt beteiligter Mitarbeiter entspricht.

Eine Korrektur ist nachträglich nur dadurch zu erreichen, daß die Urlaubskosten wieder von den Projektkosten abgezogen werden. Dazu gibt es zwei Möglichkeiten:

a) Die Urlaubskosten aller Mitarbeiter sind im Urlaubs-Projekt abzulesen. Am einfachsten werden nun die Urlaubs-"Gutschriften" den Projekten entsprechend ihrer Größe zugeteilt. Der dabei auftretende Fehler kann sicherlich toleriert werden, da es bei den Kosten ja mehr auf die Größenordnung als auf den exakten DM-Betrag ankommt.

b) Will man jedoch eine höhere Genauigkeit, so können die Urlaubs-Kosten der Mitarbeiter aus den Urlaubs-Vorgängen abgelesen und dann von den zugehörigen Projekt-Kosten abgezogen werden. Ist ein Mitarbeiter in mehreren Projekten gleichzeitig tätig, wäre natürlich auch noch der prozentuale Anteil an den einzelnen Projekten während der Urlaubszeiten zu berücksichtigen.

HINWEIS

Leider ist die Behandlung des Urlaubs sehr umständlich. Löste man das Problem anders, z.B. durch Verschieben oder Teilen von Vorgängen während der Urlaubszeit, dann würde eine viel wichtigere Programm-Eigenschaft verloren gehen: Es wäre dann nicht mehr möglich, den Netzplan schnell neuen Gegebenheiten anzupassen, und dadurch sofort die Auswirkungen auf Zwischenfälle berechnen zu können. Denn bei jeder Verschiebung im Netzplan würde eine 'Konstruktion', die den Urlaubszeitraum ausgleichen soll, mit verschoben und damit falsch sein.

1.9 AUSDRUCKE ALS EINGABEKONTROLLE

Der Bildschirm stellt immer nur einen kleinen Ausschnitt aus einer Grafik, einer Tabelle oder aus einem Text dar. Es ist zwar leicht möglich, die anderen Teile z.B. durch die Cursortasten zu erreichen, aber es fehlt doch die Übersicht, der Überblick über alle Teile der Planung gleichzeitig.

Bei einer Kontrolle von Daten oder Grafiken möchte man an bestimmten Stellen Markierungen oder Hinweise als Gedächtnisstützen anbringen, um z.B. später Fragen zu klären. Mit diesem Programm ist so etwas auf dem Bildschirm aber nicht möglich. Deshalb sind die vom Programm zur Verfügung gestellten Ausdrucke der verschiedensten Projekt-Darstellung sehr hilfreich. Sie können somit nicht nur zur Dokumentation des Projektes, sondern auch zur Kontrolle der Eingaben dienen.

1.9.1 Balkenplan

Als erstes wird der Ausdruck des Balkenplans einen Eindruck darüber abgeben, ob die vorgenommene Numerierung in derjenigen Form gelungen ist, daß zusammengehörige Vorgänge eines Pfades auch zusammenhängend im Ausdruck dargestellt werden.

Die für die Bildschirm-Darstellung gewählte Sortierung, Auswahl und Skalierung der Grafiken wird auch bei der Druckerausgabe beibehalten. Deshalb sollte die Zeitskala eventuell etwas verkürzt werden, damit der gesamte Planausdruck auf ein A4-Papierformat paßt (Der Bildschirm stellt 80 Zeichen nebeneinander dar, die gerade noch ohne Rand auf ein Blatt passen). Ein besonders großer Vorteil ist, daß beim Ausdruck auf Endlospapier das Projekt zusammenhängend dargestellt wird. Statt der 20 Zeilen auf dem Bildschirm ist jetzt das gesamte Projekt auf dem Papier zu überblicken. Wurden z.B. mehrere Beschriftungs-Attribute (Marken) gewählt, konnten auf dem Bildschirm teilweise nur drei Vorgänge gleichzeitig beobachtet werden!

BEISPIEL

> Mit Lineal und Farbstift können wichtige Termine mit einer senkrechten Linie über den gesamten Ausdruck des Balkenplans gekennzeichnet werden, um für alle entsprechenden Vorgänge die Grenze ihrer Fertigstellung zu betonen (Siehe auch Bild 2.4.1).

1.9.2 Liste aller Vorgänge

Eine Liste aller Vorgänge wird nicht im Grafikmodus, wie der Balkenplan, sondern im Textmodus des Druckers ausgedruckt. Deshalb kann der Benutzer hier selbst mehr Einfluß auf die Gestaltung nehmen. Zu beeinflussen ist die Reihenfolge der Sortierung, die Sortierung nach Start- oder Endterminen, die Auswahl aus der Menge der zur Verfügung stehenden Vorgänge und anderen Kombinationen.

Vorg-Name	Beschrei-bung	PLAN-Dauer	PLAN-Start	PLAN-Ende	% Fer
1.11	Vorbereit	25,00	25-Nov-90	08-Jan-91	70
1.12	Planung f	80,00	06-Feb-91	29-Mai-91	0
1.2	Dokumenta	25,00	25-Nov-90	08-Jan-91	30
1.31	Unterlage	80,00	09-Jan-91	1-Mai-91	0
1.32	Zentr.-Te	5,00	13-Nov-90	20-Nov-90	90
1.61	TÜV-Vorbe	120,00	23-Dez-90	25-Jun-91	10
1.62	TÜV-Einre	90,00	31-Aug-91	12-Jan-92	0
1.63	Wartezeit	100,00	1-Jul-91	19-Nov-91	0
1.8	Optik-Ent	80,00	21-Nov-90	21-Mär-91	40
1.9	Opt.-Kons	70,00	21-Mär-91	21-Jul-91	0
2.1	Konstukti	4,00	23-Aug-91	28-Aug-91	0
2.2	E-Muster-	10,00	20-Sep-91	4-Okt-91	0
2.3	Überarbei	70,00	15-Feb-91	26-Mai-91	0
3.1	Serien-St	0,00	18-Mär-92	18-Mär-92	0
3.2	Serien-Vo	15,00	18-Mär-92	8-Apr-92	0

BILD 1.9.2 VORGANGS-LISTE (AUSSCHNITT)

Für einen Kontrollausdruck aller Vorgänge sind diese in namentlicher Reihenfolge aufzulisten. Die nachfolgenden Spalten sollten die Angaben von:

Beschreibung
PLAN-Dauer
PLAN-Start
PLAN-Endtermin
Verantwortlichem

enthalten. Wird ein größeres Druckformat verwendet, bleibt noch Platz für die Vorgangskosten und den Fertigstellungsgrad (Wichtig für spätere Kontrollen).

Durch die geordnete Liste in Tabellenform ist sofort zu ersehen, ob Einträge fehlen. Diese sind anschließend im Programm nachzutragen.

BEISPIEL

> Bild 1.9.2 zeigt eine Vorgangsliste, in der in namentlicher Sortierung die Vorgangsnummern geordnet sind. Hier sind die wichtigsten Daten aller Vorgänge leicht zu überblicken. Da keiner der Einträge fehlt, ist auch der Netzplan vollständig eingegeben worden. Start und Fertigstellungsgrad helfen bei der weiteren Handhabung der Planung, weil man hier sieht, welche Vorgänge wann und wie in Arbeit sind.

1.9.3 Liste aller EM

Entsprechend der Auflistung aller Vorgänge, können auch bei den Einsatzmitteln die Spalteninhalte und deren Reihenfolge selbst zusammengestellt werden.

Vorgang	Einsatz-Mittel	Menge	Vorgang Startdatum	PLAN-Dauer
1.11	Franz	0,50	23-Nov-90	20,00
1.11	QS	1,00	23-Nov-90	20,00
1.11	EK	1,00	23-Nov-90	20,00
1.11	Gerhard	1,00	23-Nov-90	20,00
1.11	TE	1,50	23-Nov-90	20,00
1.12	Franz	1,00	06-Jan-91	12,00
1.12	EK	0,70	06-Jan-91	12,00
1.12	Gerhard	0,40	06-Jan-91	12,00
1.12	TE	1,80	06-Jan-91	12,00
1.21	EP	0,60	23-Nov-90	5,00
1.21	Franz	0,20	23-Nov-90	5,00
1.21	TE	0,50	23-Nov-90	5,00
1.22	EP	1,00	06-Jan-91	13,00
1.22	Gerhard	0,60	06-Jan-91	13,00
1.22	Franz	0,50	06-Jan-91	13,00

BILD 1.9.3 EINSATZMITTEL-LISTE (AUSSCHNITT)

Wichtig für die Kontrolle auf Vollständigkeit aller EM-Eingaben ist eine Auflistung von:

Vorgangsname
EM-Name
EM-Menge
Vorgangs-Start
Vorgangs-Dauer
Vorgangs-Ende
Verantwortlichem.

Vorgänge, denen keine EM zugewiesen wurden, fehlen in dieser Tabelle. Für jeden Vorgang kann man jetzt aber kontrollieren, ob alle eingeplanten EM auch wirklich dort eingetragen sind. Zu prüfen ist ebenfalls, ob eine EM-Menge nicht vielleicht das Komma an der falschen Stelle hat, und ob Mitarbeitern kein Mengenwert größer als '1,0' zugewiesen wurde.

BEISPIEL

Bild 1.9.3 zeigt vier Vorgänge in der EM-Liste. Jede Vorgangsnummer erscheint in der Anzahl, die der Zahl der an diesem Vorgang beteiligten Einsatzmittel entspricht. Diese Liste sollte der Projektleiter griffbereit haben, da er damit sofort kontrollieren kann, wer an dem jeweiligen Vorgang arbeitet.

1.10 ÜBERLAGERUNG MEHRERER PROJEKTE

Ein Netzplantechnik-Programm dient immer der Verwaltung mehrerer Projekte, die zu einem großen Teil auch gleichzeitig ablaufen. Gerade durch die Überlagerung dieser Projekte kommt es meist bei den Einsatzmitteln zu Engpässen, da selten ein EM nur mit einem Projekt ausgelastet wird.

Für die Bearbeitung der EM gibt es zwei Vorgehensweisen:

a) Will man nur die Auslastungen der EM eines Projektes beurteilen, so ist das kaum möglich, da die Aufgaben anderer Projekte mit einbezogen werden. Erst durch ein zeitliches Verschieben des Gesamtprojektes in einen zukünftigen Zeitraum ohne irgendein anderes Projekt, läßt sich die EM-Auslastungen projektbezogen analysieren.

   Dazu muß der entsprechende Projekt-Kalender weit genug in die Zukunft reichen, um diese Verschiebung zu ermöglichen. Um ungefähr die 'gewohnten' Projekttermine beizubehalten, wird im Projektformular nur die Plan-Start-Jahreszahl verändert. Wenn in diesem zukünftigen Zeitraum noch keine Feiertage eingetragen sind, verändern sich die Termine jedoch etwas nach vorne. Ein Blick auf die EM-Zuweisungs-Balkengrafiken zeigt, ob wirklich nur Vorgänge dieses Projektes Grundlage des Auslastungs-Diagramms sind.

b) Für den Abgleich der Einsatzmittel spielen die verschiedenen sich überlagernden Projekte eine wesentliche Rolle. Die Priorität der einzelnen Projekte muß auch beim Bearbeiten der EM-Überlastungen beibehalten werden.

   Zuerst ist jenes Projekt abzugleichen, daß die höchste Priorität hat, also am schnellsten fertig werden muß. Alle dabei benötigten Einsatzmittel müssen diesem Projekt zur Verfügung gestellt werden, um Engpässe zu vermeiden. Deren Ausgleich würde ja meist auf Kosten der Termine gehen.

   Erst wenn dieses Projekt fertig bearbeitet ist, können dem zweitwichtigsten Projekt die restlichen EM zugeordnet werden. Ergeben sich dabei Überlastungen, dürfen natürlich keine Kapazitäten vom höher bewerteten Projekt abgezogen werden.

1.11 STRUKTUR-PLANUNG

Für bestimmte Anwendungen, meist einfacherer Art, sind die Darstellungsmöglichkeiten von Netz- oder Balkenplan nicht besonders geeignet, zu aufwendig. Soll z.B. nur gezeigt werden, welche Unteraufgaben in den wesentlichen Teilbereichen eines Projektes zu bearbeiten sind, hat sich in der Praxis der Strukturplan bewährt.

1.11.1 Strukturplan

Der Strukturplan ist ein Eingabe-Hilfsmittel, das die Eingabe von Projekten mit sehr einfachen Verknüpfungen erleichtern kann. Im Projektmanagement wird ein Strukturplan z.B. in der Form benutzt, daß in mehreren Säulen die Haupttätigkeitsbereiche eines Projekts nebeneinander dargestellt werden. Unter dem Themenkasten - der Hauptaufgabe einer jeden Säule - sind die weiteren Aufgaben der darunter liegenden Ebenen aufgeführt. Alle Aufgabensäulen sind der Hauptaufgabe, dem Ziel aller Tätigkeiten, untergeordnet.

Ähnlich ist der in Bild 1.11.1 dargestellte Strukturplan aufgebaut, der mit diesem Netzplan-Programm erstellt wurde. Zwei Aufgabenbereiche münden in ein Ziel, 'Konstruktion' und 'Fertigung'. Beide bestehen aus Teilaufgaben, die hier jeweils nebeneinander abgebildet sind. Diese Darstellung bedeutet aber nur, daß sich diese Vorgänge in der gleichen Aufgabenebene befinden.

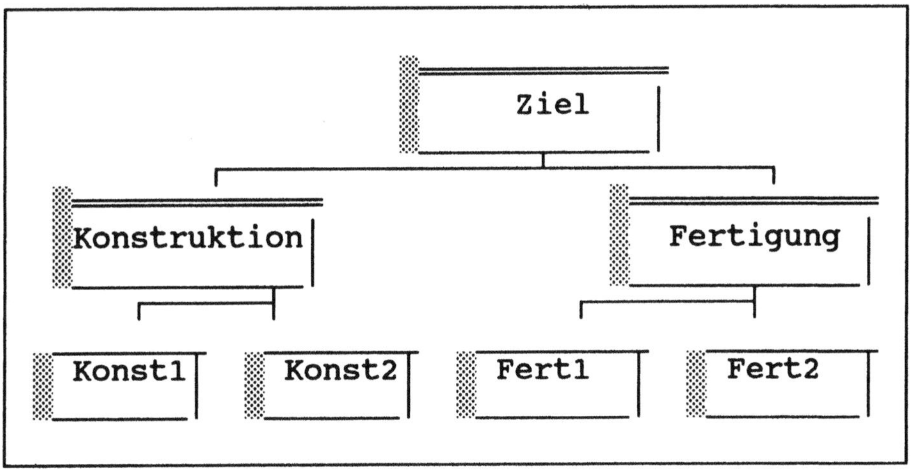

BILD 1.11.1 STRUKTURPLAN

Bild 1.11.2-2 und Bild 1.11.2-3 zeigen den zum vorstehenden Strukturplan gehörenden Netzplan, der automatisch aus der Strukturplan-Eingabe entsteht. In diesem Beispiel ist nun zu erkennen, daß die oben noch paarweise gleich gezeigten Unteraufgaben bei der Konstruktion parallel, aber bei der Fertigung hintereinander ablaufen. Mit der Strukturplan-Eingabe wurde dieses so festgelegt, kann aber nur im Netzplan in dieser Art grafisch dargestellt werden.

1.11.2 Strukturliste

Ein neu dazugekommenes Hilfsmittel ist die STRUKTUR-LISTE, die eine leichtere Eingabe des Strukturplans ermöglicht. In ihr werden die Vorgänge untereinander eingetragen und mit Kennzahlen für ihre Position versehen. Je nach der Stufe der Unterebene wird der Tätigkeit eine mehrstellige Zahl zugewiesen. Diese zeigt eindeutig die Zuordnung zu den höhergruppierten Aufgaben, beinhaltet deren Nummer - stellt also einen Pfad hinab bis zu dieser Unterebene dar.

Name	Ebn	Dauer			PS-Cod	Vera	Beschr
.KonstruP	1		Tag	K	1		
..Konst1	2	35,00	Tag	K	1,1		
..Konst2	2	20,00	Tag	K	1,2		
.FertiguS	1		Tag	K	2		
..Fert1	2	20,00	Tag	K	2,1		
..Fert2	2	15,00	Tag	K	2,2		

Projektstrukturliste

BILD 1.11.2-1 STRUKTURLISTE

Wurden zuerst nur die Tätigkeiten untereinander geschrieben, dann kann die Einordnung auch per Tastenkommandos - durch Verschieben der mit dem Cursor gekennzeichneten Vorgänge - erfolgen. Die oben angesprochene Kennummer (PS-Code) wird dann automatisch in entsprechender Form zugeordnet.

In dieser Liste kann über die Kennung (PS-Code) auch die logische Zuordnung eines Vorgangs zu anderen abgelesen werden. Man erkennt am Buchstaben hinter den übergeordneten Meilensteinen, welche Vorgänge parallel und welche in Reihe angeordnet sind.

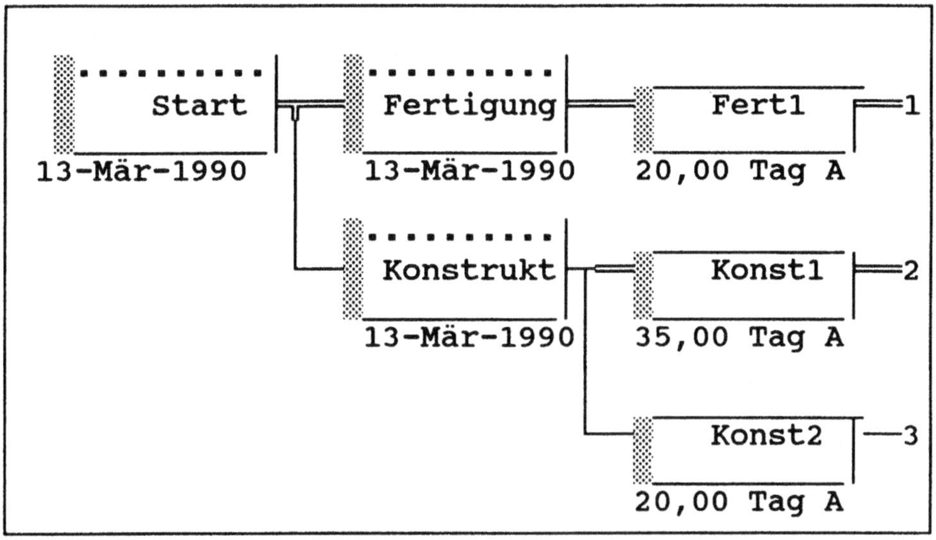

BILD 1.11.2-2 NETZPLAN ZU STRUKTURPLAN (1.Teil)

Eine interessante Bedienungsvariante beim Strukturplan ist die Möglichkeit, ausgewählte Arbeitssäulen nicht im Netzplan anzuzeigen. Da jede Säule einem Netzplan-Pfad entspricht, kann nun der zu bearbeitende Bereich übersichtlicher angezeigt werden. In der Strukturliste können die dazu nötigen Eingaben erfolgen.

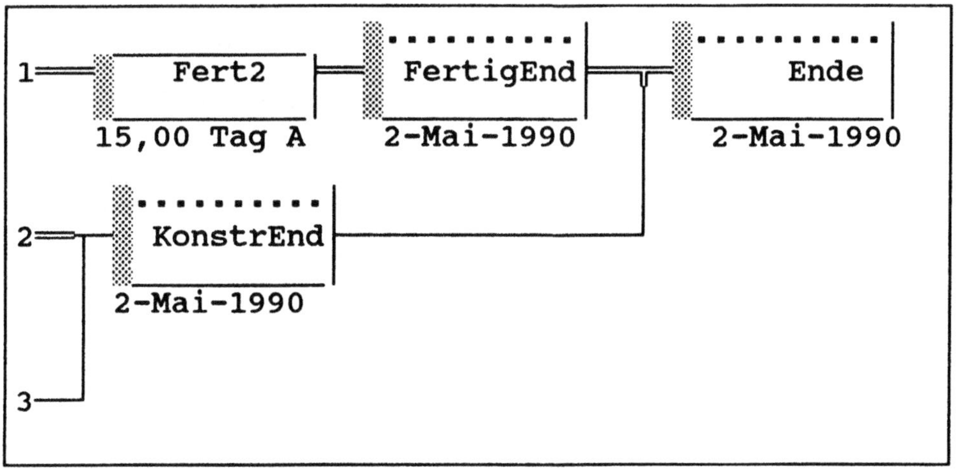

BILD 1.11.2-3 NETZPLAN ZU STRUKTURPLAN (2.Teil)

HINWEIS

Für einfache Projekte ist die Netzplan-Eingabe über den Strukturplan möglicherweise eine interessante Alternative. Zur Erstellung eines leistungsfähigen Projekt-Netzplans, mit all seinen Querverbindungen und Verschachtelungen, kann aber nur die direkte Eingabe aller Vorgänge und Meilensteine Verwendung finden. Ein Strukturplan legt so viele Meilensteine - bei fast jeder Verzweigung zwei (!) - an, daß diese Menge von "Kästchen" nicht mehr zu überblicken ist. Die wesentlichen Informationen, also die Vorgänge, gehen unter in der Vielzahl der "unwichtigen" Meilensteine.

1.12 FAST TRACK

Seit der Version HPM 3.0 gibt es ein neues Eingabe- und Darstellungswerkzeug für die Projektarbeit. Wie allein der Name schon sagt, handelt es sich hier um einen Programmteil, mit dem eine Projekteingabe schneller erfolgen soll. Aber auch die Art der Anzeige bietet neue Möglichkeiten, kann die Projektdarstellungsformen in besonderen Fällen sinnvoll bereichern.

1.12.1 Projekteingabe

Als Methode zur schnelleren Erstellung von Projektplänen konzipiert, bietet FAST TRACK eine sehr einfache Bedienung für die Eingabe der Vorgänge eines Netzplans. Anders als bei Balken-, Netz- oder Strukturplan müssen nicht diverse Tasten zum Aufruf verschiedener Formulare zur Eingabe der benötigten Daten betätigt werden. Um die Vorgänge anzulegen, werden einfach ihre Bezeichnungen eingetippt. Die Vorgangs-Länge kann durch mehrfache Tasten-Betätigung eingestellt werden. Dabei beobachtet man die balkenartige Darstellung, die sich entlang einer Zeitachse verändert. Einen weiteren Vorgang schließt man mit dem gleichen geringen Aufwand an - er folgt dem Vorgänger in Serie.

Gibt es parallele Aufgaben, dann wird der CURSOR in die nächste Zeile, an die richtige Position zeitlich zum vorhandenen Vorgang, plaziert. Der dort erzeugte neue Vorgang oder Pfad wird wiederum sehr einfach und schnell angelegt (Siehe dazu BILD 1.12.2).

Entsprechend kann das ganze Arbeitsblatt auf dem Bildschirm mit Vorgängen beliebig gefüllt werden. Der einzige Zusammenhang zwischen den Vorgängen der einzelnen Zeilen besteht in der zeitrelativen Kopplung, also über die Zeitachse. Schaltet man auf die Netzplan-Darstellung um, sieht man, daß diese einzelnen Zeilen getrennten Pfaden entsprechen, die logisch miteinander nicht verknüpft sind, auch wenn der Vorgang exakt parallel zu einem anderen hinter dem entsprechenden Vorgänger der höheren Zeile plaziert wurde.

Aus diesem Grunde müssen derartige logische Verknüpfungen von Hand nachträglich erzeugt werden. Im FAST TRACK selbst können Verbindungen angelegt werden. Wohl besser, weil auch einfacher zu beobachten, sind diese Abhängigkeiten im Netzplan durch entsprechende Verbindung der Vorgänge anzulegen.

1.12.2 Praktische Nutzung

Nicht nur die Eingabe der Planung ist bei FAST TRACK anders, auch die Darstellungsart ist neu. Sie erinnert an einen Balkenplan - nur, daß die Balken hier auch in einer Linie hintereinander angeordnet sein können. Anders als bei der normalen Balkenplan-Darstellung muß der Balken deshalb eine Bezeichnung erhalten, da die Beschriftung vor der Zeile nur für die gesamte Reihe gilt. Diese neuen Möglichkeiten von FAST TRACK können natürlich auch sinnvoll für die Dokumentation von Projekt-Zusammenhängen genutzt werden.

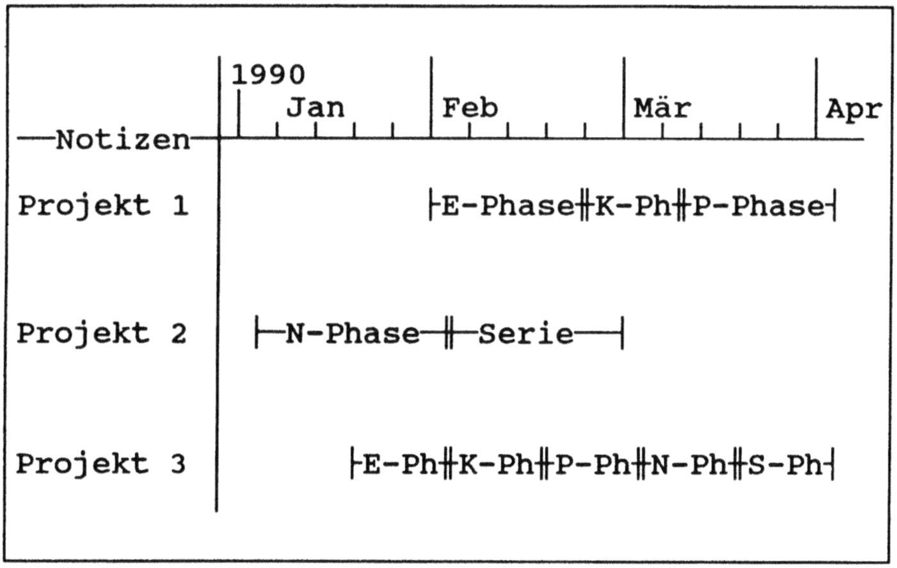

BILD 1.12.2 FAST TRACK ALS PROJEKT-ÜBERSICHT

Ein Balkenplan benötigt sehr viel Platz, da alle Balken untereinander angeordnet werden. Will man mehrere Projekte gleichzeitig zeigen, wird das Vorhaben zu unübersichtlich. Bei FAST TRACK legt man die einzelnen Phasen eines jeden Projektes hintereinander - eine natürliche Reihenfolge. Somit enthält jede Zeile ein Projekt, zwischen denen wegen der Übersichtlichkeit Leerzeilen frei gelassen werden. Vor jeder Projektzeile erfolgt die Benennung des jeweiligen Projekts. Die Zeitachse kann so eingestellt werden, daß die Übersicht für alle Vorhaben geeignet ist.

Diese Art der Darstellung entspricht in der Regel weitgehend einer bisher von Hand erstellten Projektübersicht.

Aber auch einfache Projekte, deren Vorgänge weitgehend in parallelen Pfaden ohne viele Verknüpfungen ablaufen, können mit FAST TRACK übersichtlich ausgedruckt werden. Als Beispiel sei auf den Urlaubsnetzplan verwiesen: Jeder Pfad enthält die Aneinanderreihung der Urlaubszeiträume eines Mitarbeiters.

Für die normale Arbeit mit umfangreicheren Netzplänen ist der Einsatz des FAST TRACK für Dokumentationen aber überhaupt nicht geeignet, da Verknüpfungen nicht erkennbar zurückverfolgbar sind. Damit bleibt FAST TRACK eine Variante für sehr seltene Sonderfälle.

2 Projekt-Kontrolle

2.1 PROJEKT-FORTSCHRITT EINGEBEN

Ist der Netzplan endlich fertig, und hat auch die Arbeit an den Vorgängen begonnen, beginnt erst die richtige Arbeit mit dem Projektmanagement-Programm. Erst jetzt werden viele Eigenschaften erstmalig oder aber sehr viel stärker genutzt. Denn immer wieder müssen neu eintreffende Daten eingegeben werden, führt das zu einer Prüfung, ob alles noch "planmäßig" verläuft. Der Planer muß wissen, wann und wie er welche Daten eingibt oder abfragt.

2.1.1 Kontroll-Zeitpunkte

Ist die Eingabephase abgeschlossen und das Projekt läuft, muß der Projekt-Fortschritt dokumentiert werden. Die dafür passenden Zeitpunkte müssen projektabhängig bestimmt werden. Dafür bieten sich verschiedene Möglichkeiten an:

a) Regelmäßig:

   In Abhängigkeit von der Projektlänge sollten regelmäßig, z.B. bei einem Jahresprojekt monatlich, die aktuellen Vorgänge und Termine auf den neuesten Stand gebracht werden. Bei einer Dauer von wenigen Monaten verkürzt sich das Intervall über zwei Wochen bis auf eine Woche.

b) Projekt-Ablauf bezogen:

   Analysiert man die Projektstruktur, so zeigen sich "natürliche" Überarbeitungs-Termine an wichtigen Verknüpfungs-Punkten (siehe: Ermitteln von Projekteinschnitten in Kapitel 2.4). Nach eigenem Ermessen sind aber bei sehr langen Abständen Zwischenabfragen sinnvoll.

c) Bei Problemen:

   Ergeben sich wichtige Änderungen im Projektablauf, sollte der aktuelle Projektstand vorliegen, um, auf diesen Kenntnissen aufbauend, die notwendigen Korrekturen beschließen zu können. Dadurch werden keine weiteren Probleme übersehen, die sogleich mit gelöst werden können (siehe Zwischenfälle, Reaktion auf Pannen in Kapitel 2.2.2).

d) Vor wichtigen Sitzungen:

   Sind Berichte über das Projekt erforderlich, ist der Projekt-Fortschritt immer ein wichtiges Thema. Deshalb sollten die neuesten Daten ermittelt werden, um eventuell auf aktuelle Probleme so früh wie möglich hinweisen zu können. Notwendige Beschlüsse für zu erfolgende Korrekturen sind dadurch schnellstmöglich zu bewirken (z.B. mehr Einsatzmittel, Anforderungs-Korrekturen, Terminverschiebungen).

2.1.2 Arbeits-Erfüllung

Zu jedem Überarbeitungspunkt sind Daten für Vorgangs-Fortschritt und Kostenanfall einzugeben. Zu erhalten sind sie vom Projektleiter, der die für den jeweiligen Vorgang verantwortlichen Mitarbeiter ansprechen muß. Die Antworten zu folgenden Fragen sind im Vorgangs- Formular einzutragen:

a) Welcher Vorgang ist wann fertig geworden?
(Termin in IST-ENDE und '100' in %-FERTIG)

b) Welche Vorgänge sind wann gestartet worden?
(Termin in IST-START)

c) Wieviel Prozent der Arbeit ist bei jedem laufenden Vorgang fertig?
(Prozentwert in %-FERTIG)

Nach der Eingabe dieser Daten und einer Neukalkulation zeigt der Balkenplan die jeweiligen Vorgangs-Zustände. Man erkennt unter einer senkrechten Linie zum Zeitpunkt des Überarbeitungs-Datums auch die Vorgänge, die eventuell vergessen wurden; an ihnen sind noch keine Startmarkierungen vorhanden (Siehe auch Bild 2.4.2-1).

Name	Typ	IST Start	IST Ende	% Fert	IST-Son Kosten
Vorgang1				0	
Vorgang2		1-Feb-1991	5-Feb-1991	100	75000
Vorgang3				0	
Vorgang4		3-Feb-1991		60	
				0	

BILD 2.1.2 VORGANGS-LISTE FÜR IST-WERT-EINGABE

BEISPIEL

Bild 2.1.2 zeigt die Vorgangs-Liste (nicht bei HTPM I) mit den Feldern für die Eingabe (IST-Start, IST-Ende, %-Fertig, IST-Kosten). Vorgang2 ist fertiggestellt und mit dem entsprechenden Enddatum versehen worden. Der Fertigstellungs-Prozentsatz wird danach automatisch auf 100 % gesetzt. Bei diesem Vorgang sind Fremdkosten angefallen, die in die letzte Spalte eingetragen wurden. Vorgang4 ist noch nicht beendet, jedoch schon zu 60 % fertig.

2.1.3 Kosten-Anfall

Bei der regelmäßigen Projekt-Fortschritts-Eingabe sind Kosten-Eingaben selten. Die pro Vorgang geplanten Einsatzmittel haben ihren festen Kostensatz pro Zeiteinheit, woraus, entsprechend dem eingegebenen Prozentsatz der Vorgangs-Fertigstellung, die angefallenen IST-Kosten berechnet werden.

Beispiel:

> Belaufen sich z.B. die geplanten EM-Kosten eines Vorgangs auf 10 TDM und ist dieser Vorgang zu 30 % fertig, so werden vom Programm 3 TDM als angefallene IST-Kosten ausgewiesen. Diese Veränderung ist in der Kostengrafik in der linken - bei Farbschirmen grünen - IST-Kosten-Säule zu sehen, natürlich auch im EM-IST-Kosten-Feld des Vorgang-Formulars (siehe Bild 3.2.3.1-1).

Dem Vorgang zugeordnete Fremdkosten werden ebenso prozentual als Sonstige-IST-Kosten umgerechnet und erscheinen auch bei der IST-Kosten-Darstellung.

Fallen zusätzliche Fremdkosten während eines Vorgangs an, gibt es im Vorgangs-Formular ein Eingabe-Feld für zusätzliche IST-Kosten (siehe Bild 2.1.2).

2.1.4 Externe Projekt-Bearbeitung

Eine besondere Möglichkeit (die HTPM I nicht bietet) soll nur am Rande erwähnt werden. Will der Planer die neuen Daten nicht selbst abfragen und eingeben, so kann er das Gesamtprojekt durch Archivieren aus dem Projektverbund herauslösen und vom Projektleiter aktualisieren lassen. Die anderen Projekte verbleiben beim Planer und können weiterbearbeitet werden. Ein Kapazitätsabgleich bei den verbleibenden Programmen oder bei dem archivierten Projekt kann natürlich nur für die EM erfolgen, die nicht in mehreren Projekten verplant sind, da ja in diesem Zustand keine vollständige EM-Überlagerung mehr stattfinden kann - also Vorsicht! Hinterher wird das ergänzte Projekt durch Reaktivierung wieder in den normalen Projektverbund aufgenommen.

2.2 ZWISCHENFÄLLE UND KORREKTUREN

Die bisher beschriebenen Arbeitsgänge zeigen die "harmloseren" Kontrolltätigkeiten. Aber dabei bleibt es fast nie, welches Projekt verläuft schon ideal, verhält sich so, wie es der Planer, besonders aber der Projektleiter, gerne hätten?

2.2.1 Zu erwartende Korrekturen

Der am Projektstart erstellte Netzplan wird in dieser Form selten sein geplantes Enddatum erreichen. Sicher wurden damals einige Vorgänge vergessen oder Verknüpfungen sind falsch verstanden worden. Einige Zeiten wurden wahrscheinlich zu niedrig angesetzt und der personelle Aufwand mit zu viel "Sicherheit" zu hoch geschätzt.

Diese Fehler sind normal, denn meistens wird etwas geplant, was erst während des Projektablaufs Gestalt annimmt. Je weiter man im Ablauf kommt, desto exakter werden auch die Einsichten in die notwendigen Detailaufgaben. Deshalb wird auch jeder Netzplanteil erst dann präzisiert, wenn man für die bevorstehende Phase die Aufgabe besser überblickt: Vorgangslängen werden jetzt angepaßt, EM-Zuordnungen überarbeitet und Verknüpfungen überdacht, auch sich neu ergebende Aufgaben eingefügt.

Beispiel:

> In der Entwicklung muß z.B. erst das neue Gerät entworfen sein, bevor für die Fertigung die dafür notwendige Werkzeugbeschaffung detailliert geplant werden kann. Bis dahin wird diese Beschaffung nur als Globalpunkt mit einem zeitlichen und personellen Erfahrungswert ausgewiesen.

Diese nachträglichen Korrekturen, besser Anpassungen, sind ja gerade eine Stärke der Computer-Planung. Denn wie leicht sind Änderungen einzugeben und deren Auswirkungen darzustellen.

2.2.2 Reaktion auf Pannen

Mit Korrekturen entsprechend den gewachsenen Kenntnissen über die zu planenden Vorgänge muß gerechnet werden. Unangenehmer sind äußere Einflüsse, die Veränderungen im Netzplan erzwingen. Gründe dafür sind z.B:

Längere Lieferzeiten, Maschinenausfall, Krankheiten, zu wiederholende Arbeiten, ...

Sind die neuen Daten bekannt, so ist nach ihrer Eingabe sofort der Kritische Pfad zu prüfen. Selten reicht der Pufferbereich des betreffenden Vorgangs aus, um die Verzögerungen aufzufangen. Manchmal ist es möglich, Termin-Verschiebungen zu umgehen, indem Veränderungen in der Verknüpfung von Vorgängen vorgenommen werden. Denn oft sind die erarbeiteten Kenntnisse bei vorhergehenden Vorgängen schon so weit gewachsen, daß auf der Basis dieser Informationen eine Neuverknüpfung zur Umgehung des entstandenen Engpasses erreicht werden kann.

Je nach Größe des "Zwischenfalls" ist das ganze Projekt zu überarbeiten. Die neuen Daten und - sehr wichtig - die Gründe dafür, werden allen Beteiligten umgehend schriftlich mitgeteilt. Das erspart spätere, mühselige Rechtfertigungen.

2.2.3 "Was-Wäre-Wenn" - Risiko-Simulation

Der Plan-Erstellung lag der Wunsch zugrunde, einen möglichst kurzen Gesamtprojekt-Durchlauf auf der Basis möglichst genau geschätzter oder sogar bekannter Zeit- und Aufwandsdaten zu erreichen. Die eingesetzten Zeitwerte entsprechen einem idealen Ablauf, was auch richtig ist, da mit der Einplanung von "Sicherheiten" in den jeweiligen Vorgangszeiten eine effektive Netzplanung verhindert würde.

Die zusätzlich notwendige Risiko-Abschätzung kann aber in Form einer Simulation erfolgen. In die mit Risiko behafteten Vorgänge werden entsprechende Verzögerungszeiten eingesetzt.

Das Projekt wurde vor diesen Versuchen gesichert, um keine wichtigen Daten verlieren zu können. Für jeden Vorgang wird diejenige Vorgangsdauer erarbeitet, die bei möglichen Problemen im schlechtesten Fall noch zu erreichen ist. Sehr kurze Vorgänge haben meistens nicht so ein hohes Risiko-Potential und sind mit ihren Verzögerungswerten im Verhältnis zu Hauptvorgängen vernachlässigbar; die Arbeit dafür kann man sich also sparen.

Nach der Eingabe all dieser Verzögerungszeiten stellt der neu berechnete Endtermin die "Worst-Case"- Situation des Projektes dar - schlimmer kann es also kaum noch kommen. Wo liegt aber jetzt der Kritische Pfad? Sind es noch die gleichen Vorgänge wie bisher? Diese werden ja sowieso immer besonders überwacht, da von ihnen der Endtermin abhängt.

Oder hat der Kritische Pfad sich verlagert? Gibt es auf dem neuen Kritischen Pfad vielleicht sogar mehrere Vorgänge, die mit einem größeren zeitlichen Risiko behaftet sind, ruht hier eine mögliche Gefahr für die Projekt-Zukunft. Deshalb bedarf die Entwicklung der Arbeiten in diesem Projektteil stärkerer Aufmerksamkeit.

Eine andere, realistischere Risikoabschätzung ist die Eingabe jeweils nur eines Verzögerungswertes. Verwendet werden wieder nur die von ihrer Länge und ihrem Risiko wesentlichen Vorgänge. So kann für das in jedem Vorgang enthaltene Risiko die entsprechende Auswirkung auf den Endtermin vom Programm berechnet werden. Der Mittelwert aus allen Risiko-Endterminen liegt sicher näher am erreichbaren Endtermin als die Worst-Case-Simulation (hoffentlich !). Wichtig aber auch bei dieser Methode bleibt die Beobachtung einer möglichen Verlagerung des Kritischen Pfads. Dadurch wächst das Gefühl und Verständnis für die Projektzusammenhänge.

2.3 PROJEKT-BEURTEILUNG

Der Netzplan und der Balkenplan wirken auf den ersten Blick verwirrend in ihrer bizarren Vielfalt von Verästelungen und Darstellungen. Balkenlängen und Vorgangsanordnungen sagen nichts aus über den Zustand und mögliche Engpässe des Projekts.

Richtig gewählte Darstellungsvarianten können helfen, für den einzelnen Anwendungsfall die richtige Arbeitsumgebung auf dem Bildschirm zu schaffen. Durch die Auswahl und Anzeige passender Beschriftungen, Zeitachsen, Termine und Projektdaten, auch in verschiedenen Bildschirmausschnitten (Fenstern) gleichzeitig, können bestimmte Projektzustände sicherer beurteilt werden.

Einige der hier gezeigten Techniken wurden schon im vorigen Kapitel, bei der Projekt-Erstellung, ausführlich beschrieben. Neu hinzugekommen sind hier in der Regel die Fertigstellungsdaten, auf deren Handhabung nun der Schwerpunkt liegen soll.

2.3.1 Bildschirm-Darstellung

Für die Bearbeitung von Projektaufgaben reicht es in den seltensten Fällen, einfach nur den entsprechenden Programmpunkt aufzurufen. Man muß die Programmteile den Projektbedürfnissen anpassen, sich das Programm für seine Arbeit einrichten. Erst wenn man diese Möglichkeiten des Programms nutzt, kann dieses Hilfsmittel effektiv eingesetzt werden. Je nach der Beschriftung z.B. des Netzplans kann man schnell Engpässe ablesen. Die gleichzeitige Beobachtung von Netz- und Balkenplan läßt Zusammenhänge besser erkennen.

2.3.1.1 Wahl der Attribute

Es stehen 30 Marken (oder Attribute) für die Beschriftung von Vorgängen und Balken zur Auswahl, von denen bis zu fünf gleichzeitig angezeigt werden können (Nicht bei HTPM I). Bei den Meilensteinen ist die Auswahlmenge mit 10 geringer, da die meisten Vorgangs-Attribute tätigkeitsbezogen sind.

Um im Netzplan bestimmte Zustände des Projektablaufs darstellen zu können, bieten sich z.B. folgende Kombinationen von Marken an:

a) PLAN-Dauer und IST-Dauer, um die Schätzgenauigkeit zu prüfen und eventuell Erkenntnisse für die Korrektur noch nicht beendeter Vorgänge zu gewinnen.

b) PLAN-Kosten und IST-Kosten, um zu sehen, ob Abweichungen nur bei einigen Vorgängen vorgekommen sind, oder ob sie überall auftraten. Dann können die PLAN-Schätzungenfür spätere Vorgänge rechtzeitig angepaßt werden.

(Es können verschiedene Varianten für EM-, Sonstige- und Gesamt-Kosten durchgetestet werden)

Name	Typ	PLAN E-M-Kosten	IST E-M-Kosten	Code
Vorgang1		13450	14900	EP
Vorgang2		7800	7059	VS
Vorgang3		9770	16500	KG
Vorgang4		16580	18237	EP

BILD 2.3.1.1 KOSTEN-ABWEICHUNGEN VOM PLAN

c) IST-Kosten, PLAN-Kosten, Verantwortung, Code: Auf welchen Pfaden sind die Vorgänge mit den größten Abweichungen zu finden, und welche Person oder Abteilung hatte die Verantwortung für diese Aufgaben? Wenn immer von den gleichen falsch geschätzt wurde, müssen nachfolgende Aufgaben in dieser Verantwortung überprüft werden.

BEISPIEL

Bild 2.3.1.1 zeigt wieder die Vorgangsliste, jetzt aber mit der Spaltenauswahl PLAN- und IST-EM-Kosten. In der letzten Spalte sieht man, daß in der Verantwortung der Abteilung 'KG' die angefallenen Kosten von Vorgang3 die geplanten doch erheblich überstiegen haben. Die Abteilung 'EP' hat dagegen nur geringe Abweichungen zu vertreten (Vorgang1 und Vorgang4).

2.3.1.2 Fenster-Kombinationen

Sehr häufig ist eine Projektsituation leichter zu beurteilen, wenn man die Informationen aus zwei verschiedenen Darstellungen gleichzeitig vorliegen hat.

Das HPM-Programm bietet dazu die Fenstertechnik an, bei der man in zwei Bildschirmhälften übereinander unterschiedliche Anzeigen erzeugen kann. Zwischen beiden Anzeigefeldern kann gewechselt werden. Zum Arbeiten bewegt man den Cursor z.B. zu einem anderen Vorgang. Dabei folgt bei vielen Fensterkombinationen die Darstellung des anderen Fensters dieser Veränderung entsprechend.

Folgende Fensterkombinationen sind zur Kontrolle von Eingaben oder Daten recht hilfreich:

a) Oben den Netzplan, unten das Vorgangs-Formular: Entsprechend dem positionierten Vorgang im Netzplan wird unten das zugehörige Vorgangs-Formular gezeigt, so daß sehr schnell verschiedene Eintragungen überprüft werden können.

b) Oben EM-Auslastungs-Diagramm, unten EM-Zuweisungs-Balkenplan: Bewegt sich der Cursor im unteren Fenster von Balken zu Balken, zeigt die Auslastungs-Grafik oben immer den dazu passenden Zeitausschnitt. So kann genau beobachtet werden, welche Vorgänge zu einer Überlast beitragen (Bild 2.3.1.2).

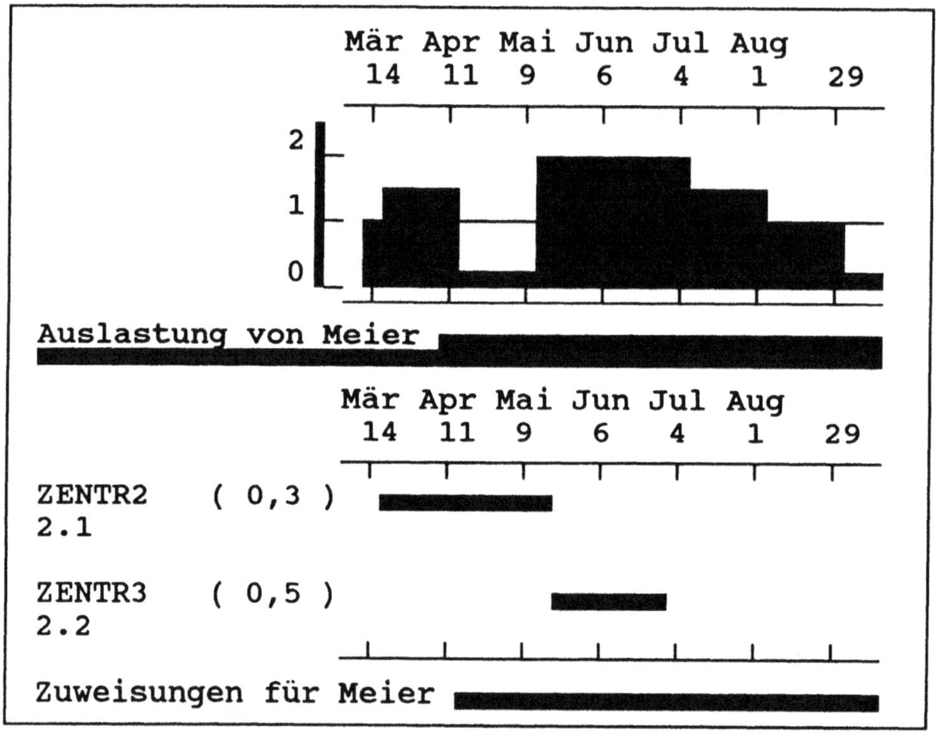

BILD 2.3.1.2 FENSTER ZUR EM-KONTROLLE

c) Oben den Netzplan und unten den Balkenplan: Zu jeder Bewegung im Netzplan wird im Balkenplan der Balken des gleichen Vorgangs plaziert. Dadurch ist für jeden Vorgang grafisch im Balkenplan der jeweilige Entwicklungsstand ablesbar - oft leichter, als durch die Attribute an den Vorgängen des Netzplans.

d) (Für HTPM I:) Oben Balkenplan, unten EM-Zuweisungs-Grafik: Zu jedem Zuweisungsbalken im Überlastungs-Zeitbereich ist oben der gleiche Balken des Balkenplans mit seinem möglichen Puffer zu sehen. Dadurch kann leichter entschieden werden, ob durch eine Vorgangs-Verschiebung eine Überlast ausgeglichen werden kann. Die Verschiebung kann im Balkenplan-Fenster sogleich durchgeführt werden.

BEISPIEL

Die Fenster-Kombination in Bild 2.3.1.2 zeigt oben die Auslastungs-Grafik und unten den entsprechenden EM-Zuweisungs-Balkenplan. Für die Bedienung wird auf das untere Fenster geschaltet, um hier die Vorgangsbalken durchzublättern. Dabei passen sich die Zeitachsenausschnitte beider Fenster dem gewählten Vorgangszeitraum an, laufen aber nicht immer ganz genau parallel. Der senkrechte Maßstab wird durch die Halbierung der Bildschirmhöhe noch gröber. Deshalb sind bei der Auslastungsgröße nur Schätzungen möglich, wobei man aber Tendenzen gut erkennen kann.

2.3.1.3 Balkenplan-Inhalte

Der Balkenplan kann unterschiedlich sortiert oder in bestimmten Auszügen dargestellt werden. Geordnet wird dabei nach all den Datenfeldern, die in den Vorgangs-Formularen vorkommen. Ein Teil dieser Daten wurde zur Festlegung der Eigenschaften des Vorgangs eingegeben, der grössere Teil aus diesen Eingaben und den Zuständen der ihn umgebenden Vorgänge berechnet. Insgesamt gibt es 28 Attribute, aus denen eines oder mehrere ausgesucht werden können.

Die Sortierung ist für jedes Kriterium auf- oder absteigend zu wählen. Finden sich für das erste Attribut mehrere gleiche Werte, werden die Vorgänge nach dem zweiten Attribut sortiert, usw..

Ebenfalls können auch bestimmte Vorgänge unterdrückt werden. Dazu wird für einige Attribute nur die Ober- und Untergrenze eines Bereichs angegeben. Im Feld BEREICH kann aber außer der Bandbreite auch nur ein Wert eingetragen werden.

BEISPIEL

a) Bereich = Verantwortung oder Code:

Nur die Vorgänge einer Abteilung werden angezeigt.

b) Sortierung 1 = IST-Start, S 2 = IST-Ende:

Alle Vorgänge, die begonnen haben, werden nach dem frühesten Ende sortiert. Man sieht alle aktuellen noch offenen Vorgänge im Zusammenhang.

c) Bereich = PLAN-Ende und PLAN-Start:

Durch die Eingabe jeweils zweier Termine werden nur die Vorgänge angezeigt, die Arbeiten in diesem Zeitbereich haben, auch wenn sie außerhalb anfangen oder enden.

d) Bereich = IST-Kosten, S 1= IST-Kosten, fallend:

Alle Vorgänge, mit einem Wert größer als im BEREICH angegeben, werden so aufgelistet, daß die Vorgänge mit den höchsten Kosten zuerst erscheinen.

2.3.2 Kritischer Pfad

Der Kritische Pfad ist die wichtigste Programm-Anzeige, die immer wieder beobachtet werden muß. Nicht nur nach jeder Änderung, sondern auch bei der IST-Ende Termineingabe kann, wenn der PLAN-Termin überschritten wurde, der Kritische Pfad beeinflußt werden.

Obwohl das meiste schon im Kapitel EINGABE beschrieben wurde, sollen hier nochmals die wichtigsten Vorgehensweisen zur Kontrolle des Kritischen Pfads erläutert werden.

2.3.2.1 Gibt es mehrere Kritische Pfade ?

Ist ein gewisser Projekt-Fortschritt erreicht, so haben sich mit großer Wahrscheinlichkeit einige Termine verschoben, sind Pufferbereiche kleiner geworden. Dadurch kann der eine oder andere Vorgang, oder gar ein ganzer Pfad, unbemerkt in die zeitliche Nähe des Kritischen Pfads gekommen sein.

Wurde bisher vorwiegend den Vorgängen des Kritischen Pfads besondere Aufmerksamkeit geschenkt, so kann eine Verzögerung in einem anderen Pfad des Netzplans diesen Teil plötzlich in den Vordergrund rücken - der Kritische Pfad wechselt in diesen anderen Bereich.

Um nicht davon überrascht zu werden, ist eine der vorher schon beschriebenen Methoden anzuwenden:

a) Den Pufferbereich im Projekt-Formular auf Werte größer als "0" setzen (z.B. 5 Tage).

b) Die Vorgangs-Dauer eines Vorgangs des Kritischen Pfads soweit verkürzen, daß der Kritische Pfad zu anderen Vorgängen wechselt, ein zweiter Pfad kritisch wird.

2.3.2.2 Darstellung kritische Vorgänge

Mit der Programm-Möglichkeit der Balkenplan-Sortierung können die Vorgänge nach der Größe ihres Puffers gelistet werden. Zuerst erscheinen die Vorgänge des Kritischen Pfads, danach die, die die geringsten Zeitdifferenzen zu ihm haben.

BEISPIEL

> Gibt man für den Pufferbereich im Feld BEREICH eine bestimmte Bandbreite an (1 bis 5 Tage), werden nur die Vorgänge angezeigt, die dieser Bedingung entsprechen.

Im Netzplan kann als Anzeige-Attribut die Puffergröße der Vorgänge gewählt werden. Sollten wirklich zu viele Vorgänge einen sehr kleinen Puffer haben, dann ist die Vorgangsdauer des längsten oder des gefährdetsten Vorgangs soweit zu vergrößern, daß nur ein zweiter Kritischer Pfad durch diese Vorgänge läuft.

2.4 DURCHFÜHRUNG DER KONTROLLE

Wie wird nun am besten ein Projekt kontrolliert? Und wann? Pauschal ist das schwer zu beantworten, da Projekte selten einander ähneln. Also muß man jedes Projekt einzeln analysieren, um die richtigen Kontroll-Termine zu erkennen. Für jede Aufgabenstellung gibt es auch wieder andere Ausdruckmöglichkeiten, die bei der Beurteilung einer Projektsituation besonders hilfreich sind.

2.4.1 Projekt-Einschnitte ermitteln

Abhängig von der Projektlänge muß in regelmäßigen Abständen die Projektsituation neu aufgenommen werden. Oft ist es aber sinnvoller, diejenigen Stellen im Netzplan herauszusuchen, die einen natürlichen Einschnitt im Projektablauf darstellen.

An diesen Punkten enden oder beginnen laut Planung gleich mehrere Vorgänge. Und ob diese Plantermine noch eingehalten werden, ist ja zu kontrollieren. Dafür müssen die Vorgänge vor diesem Kontrollpunkt fertig werden, damit die Aufgaben dahinter beginnen können, der Projektablauf nicht verzögert wird.

Auf verschiedene Arten können derartige Kontrollpunkte ermittelt werden:

a) Häufig bilden Meilensteine diese Kontrollpunkte. Die wichtigsten Meilensteine werden sich auf dem Kritischen Pfad befinden. Liegen deren Termine zu weit auseinander, so sind weitere wichtige Meilensteine, z.B. mit irgendeinem Prüfabschluß, in dem entsprechenden Zeitraum zu suchen.

b) Mit den Sortiermöglichkeiten des Balkenplans können sehr gut Schwerpunkt-Termine für Häufungspunkte von Vorgang-Starts und -Enden gefunden werden, auch wenn keine Meilensteine an diesen Stellen eingebaut wurden.

Die Vorgänge und Meilensteine werden nach 'Frühestem PLAN-Ende' und zusätzlich nach 'Frühestem PLAN-Start' sortiert, während für 'IST-Ende' ein Bereich größer als das aktuelle Datum angegeben wird. Dadurch erscheinen in der Auflistung nur all die Vorgänge, die noch nicht fertig sind. Es werden diejenigen Vorgänge zuerst gezeigt, die auch zuerst fertig sein sollen, sortiert nach ihrer Dauer.

Sind mehrere Vorgänge gleichzeitig oder in enger zeitlicher Abfolge fertig, stehen sie auch genau untereinander. Mit der Balken-Darstellung ist bei einer derartigen Häufung sehr gut ein geeigneter Kontrollpunkt zu erkennen. Durch ihn ließe sich, z.B. im Ausdruck, eine senkrechte Linie legen, die diesen Termin für alle Vorgänge als Kontrollzeitpunkt markiert (Siehe Bild 2.4.1).

Diese Sortierungen sorgen aber auch dafür, daß alle Vorgänge mit gleichem Starttermin dichter zusammenstehen, so daß bei der Kontrolltermin-Suche auch dieses gut zu erkennen ist.

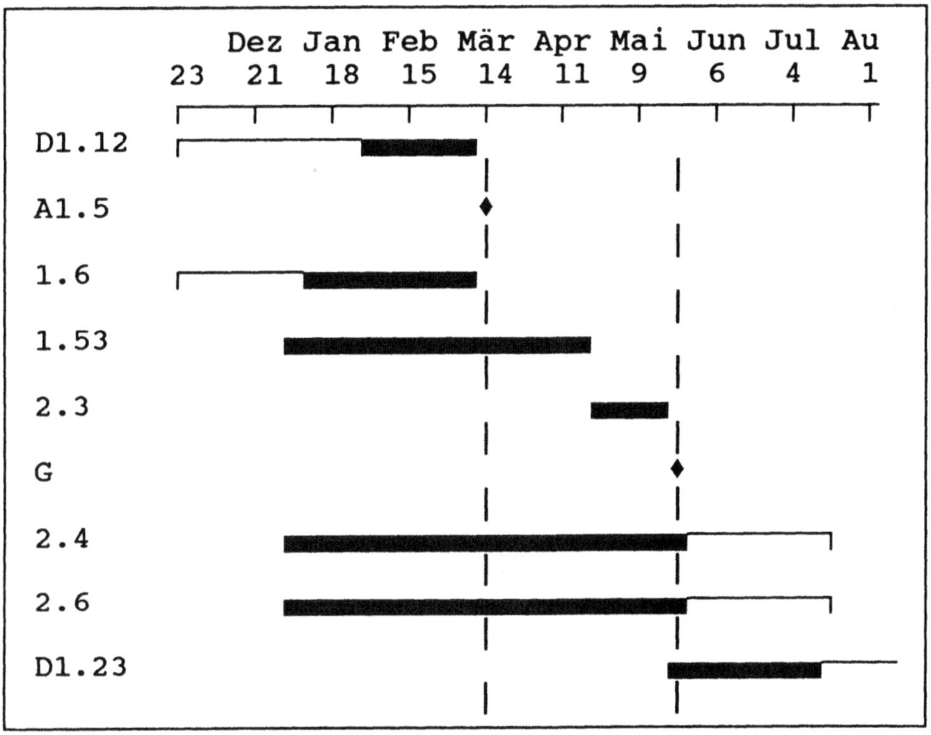

BILD 2.4.1 PROJEKT-EINSCHNITTE ERMITTELN

BEISPIEL

Die Balkenplan-Sortierung in Bild 2.4.1 ermöglicht zwei Termin-Markierungen: Mitte März enden zwei Vorgänge und liegt ein Meilenstein. Ende Mai durchläuft die zweite Terminlinie die PLAN-Ende-Termine von drei Vorgängen sowie einen Meilenstein und den Start eines weiteren Vorgangs. In derartige Häufungszonen, auch wenn sie recht eng beieinander liegen würden, sollte man Kontrollinien plazieren.

2.4.2 Kontroll-Unterlagen

Für die Kontrolle der Projekt-Fortschritte können mehrere Unterlagen, bzw. Ausdrucke, sehr hilfreich sein:

a) Termin-Balkenplan

Der Ausdruck des oben beschrieben Balkenplans sollte an der Wand hängen, um keinen dieser Termine zu versäumen. Durch die Sortierung nach dem 'Frühesten Plan-Ende' kann eine Kontrolltermin-Linie dort gezogen werden, wo gut erkennbar mehrere Vorgänge enden und starten (Siehe Bild 2.4.1).

Die Linie kann im Ausdruck zusätzlich noch mit dem genauen Datum in großen Ziffern versehen werden. Entsprechend der Projektlänge sind in sinnvollen Zeitabständen Punkte für entsprechende Kontrollen zu suchen und zu markieren.

b) Vorgangs-Fortschritt

Ein Ausdruck aller Vorgänge mit ihrem jeweiligen Erfüllungs-Prozentsatz hilft zu erkennen, welche Vorgänge bei der letzten Kontrolle in Arbeit, aber noch nicht fertig waren. Diejenigen der angezeigten Prozentwerte, die letztes Mal größer als '0' waren, müßten sich normalerweise alle verändert haben.

Die Auflistung von Vorgängen, sortiert nach dem Verantwortlichen oder dem Abteilungs-Code, ermöglicht eine bessere Übersicht bei der Abfrage der Arbeitsfortschritte. Gerade auch für schriftliche Abfragen enthält diese Liste alle wichtigen Angaben. Kritische Entwicklungen könnten dort zur Stellungnahme markiert werden.

c) Zeit-/Erfüllungs-Fortschritt

Der Balkenplan-Ausdruck des aktuellen Zeitausschnitts, sortiert nach den noch nicht abgeschlossenen Vorgängen, zeigt für jeden Vorgang den Erfüllungsstand entsprechend der eingegebenen Prozentzahl. Eine eingezeichnete senkrechte Linie durch den aktuellen Termin schneidet alle in Arbeit befindlichen Vorgänge.

Sollte ein Fortschritts-Balken sehr weit vor dieser Termin-Linie enden, so sind bei diesem Vorgang Probleme zu erwarten. Denn wenn der Fertigstellungs-Fortschritt nicht ungefähr mit dem zeitlichen Fortschritt übereinstimmt, ist es selten möglich, in der verbleibenden Zeit die restliche Arbeit aufzuholen.

BEISPIEL

Im Balkenplan von Bild 2.4.2-1 ist der aktuelle Projektzeitraum dargestellt. Der aktuelle Termin wird durch eine Linie gekennzeichnet. Ob der Projektfortschritt zufriedenstellend ist, kann entlang der Terminlinie kontrolliert werden.

Vorgang 2.4 sollte vor diesem Termin beendet sein und ist sogar schon vor dem PLAN-Datum abgeschlossen. Vorgang 6.5 dagegen hat laut Planung noch ca. 5 % der Zeit vor sich, ist aber erst zu 10 % fertig. Eine rechtzeitige Fertigstellung ist somit in der verbleibenden Zeit nicht mehr zu erwarten - es wird durch diesen Vorgang zu Schwierigkeiten kommen.

Betrachtet man sich den Maßstab des Balkenplans, hätten die Schwierigkeiten des Vorgangs 3.1 bei dessen langer Laufzeit schon viel eher entdeckt werden müssen, da diese Abweichungen auch schon vor 2/3 Monaten erkennbar waren. Damals hätten Hilfsmaßnahmen sicher noch Erfolg gebracht, doch jetzt sind sie zu spät.

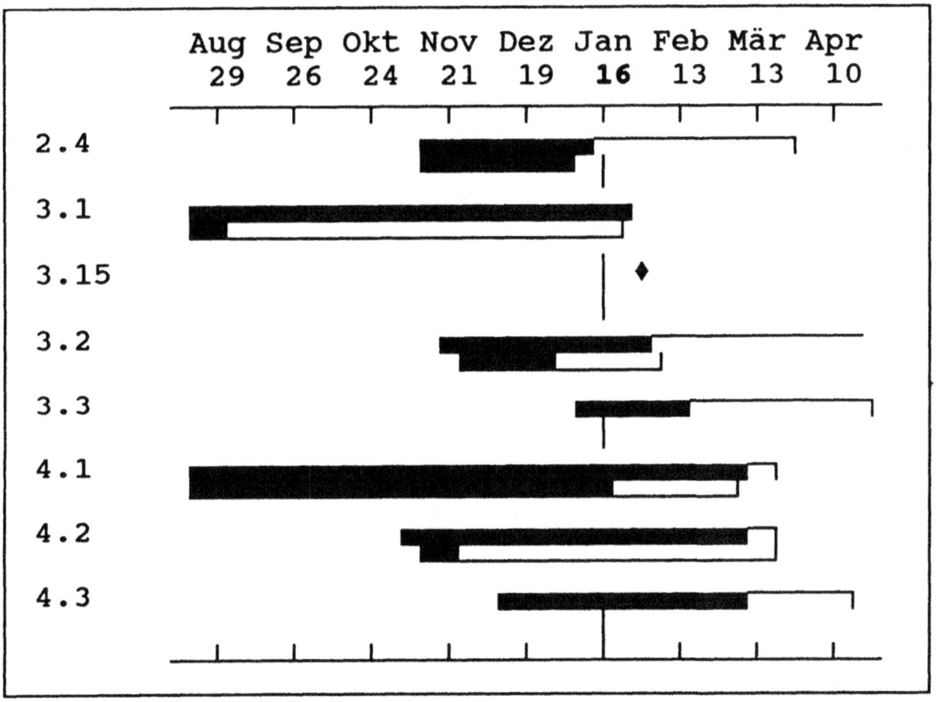

BILD 2.4.2-1 PROJEKT-FORTSCHRITT KONTROLLIEREN

Vorgang 3.2 weist auch einen gewissen Rückstand auf, was aber nicht problematisch ist, da dieser Vorgang noch einen sehr großen Puffer-Zeitraum besitzt.

HINWEIS

Für die Bewertung einer Engpaßsituation in einer derartigen Kontroll-Darstellung ist aber auch die Kenntnis des Vorgang-Inhalts wichtig. Denn es gibt auch Aufgaben, deren Erfüllung nicht kontinuierlich wächst, sondern die viel Vorbereitung benötigen, um dann fast schlagartig fertig zu werden. Solche Arbeiten, oft Entwicklungsschritte, bergen ein sehr großes Risiko und sind schwer zu beurteilen.

N A C H F R A G E

AN: VON: DATUM:

BETRIFFT: Unzureichende/Fehlende Angaben für PROJEKT :

NR	E S F E H L E N :
1	o Fremd- und Material-Kosten
2	o Nachkalkulations-Kosten Monat: _______
3	o Projektstand (Prozentangaben)
4	o Stellungnahme zu EM-ÜBERLASTUNG
	von : ____________
	im Zeitraum : _________ bis : ________
5	o Neueste Urlaubsdaten für Abt.: _______
	FÜR PROJEKT-NEUAUFNAHMEN
6	o Netzplan
7	o Zeitdauer der Vorgänge
8	o Kapazitätsbedarf für Vorgänge

BEMERKUNGEN :

BILD 2.4.2-2 PROBLEM-NACHFRAGE-FORMULAR

d) Problem-Nachfrage

Zeigen sich zwischenzeitlich oder nach einer Projektprüfung Probleme, sollte man, kann das Problem nicht persönlich leicht geklärt werden, dafür ein spezielles Formular erstellen. In ihm sind Felder für die Nummern und Termine der gefährdeten Vorgänge vorgegeben. Ebenfalls enthält das Formular Namen verschiedener negativer Projekt-Zustände, von denen nur noch der zutreffende anzukreuzen ist.

HINWEIS

Gerade bei negativen Entwicklungen, die der Planer mit seinen Kontrollen erkennt, ist ein Hinweis an den Verantwortlichen in schriftlicher Form sinnvoll. Damit kann notfalls später nachwiesen werden, daß über die kritische Situation rechtzeitig informiert wurde.

BEISPIEL

Das Nachfrage-Formular in Bild 2.4.2-2 wurde mit einem Kalkulations-Programm erstellt. Aufgeführt sind die Mängel, die am häufigsten auftreten. Fremd- und Material-Kosten (1) können oft am Anfang nur geschätzt werden, weshalb die Abfrage der z.B. durch Angebote gefestigten Zahlen sehr wichtig ist. Da die Nachkalkulations-Kosten (2) sowieso schon sehr spät ermittelt werden, muß die Übermittlung vom Projektleiter an den Planer notfalls mit diesem Formular 'beschleunigt' werden.

Der Projektstand (3) ist regelmäßig an den festgelegten Kontrollpunkten abzufragen. Wenn nicht alle Daten gleichzeitig und sofort vorliegen, kann auf eine neue Situation nicht rechtzeitig reagiert werden. Die z.B. durch Verzögerungen entstehenden EM-Überlastungen (4) müssen gemeinsam mit den Verantwortlichen geklärt werden, die dazu den betreffenden Arbeitsanfall analysieren müssen. Zur Präzisierung wird ihnen der genaue Zeitraum mitgeteilt, in dem Arbeitsablauf-Probleme zu erkennen sind.

Die Urlaubsdaten (5) werden, soweit möglich, vor Jahresanfang ermittelt. Bei vielen Mitarbeitern ergeben sich die exakten Termine aber erst im Verlauf der nächsten Monate, weshalb eine regelmäßige Nachfrage (alle 2 Monate) zu empfehlen ist (besonders im ersten Halbjahr).

Die Projekt-Neuaufnahme findet, wie schon beschrieben, in drei Schritten statt. Zuerst müssen die individuellen Vorgangs-Verschachtelungen des Netzplans (6) mit den beteiligten Abteilungen festgelegt sein, bevor diese dann die entsprechenden Vorgangsdauern (7) und Kapazitäts-Anforderungen (8) liefern. Verzögern sich diese Aufgabenerfüllungen bei einer Abteilung, so kann der jeweilige Arbeitsschritt nicht abgeschlossen und der Netzplan nicht sinnvoll kalkuliert werden.

Erläuterungen zu den angekreuzten Nachfragen sollten im abschließenden Bemerkungs-Feld notiert werden. Hier ist auch Raum für weitere Fragen, die sich bei jedem Projekt zusätzlich und anders ergeben können.

2.5 EINSATZMITTEL-BETREUUNG

Nach jedem Eingriff im Netzplan sind die Auslastungs-Kurven der Einsatzmittel zu überprüfen. In den meisten Fällen reicht ein Überblick über die nächsten drei bis vier Monate. Mit besonderen Techniken der Programmbedienung kann man sich ein besseres Bild über den Einsatz der Mitarbeiter machen.

2.5.1 Projekt separieren

Um nur ein Projekt bezüglich seiner Einsatzmittel allein zu betrachten, muß es von den parallel laufenden Projekten getrennt werden. Durch Verschiebung des Projektstarts in einen zukünftigen Zeitraum, in den noch keine Planungen anderer Projekte reichen, werden alle EM-Auslastungskurven nur für dieses verschobene Projekt berechnet.

Verändert man nur die Jahreszahl in eine zukünftige, dann stimmt auch ungefähr die zeitliche Zuordnung der Auslastungskurve in Beziehung zum bisherigen Jahresablauf. Verloren gehen natürlich die Überlastungen, die durch Urlaubszeiten hervorgerufen würden. Doch gehören diese Daten ja zeitlich auch nicht hier hin, so daß Auslastungs-Korrekturen in verschobenem Zustand nur unter Vorbehalt gemacht werden dürfen - es fehlen eben die dazu parallelen Projekte.

2.5.2 Auslastung prüfen

In einem separierten Projekt kann sehr gut untersucht werden, ob bestimmte Einsatzmittel gleichmäßig in einem Projekt beschäftigt sind.

HINWEIS
Nur wenn der Mitarbeiter ohne Unterbrechungen mit einem mittleren Einsatz von mindestens 50 Prozent eingesetzt wird, ist damit zu rechnen, daß die geplante Arbeit zügig und ohne Ablenkungen durch andere Aufgaben erledigt wird.

Für Abteilungen mit vielen gleichwertigen Qualifikationen ihrer EM, bei denen also die Mitarbeiter für die meisten Arbeiten austauschbar sind, kann eine weitere Hilfe konstruiert werden:

Für diese Mitarbeiter gleicher Qualifikation ist ein weiteres Einsatzmittel in der EM-Zuweisungs-Liste anzulegen. Es bekommt den Namen der EM-Qualifikation, z.B. Techniker. Seine maximale Zuweisungszahl, also die verfügbare Menge, ist die Anzahl der Mitarbeiter in dieser Gruppe. Für die EM-Kosten wird der Wert '0' eingesetzt, da die Mitarbeiter ja schon einzeln verplant und somit auch kostenmäßig erfaßt wurden.

Für jeden Vorgang muß das entsprechende EM-Zuweisungs-Formular um das neue EM ergänzt werden, wenn einer der Gruppenmitglieder in dem Vorgang eingeplant worden ist. Das neue Gruppen-EM bekommt die Summe aller Zuweisungswerte seiner Mitglieder dieses Vorgangs zugeordnet.

Einsatzmittel	Menge	Zeit-Einh.	Plan-Kosten
Techniker	2,100	Tag	0,00
Franz	0,400	Tag	2322,00
Meier	1,000	Tag	5254,00
EK	1,500	Tag	11534,00
Buchner	0,700	Tag	3978,00

BILD 2.5.2 EM-ZUWEISUNGS-LISTE MIT GRUPPEN-EM

Wird nun das neue EM im EM-Auslastungs-Diagramm aufgerufen, sieht man die Auslastung der gesamten Gruppe. Für den Abteilungsleiter ist das deshalb eine Hilfe, da sich, durch die Summierung der Zuweisungen, zeitlich unterschiedliche Ansprüche an seine Mitarbeiter besser erkennen lassen. Einerseits können Zusatz-Aufgaben in weniger belasteten Zeiträumen eingeplant, andererseits Überlastungen einzelner Mitarbeiter leichter auf andere umverteilt werden, wenn in den Gruppenauslastungen noch freie Kapazitäten erkennbar sind.

HINWEIS

Die Gruppenzuweisung scheint viele Vorteile zu haben, so daß man auf die Idee kommen könnte, sie statt der Einzel-Zuweisungen allein zu verwenden. Doch ist es sehr selten, daß alle gleich qualifizierten Mitarbeiter auch die gleichen praktischen Erfahrungen und Fähigkeiten haben. Denn gerade durch diese Kenntnisse aus der Vergangenheit wird der eine oder andere für ein bestimmtes Projekt so wichtig, daß er eben nicht mehr ersetzt werden kann.

BEISPIEL

In Bild 2.5.2 ist in der EM-Zuweisungs-Liste ein Gruppen-Einsatzmittel mit Namen 'Techniker' angelegt. Hierunter werden verschiedene Mitarbeiter mit gleicher, austauschbarer Qualifikation zusammengefaßt. Für diesen Vorgang sind die Mitarbeiter Franz, Meier und Buchner eingeteilt worden. Ihre einzelnen Zuweisungswerte addieren sich zu dem Gruppenwert von 210 %. Da die einzelnen Mitarbeiter schon mit eigenem Kostensatz erfaßt wurden, werden für das Gruppen-EM keine Kosten berechnet.

2.6 KOSTENVERFOLGUNG

Jede Veränderung oder Unregelmäßigkeit des Projekt-Ablaufs hat Auswirkungen auf die Kosten - meistens wirkt sie erhöhend. Deshalb ist es eine der wichtigsten Aufgaben eines Projektleiters, immer über Kostenstand und Kosten-Abweichungen, mit den entsprechenden Begründungen, informiert zu sein.

2.6.1 SOLL-Kosten

Die SOLL- oder PLAN-Kosten verändern sich in der Regel bei jeder Planungs-Korrektur. Deshalb sollte nach jeder Netzplan-Überarbeitung ein Blick auf die Kumulierte Kostendarstellung geworfen werden, um zu prüfen, ob sich an der Gesamtsumme etwas wesentlich geändert hat.

Durch Verschiebungen in der Vernetzung kann sich aber auch der Kostenanteil des laufenden Jahres so erhöht haben, daß der Haushaltsansatz nicht mehr ausreichen wird. Wenn das jetzt rechtzeitig in der Planung erkannt wird, kann sofort Vorsorge getroffen werden - und nicht erst im letzten Monat des Haushaltsjahres.

Der Blick auf die Kostengrafik in Intervall-Darstellung zeigt die Zeitzonen erhöhter und geringerer Aktivitäten. Durch Plan-Verschiebungen sollte es nie so weit kommen, daß eine Aktivitätszone in die Nähe der Haupturlaubszeit im Sommer rutscht. In der Kosten-Darstellung ist es leichter, eine derartige, für die Entwicklung des Gesamtprojekts stehende, langsame Verschiebung zu erkennen, als bei den Auslastungskurven der einzelnen Einsatzmittel.

2.6.2 IST-Kosten

In beiden Kosten-Darstellungen werden die IST-Kosten aus der Höhe der rechten Kostensäulen ersichtlich. Diese sind auch wieder nach EM-, Sonstigen- und Overhead-Kosten unterteilt (letztere nicht bei HTPM I).

Die IST-Kosten eines Vorgangs werden zum größten Teil aus den PLAN-Angaben berechnet, wenn die jeweilige Aufgabe als zunehmend fertig gekennzeichnet wird. Starten und enden Vorgänge zu den geplanten Terminen, sollten PLAN- und IST-Kosten übereinstimmen. Haben aber die Mitarbeiter bei der Stundenschreibung andere Angaben als geplant gemacht, sieht man erst bei der Nachkalkulation die Abweichungen.

Deshalb sind die vom Programm berechneten IST-Kosten nur ein Hinweis in die Richtung der Kostenentwicklung. Ziel muß es darum sein, die Nachkalkulations-Werte als IST-Kosten-Grundlage in das Projekt einzubauen. Erst auf dieser Basis können die Plan-Abweichungen richtig erkannt werden.

Die IST-Beträge für EM und für Sonstige Kosten können in entsprechenden Vorgangsfeldern eingegeben werden. Es scheint aber ein fast unmögliches Unterfangen zu sein, genau für alle EM eines jeden Vorgangs den genauen IST-Kosten-Anteil zu ermitteln. Anders bei den Sonstigen Kosten: Die Kosten jeder Fremdleistung werden über die entsprechende Rechnung genannt und können so dem richtigen Vorgang zugeordnet werden.

Die Nachkalkulationswerte weisen in der Regel die Kosten für jeweils einen Monat aus. Schon weiter oben wurde ein zusätzlicher Pfad aus 'Monats-Vorgängen' erwähnt (Siehe 1.8.3.3), der pro Monat unterschiedlich anfallende PLAN-Kosten enthielt. Dieser eigene Kostenpfad kann nun zum Eintrag von IST-Kosten aus der Nachkalkulation dienen.

Die vom Programm entsprechend der Vorgangs-Fertigstellung und den PLAN-Vorgaben errechneten IST-Kostenwerte, kann man in der Kosten-Anzeige nur sehr umständlich unterdrücken. Deshalb würden sich die eingegebenen Nachkalkulationswerte zu diesen IST-Kosten addieren. Also geht es nur in der Form, daß in die Monatsvorgänge der Differenzwert zwischen Nachkalkulations- und berechneten IST-Kosten eingetragen wird, um in der Kostengrafik IST-Kosten in Höhe der Nachkalkulation angezeigt zu bekommen. Der bisherige IST-Kosten-Wert muß aus der Grafik abgelesen werden.

HINWEIS
Man kann meistens davon ausgehen, daß die Nachkalkulations-Werte (NAKA) höher als die vom Programm berechneten IST-Kosten sind. Sonst wäre dieses Verfahren natürlich nicht realisierbar.

2.6.3 Kostenstellen-Planung

Ein Netzplanprogramm kann durch seine vielfältigen Eigenschaften auch für spezielle Aufgaben verwendet werden, die auf den ersten Blick nicht so naheliegend sind. Es müssen ja nicht immer alle Programmteile von HPM für die Aufgabenlösung benutzt werden, und auch nicht unbedingt so, wie es von den Programmierern beabsichtigt wurde.

In Form eines sehr einfachen Netzplan-Pfads kann z.B. der Jahresetat einer Abteilung geplant und dokumentiert werden. Die dazu notwendigen Berechnungs- und Darstellungs-Eigenschaften stellt HPM zur Verfügung. Es muß nur noch die passende Eingabeform geschaffen werden.

Der einer Abteilung zur Verfügung stehende Geldbetrag ist in der Regel für die Beschaffung von Geräten und Arbeitsmaterialien sowie für die Begleichung regelmäßig anfallende Abgaben gedacht. Da diese Summe eher knapp kalkuliert ist, und auch mit unvorhersehbaren Ausgaben gerechnet werden muß, sind alle Ausgaben sehr genau zu planen und im Laufe des Jahres zu kontrollieren.

Der Planungszeitraum ist sinnvollerweise in Monatsabschnitte zu unterteilen, die auch vernünftigen Kontrollzeiträumen (Nachkalkulation) entsprechen. Die geplanten Anschaffungen werden auf die einzelnen Monate nach ihrer Wichtigkeit verteilt. Dabei ist eine ausreichende Anzahl von Beschaffungen so weit nach hinten zu verschieben, daß die dafür reservierten Gelder bei 'Notfällen' umgewidmet werden können.

Jeder Beschaffung entspricht ein Netzplan-Vorgang, der dem entsprechenden Monats-Vorgang parallel zugeordnet wird und der die jeweiligen PLAN-Kosten enthält (Siehe Bild 2.6.3). Über das Jahr regelmäßig anfallende Kosten, z.B. Mieten oder Leasing, sind in Zusatzvorgängen mit Jahreslänge berücksichtigt. Die PLAN-Kosten aller Vorgänge entsprechen den zu erwartenden Jahreskosten.

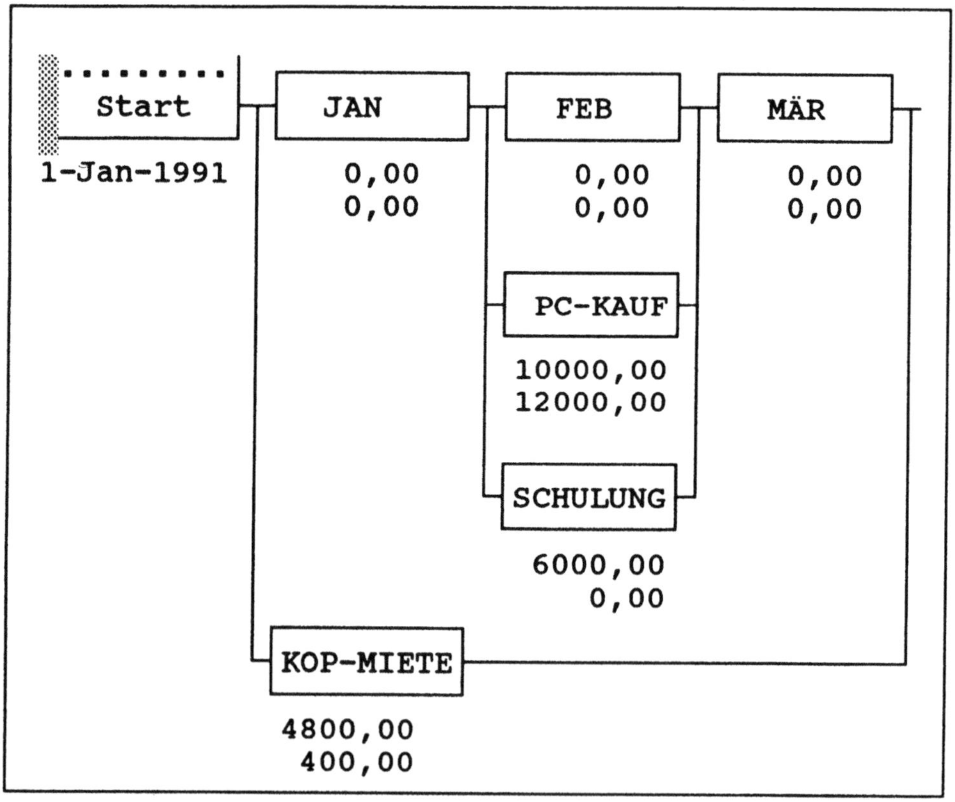

BILD 2.6.3 NETZPLAN DER KOSTENSTELLEN-PLANUNG

In einer Kumulierten-Kostengrafik-Darstellung ist der Kostenanstieg dieses Kosten-Netzplans zu verfolgen. Er sollte natürlich nicht die Kostenlinie der vorhandenen Geldmittel überschreiten. In der Kostengrafik pro Monat sind die Zeiträume mit den Ausgabeschwerpunkten zu sehen. Beide Darstellungsvarianten können helfen zu erkennen, ob für die zweite Jahreshälfte noch eine ausreichende Menge an zu disponierenden Geldmitteln zur Verfügung steht (Der Kostenanstieg muß steil genug, die Monats-'Berge' müssen hoch genug sein).

Stimmt die Planung, sind anschließend bei der IST-Kosten-Verfolgung Abweichungen von der Soll-"Linie" leicht zu erkennen. Die angefallenen IST-Kosten sind in die entsprechenden Vorgangsfelder einzutragen. Bei den Jahresvorgängen ist der dem Monatsfortschritt entsprechende Fertigstellungs-Prozentsatz (pro Monat ca. 8 %) einzugeben, über den das Programm den aktuellen IST-Anteil berechnet.

Verschieben sich Beschaffungstermine, so ist der entsprechende Vorgang im Kostennetz umzusetzen. Dadurch ändern sich aber nur die zeitlichen Gewichtungen in den Kostengrafiken. Ungeplante Ausgaben sind als neue Vorgänge aufzunehmen. Verwendet man dafür die Kosten eines bisher geplanten Beschaffungsvorgangs, sind dessen PLAN-Kosten auf '0' zu setzen. Ebenso ist er als fertig zu kennzeichnen, sollte aber nicht gelöscht werden, damit man später weiß, was nicht beschafft werden konnte. Durch die Attribute-Wahl 'IST-Kosten' sind diese Vorgänge im Netzplan schnell zu finden. Besser aber noch läßt man die Vorgangsliste nach den IST-Kosten aufsteigend sortieren, um eine Beschaffungs-Übersicht zu erhalten.

Alternativ zu der Kostendarstellung in einem 'Monats'-Pfad besteht die Möglichkeit, alle Kostenvorgänge parallel anzuordnen. Verschiebungen von PLAN-Terminen bedürfen dann keiner Umsetzung des Vorgangs, sondern nur einer PLAN-Start-Korrektur. In einer zeitrelativen Netzplan-Darstellung bleibt auch die zeitliche Abfolge erkennbar. Bei dieser Anordnung leidet aber etwas die Übersichtlichkeit, da der Monatsbezug nicht so klar gegeben ist.

BEISPIEL

> Der Ausschnitt des Kostenstellen-Netzplan in Bild 2.6.3 weist als Attribute an den Vorgängen die PLAN- und die IST-Kosten auf. Für den Abrechnungszeitraum Februar sind beim 'Miet'-Vorgang zwei Zwölftel der PLAN-Kosten als IST-Wert angefallen. Die geplanten Schulungskosten sind nicht verwendet worden.

2.6.4 Kontrolle mit Fremdprogrammen

Die Kosten-Darstellungen mit einem Netzplan-Programm können nur in einem vorgegebenen Schema, also ohne viele Eingriffsmöglichkeiten, erfolgen. Das im vorigen Kapitel beschriebene komplizierte Verfahren die Nachkalkulations-Kosten in die Grafik einzubauen, läßt sich durch den Einsatz von Spezialprogrammen umgehen.

Der Aufwand, die Nachkalkulations-Kosten in den Netzplan einzugeben, ist nicht größer wie der, die PLAN-Kosten aus dem Kosten-Diagramm abzulesen und in ein anderes Programm zu übertragen. Es gibt viele Programme, die gerade die Darstellung von Geschäftsgrafiken sehr vielseitig unterstützen. Im Prinzip ist jedes dieser Programme für die Darstellung von Kosten-Kontrollen besser geeignet, wie an Beispielen gezeigt werden soll:

BEISPIEL

(Bei den folgenden Vorschlägen werden auch einige Anwendungsmöglichkeiten beschrieben, die vielleicht nicht mit jedem Programm möglich sind)

a) In ein Präsentationsgrafik-Programm werden die PLAN- und IST-Kosten (z.B. Nachkalkulation) pro Monat eingegeben. Mit einer Linien- oder Flächendarstellung können die Unterschiede beider Verläufe am besten gezeigt werden.

b) Bestimmte Programme können die monatlichen Einzelwerte kumuliert darstellen. Dadurch wird einem die Eingabe einer zweiten Graphik mit aufsummierten Daten erspart. Sonst muß sie aber extra erstellt werden.

c) Unterteilt man beide Kostengruppen noch in EM-, Sonstige- und Overlay-Kosten, so bietet sich eine Stapelbalken-Darstellung an, die gleichzeitig die Gesamtsummen anzeigt.

d) Werden nur die PLAN-Kosten als Stapelbalken aufgesplittet, sollten die IST-Naka-Werte dazu als Linie dargestellt werden.

e) Während eines Projektablaufs interessiert einen die zu erwartende weitere Entwicklung der IST-Kosten, wenn nach wenigen Werten schon Abweichungen zum Plan in der Kumulierten Kostengrafik erkennbar werden. Einige Programme erzeugen eine Ausgleichsgerade auf Basis der vorhandenen Daten, so daß auf der so berechneten Linie die zukünftig zu erwartenden IST-Kosten abzulesen sind.

f) Die Projekt-Gesamtkosten und die geplanten jeweiligen Jahreskosten können als waagerechte Grenzlinien in die Kumulierte Grafik eingetragen werden. Sie zeigen die "erlaubten" Bereiche für die Entwicklung der IST-Kosten. Erkennbar sind dadurch aber auch, wenn der Netzplan zwischenzeitlich geändert werden mußte, die ursprünglichen Abschätzungen der PLAN-Kosten.

g) Haben Probleme in bestimmten Vorgängen die Kosten stark beeinflußt, können die Zeitpunkte dieser Störungen an der IST-Kurve markiert werden. Dazu geeignet ist eine Pfeildarstellung, an der eine Kurzbezeichnung das Ereignis benennt. Auf diese Weise sind Ursache und Wirkung von Abweichungen besser in einen Zusammenhang zu bringen.

2.7 ARBEITS-UNTERLAGEN

Trotz der Hilfe durch einen Computer benötigt man immer noch Papier . Sei es, um mit den Ausdrucken einen besseren Überblick als auf dem Monitor zu haben, oder auch deshalb, weil man anderen etwas zeigen möchte, was in dieser Art mit dem Computer nicht machbar wäre.

Jeder an der Planung Beteiligte benötigt spezielle Unterlagen, die seinen Teil der Aufgabe betreffen. In ihnen kann er auch Notizen oder Korrekturideen vermerken. Für jeden Vortrag oder Bericht über das Projekt müssen bestimmte Ausdrucke vorliegen, z.B. auf Folie kopiert, um so einem größeren Publikum den Projekt-Fortschritt zu präsentieren.

Der Bedarf an Arbeitsunterlagen ist sehr verschieden, die einzelnen am Projekt beteiligten Personengruppen benötigen unterschiedliche Ausdrucke. Dabei sollte jeder nur die für ihn wichtigen Unterlagen bekommen, sonst wird er von der Vielzahl der von ihm nicht benötigten Informationen unnötig verwirrt.

HINWEIS
Es sollte zum Beispiel im Ermessen des Abteilungsleiters stehen, ob er den Mitarbeitern ihre Auslastungskurven zeigt. Zu leicht gibt es unnötige Diskussionen z.B. darüber, warum einer mehr ausgelastet ist als der andere - "ob man ihm denn nicht genauso viel zutrauen würde ..." Erläuterungen von Schätz-Ungenauigkeiten helfen da nur selten.

2.7.1 Für die Fachabteilungen

Die jeweils beteiligten Abteilungen sollten folgende Unterlagen bekommen:

a) Den Hand-Netzplan,
   um den genauen Überblick zu haben.

b) Den Computer-Netzplan
   mit Terminen an den Meilensteinen und der PLAN-Dauer an den Vorgängen.

c) Den Balkenplan
   mit denjenigen Vorgängen, die in der Verantwortung der Abteilung liegen.

d) Die Vorgangsliste
   mit den Vorgängen, die in der Verantwortung der Abteilung liegen. Die hier vermerkten Prozentzahlen über den Erfüllungsstand sind vom Abteilungsleiter immer wieder zu ermitteln und an den Projektleiter weiter zu geben.

e) Die Einsatzmittel-Zuweisungsliste

für die Vorgänge, die in der Verantwortung der Abteilung liegen. Hier sieht der Abteilungsleiter, wer an welchem Vorgang arbeitet.

f) Die Auslastungs- und Zuordnungs-Ausdrucke

aller beteiligten Mitarbeiter der Abteilung.

2.7.2 Für die Mitarbeiter

Folgende Unterlagen sollte der Mitarbeiter bekommen, ergänzt durch einige Erläuterungen des Abteilungsleiters:

a) Den Hand-Netzplan,

um sich und seine Arbeit einordnen zu können - um zu sehen, an welcher Stelle er mitarbeitet.

b) Den EM-Zuweisungs-Balkenplan,

um zu sehen, für wann er mit was und mit welcher Belastung eingeplant wurde. Es werden ihm so direkte, erreichbare Ziele gesetzt.

HINWEIS
Die Gefahr bei der Darstellung der Balken der Zuweisungsgrafik besteht darin, daß auch die Pufferbereiche gezeigt werden (Nicht bei HTPM I). Meint der Mitarbeiter deshalb, daß es nichts ausmacht, den PLAN-Endtermin zu überschreiten, da "genügend" Pufferzeit vorhanden ist, geraten die Auslastungskurve, die Termine und die Kosten in Gefahr.

2.7.3 Für den Chef

Mit detaillierten, umfangreichen Listen sollte er wohl nur auf Wunsch behelligt werden. Deshalb reichen folgende Unterlagen:

a) Der Hand-Netzplan

für den Überblick.

b) Der Computer-Netzplan

mit den Meilenstein-Terminen.

c) Eine Kumulierte Kostengrafik

für die zu erwartenden Kosten.

Im Hand-Netzplan können die abgeschlossenen Vorgänge farbig markiert werden, um den Projektfortschritt zu verdeutlichen.

2.7.4 Für den Projektleiter

Der Projektleiter benötigt fast alle Unterlagen, da er das Projekt zu verantworten hat und deshalb über alles informiert sein muß:

a) Hand-Netzplan
b) Computer-Netzplan
c) Balkenplan
d) Vorgangs-Liste
e) EM-Zuweisungs-Liste
f) Auslastungen aller EM
g) Zuweisungen aller EM
h) Kumulierte Kostengrafik
i) Kostengrafik in Intervall-Darstellung
j) PLAN-IST-Kostenvergleich

2.7.5 Für den Planer

Der Planer hat zwar alle Daten in seinem Computer, benötigt aber alle Ausdrucke griffbereit, falls irgendwelche Fragen von den Benutzern dieser Unterlagen kommen.

Deshalb sollten von jedem Ausdruck mehrere griffbereit auf Vorrat gehalten werden, um bei Bedarf schnell Ersatz oder weitere Exemplare ausgeben zu können. Nur wenn der Planer auch selbst mit den Ausdrucken vertraut ist und mit ihnen arbeitet, erkennt er rechtzeitig Fehler und Schwachstellen, die bei anderen vielleicht zu einer falscher Aufgaben-Erfüllung führen könnten.

Es werden beim Planer auch weitere Unterlagen entstehen. Und zwar alle Unterlagen über die Gesamtheit der aktuellen Projekte (siehe Kapitel 2.11), um z.B. die komplette momentane Kostensituation darstellen zu können.

2.8 MAẞNAHMENLISTEN

Die einzelnen Vorgänge beschreiben meist vollständige Arbeitsabläufe, die ein bestimmtes Ergebnis liefern. Hinter einem solchen Ablauf verbergen sich viele Einzelaufgaben, Teilschritte, die erst in ihrer Summe das Vorgangs-Ziel erreichen lassen.

Die Darstellung dieser Teilaufgaben im Netzplan würde diesen zu unübersichtlich machen. Deshalb gibt es dafür z.B. die Möglichkeit eines Unterprojektes (siehe im nächsten Kapitel).

Für den Verantwortlichen einer Vorgangserfüllung sind diese Teilschritte viel wichtiger, weil er die dafür benötigten Mitarbeiter einteilen und ihre Einzelaufgaben richtig verzahnen muß. Die Zusammenfassung aller Vorgangs-Unteraufgaben wird am besten in Form einer Maßnahmenliste erstellt.

In tabellarischer Form (Siehe Bild 2.8) erscheinen hier die einzelnen Vorgänge eines Verantwortungsbereichs Abteilung) in Absatzform untereinander. Als Überschrift jedes Blocks finden Vorgangs-Nummer und -Name Verwendung. In die Tabellenspalten werden die Bezeichnungen der Teilaufgaben, der mit diesen beauftragten Mitarbeiter sowie der Termin für die Erledigung eingetragen. In der vordersten Spalte sind die Aufgaben durchnumeriert, in der letzten Spalte kann der Abteilungsleiter die erfolgte Fertigstellung markieren.

Eine Maßnahmenliste ist so fein aufgebaut, daß kein Arbeitsschritt vergessen wird. Oft ergeben sich dadurch Erkenntnisse über eine notwendige Korrektur der bisher abgeschätzten Vorgangsdauer. Auch die einzelnen Belastungen der beteiligten Mitarbeiter können hier besser, auf Tage genau, abgeschätzt werden. Deshalb ist es empfehlenswert, eine Maßnahmenlisten schon als Grundlage der Netzplan-Erstellung vorliegen zu haben, um so möglichst fundierte Zahlen an den Planer liefern zu können.

Die Maßnahmenliste ändert sich mit dem Fortgang der Arbeiten recht schnell, denn immer mehr Teilaufgaben werden abgeschlossen und könnten jetzt aus der Liste gelöscht werden. Deshalb ist die Bearbeitung dieser Tabelle in einem Computerprogramm sinnvoll, da dort jede Änderung schnell durchgeführt werden kann. Ohne viel Aufwand ist die neue Maßnahmenliste dann ausgedruckt und von jedem Ballast befreit.

Für die Umsetzung dieser Tabelle bietet sich jedes Kalkulations-Programm an, in dessen Arbeitsblatt die einzelnen Feldbreiten den Spalteninhalten der Tabelle angepaßt werden können.

Die Überarbeitung der Maßnahmenliste erfolgt auf den Projektbesprechungen, die jede Woche stattfinden sollten. Die damit verbundene Projekt-Ablaufkontrolle liefert die Daten, die der Projektleiter als Fertigstellungs-Prozentwerte für die Aktualisierung des Netzplans dem Planer übermittelt.

M A S S N A H M E N - L I S T E				
NR	VORGANG (Aufgabe)	VERANTW. (Mitarb)	TERMIN (Dauer)	BEMERK. (Fertig)
1	STAND PLANEN	MEIER	10 TAGE	
1a	Standgröße ermitteln	Schmidt	4 T	
1b	Personal aussuchen	Meier	3 T	
1c	Geräte festlegen	Meier	5 T	
2	STAND MIETEN	MEIER	1 TAG	
2a	Stand anmelden	Schmidt	1 T	
2b	Gebühr überweisen	Müller	0,5 T	
2.1	ZIMMER BUCHEN	MÜLLER	1,5 TAGE	
2.1a	Hotel aussuchen	Meier	0,5 T	
2.1b	Zimmer reservieren	Müller	1 T	
3	STAND HERSTELLEN			

BILD 2.8 MASSNAHMENLISTE (Anfang)

BEISPIEL

Bild 2.8 zeigt einen Ausschnitt aus der Maßnahmenliste für das Messestand-Projekt der Ideenliste.

Die erste Zeile jedes Vorgangs enthält deren Nummer, den Namen (also die Kurzbeschreibung der Vorgangsaufgabe), den Namen des Verantwortlichen für diesen Vorgang sowie die Vorgangs-Dauer. Letztere setzt sich aus den Zeiten der darunter aufgeführten Teilaufgaben zusammen. Dort ist jeder einzelne Arbeitsschritt aufgeführt, gefolgt vom Namen des Mitarbeiters, der diese Aufgabe bis zum angegeben Termin (innerhalb der Dauer) erfüllen soll. In der letzten Spalte wird notiert, wenn die Aufgabe abgeschlossen ist. Sie kann dann aus der Liste gelöscht werden. Die Zeiten der Einzelaufgaben 1a bis 1c ergeben, da sie teilweise gleichzeitig ablaufen können, die Vorgangsdauer von 10 Tagen. Die aufgeführten Mitarbeiter werden mit den geplanten Arbeitsdauern in die EM-Zuweisungsliste des Vorgangs übernommen. Erscheint ein Mitarbeiter bei den Teilaufgaben eines Vorgangs mehrfach (Meier), addieren sich seine Zeiten für die EM-Zuweisung dieses Vorgangs.

Die Verantwortung für einen Vorgang kann auch einer Person übertragen werden, die nicht an den Teilaufgaben beteiligt ist (Vorgang 2). Die Arbeiten jedes Vorgangs sind für sich selbst wieder ein eigener Netzplan, der aber meist so kurz und einfach ist, daß sich seine Erstellung im Hauptnetzplan nicht empfiehlt. Trotzdem sind die darin enthaltenen Verknüpfungen wichtig für die Abschätzung der daraus resultierenden Vorgangsdauer, weshalb bei schwer zu überblickenden Zusammenhängen eine Vernetzungs-Skizze der Arbeiten erstellt werden sollte.

2.9 UNTERPROJEKTE

Unter- oder Subprojekte sind selbständige Netzpläne mit allen vergleichbaren Eigenschaften, wie Kritischem Pfad, EM-Auslastungen und Kostengrafiken. Die Besonderheit liegt darin, daß dieser Netzplan einem anderen untergeordnet ist. Das Unterprojekt wird im übergeordneten Projekt nur durch einen Vorgang repräsentiert. Dieser enthält die Summe aller Unterprojekt-Daten.

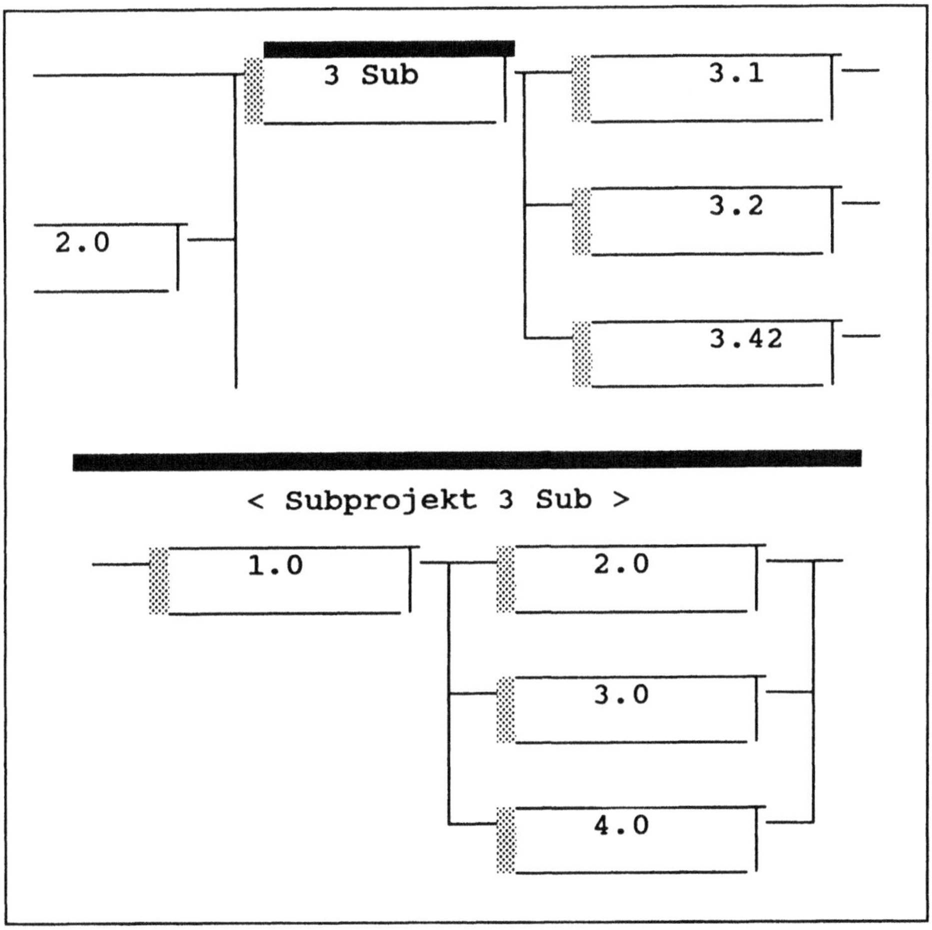

BILD 2.9 SUBPROJEKT DES OBEREN HAUPTPROJEKTS

Diese unterschiedliche Stufe wird durch folgende Verbindungs-Eigenschaften dargestellt:

a) Anfangs- und Endtermin des Unterprojekts werden durch die Daten der benachbarten Hauptprojekt-Vorgänge begrenzt. Besitzen diese einen Zeitpuffer, gibt es im Unterprojekt keinen Kritischen Pfad, solange eine wachsende Unterprojekt-Dauer nicht selbst diesen Pfad kritisch macht.

b) Alle im Unterprojekt-Netzplan errechneten Daten werden nach 'oben' übertragen. Die Gesamtdauer des Unterprojekts ist die übergeordnete Vorgangsdauer, die Unterprojekt-Gesamtkosten sind entsprechend die Vorgangskosten im Hauptprojekt. Die Einsatzmittel werden nur dem entsprechenden Vorgangszeitraum zugeordnet, da, durch die Überlagerung der EM aller Projekte (also auch Unterprojekte), ihre Übertragung und Zusammenfassung nicht notwendig ist.

c) Die Kennzeichnung der Vorgänge und Meilensteine in einem Unterprojekt kann ganz frei, wie bei jedem normalen Projekt, erfolgen. Dadurch können kürzere, übersichtlichere Nummern vergeben werden, da es keine Benennungskonflikte mit dem Hauptnetzplan gibt.

BEISPIEL

Bild 2.9 zeigt die grafischen Zusammenhänge eines Unterprojekts mit seinem 'Platzhalter' im übergeordneten Netzplan. Dieser ist in einer anderen Größe, zwischen Vorgang und Meilenstein, dargestellt, und sollte sich auch mit der Benennung von den Vorgängen abheben. Der Name '3 Sub' beläßt das Unterprojekt bei einer namentlichen Sortierung an der richtigen Position in der Pfadliste, verdeutlicht aber durch die ergänzten Buchstaben (SUB) seinen anderen Inhalt.

Wird das Unterprojekt expandiert, also der untere Netzplan in den Hauptnetzplan aufgenommen, so tritt der Teilnetzplan an die Stelle seines Unterprojekt-Platzhalters. Im vorstehenden Beispiel wird es dabei zu Problemen mit der Numerierung der Unterprojekt-Vorgänge kommen, weil deren Nummern unabhängig vom Hauptnetzplan gewählt werden konnten und nun teilweise doppelt auftreten. Da auch eine pfadmäßige Sortierung nicht mehr möglich ist, sollten vor einer Integration des Unternetzplans dessen Vorgänge passend umbenannt werden.

2.9.1 Wann sind Unterprojekte sinnvoll ?

Das Anlegen eines oder mehrerer Unterprojekte in einem Netzplan hängt von verschiedenen Randbedingungen ab:

a) Wird ein Netzplan so groß, daß der Speicherplatz des Computers bald nicht mehr ausreichen wird, sollten Netzplanteile ausgegliedert werden.

b) Ein Teil, der zum Unterprojekt werden soll, muß in sich abgeschlossen sein, darf also nur einen Startpunkt und nur einen

Endpunkt haben. Dazwischen liegende Verbindungen zu anderen Netzplanteilen sind nicht möglich.

c) Ein Unternetzplan sollte sich durch einen Vorgangs-Namen kennzeichnen lassen, der genau die Aufgabe des Unterprojekts wiedergibt. Eine Ausgliederung verschiedenster Vorgänge, die gerade zufällig zusammenliegen und keine gemeinsame Bedeutung haben, ist kein echtes Unterprojekt. Dadurch würden bestimmte Projekt-Inhalte im Hauptprojekt fehlen und dieses unverständlich machen.

d) Ein Unterprojekt aus nur drei oder vier Vorgängen lohnt die Mühe der Erstellung und der späteren Kontrolle nicht.

Ein großes Projekt kann in verschiedene Unterprojekte entsprechend den Projekt-Phasen des Phasen-Stufen-Plans aufgeteilt werden. Probleme gibt es, wenn bestimmte Vorgänge die Phasengrenzen überbrücken. Normalerweise ist dann die Verwendung eines Unterprojektes nicht mehr möglich, da Kopplungen zwischen Unterprojekten prinzipiell nicht funktionieren.

Eine Hilfslösung ist die Aufteilung des Brückenvorgangs. Die erste Hälfte endet an der Phasengrenze, die zweite führt von dort zum geplanten Anschlußpunkt in der nächsten Phase. Die Trennstelle muß so berechnet werden, daß die Zeitdauern der beiden Brückenhälften die Termine ihrer jeweiligen Unterprojekte nicht stören. Der Kritische Pfad sollte nicht unbedingt über diese Hilfsbrücke führen.

HINWEIS
In Handbüchern wird leider oft empfohlen, Unterprojekte in einer derartigen Form zu koppeln, daß in zwei Teilplänen die Termine der sich entsprechenden Meilensteine auf das gleiche PLAN-Datum gelegt werden. Muß man aber in einem der Unterprojekte etwas verändern oder verschieben, dann ist das durch diese terminierten Meilensteine nicht mehr durchführbar - die ganze Netzplanarbeit wird hoffnungslos behindert, wie durch jeden fixierten Termin.

2.9.2 Erstellung und Integration von Unterprojekten

Ein Unterprojekt kann auf verschiedene Arten erstellt werden:

a) Verbergen sich hinter einem Vorgang mehrere Teilaufgaben, die durch ihre Verschachtelung und Projektwichtigkeit deutlicher dargestellt werden sollten, so wird für diese Vorgangs-Aufgaben ein eigener Netzplan angelegt. Er erhält den Namen des Vorgangs. Im Hauptnetzplan wird diesem Vorgang das neu erstellte Projekt als Unterprojekt zugeordnet. Dazu werden in den entsprechenden Feldern des Vorgangs-und Projekt-Formulars die festgelegten Namen eingetragen. Der Hauptprojekt-Vorgang ändert seine Form, und ist als Stellvertreter eines Unterprojekts erkennbar (Nicht bei HTPM I).

b) Soll ein Teil eines Netzplans als Unterprojekt ausgegliedert werden, so ist der Separations-Befehl zu wählen. Danach sind ein Anfangs- und ein End-Vorgangsname sowie der geplante Name des

Unterprojekts anzugeben. Der Vorgangs- und der Unterprojekts-Name können unterschiedlich sein.

Umgekehrt kann bei Bedarf ein Unterprojekt auch wieder in den Netzplan eingebaut werden. Mit dem Subprojekt-Expandieren-Befehl tritt an die Stelle des Unterprojekt-Vorgangs das Netzwerk des Unterprojekts.

2.9.3 Projektmodule als Basisbausteine

Unterprojekte können auch auf verschiedene Arten als eine Art Projekt-Bausteine benutzt werden:

a) Mehrere ähnliche Abläufe

Gibt es in einem Netzplan mehrere Pfade, die fast gleiche Form und Inhalt haben, z.B. wenn es sich um eine Art Baukastenfertigung mit nur wenigen unterschiedlichen Teilen handelt, so braucht nur einer dieser Pfade gleichzeitig mit dem Gesamt-Netzplan eingegeben werden. Anschließend wird dieser Pfad als Unterprojekt separiert. Das Unterprojekt wird entsprechend der Zahl der ähnlichen Pfade kopiert und passend umbenannt. Stellvertretend für jedes Unterprojekt wird ein Vorgang im Hauptnetzplan an der entsprechenden Stelle angelegt. Statt den Netzplan mit mehreren fast identischen Vorgangsketten zu überfüllen, kennzeichnen jetzt einfache Vorgänge komplexe Abläufe.

Eventuell kann es sinnvoll sein, das wichtigste dieser einander ähnlichen Unterprojekte wieder in den Netzplan aufzunehmen, um als Beispiel immer vor Augen zu haben, was sich hinter den anderen Unterprojekten versteckt. Deren Netzpläne müssen aber meist noch den speziellen Abläufen angepaßt werden.

Dazu gehört auch eine inhaltsbezogene Benennung, um den jeweiligen Vorgang sofort richtig zuordnen zu können. Da der Nummernspielraum bei größeren Projekten schnell erschöpft ist, oder die Numerierung sonst unübersichtlich lang wird, kann das Voranstellen eines Buchstabens vor die Unterprojekt-Vorgangsnamen die Zuordnung erleichtern. So haben vergleichbare Vorgänge die gleiche Nummer, bleiben aber in der richtigen Unterprojekt-Zuordnung durch den vorangestellten Buchstaben.

b) Wiederverwendbare Unterprojekte

In jedem Projekt kann es Aufgaben geben, die in einer immer wieder gleichen, vorgegebenen Form in einem Unternehmen ablaufen müssen (z.B. Prüfabläufe, Konstruktionsschritte). Sind einmal die dafür notwendigen Aufgabenabfolgen in einem Unterprojekt-Netzplan festgelegt worden, kann dieses Unterprojekt auch in späteren Projekten wieder mit eingebaut werden.

Meistens ist es jedoch notwendig, das neue Projekt ein wenig zu modifizieren. Doch man hat die Gewißheit, daß sich Ablauf-Struktur und -Daten in der vorliegenden Form schon bewährt haben.

2.10 ERFAHRUNGEN DOKUMENTIEREN

Die Planung eines Projektes ist fast immer nur Schätzung. Gibt es aus vorangegangenen Projekten Vorgänge mit vergleichbaren Inhalten, kann das helfen, die Schätzungen genauer werden zu lassen. Voraussetzung dafür ist natürlich eine gute Dokumentation der alten Projekte.

Umgekehrt kommt dem Planer der aktuellen Projekte die gleiche Verantwortung zu. Die Planung und die Veränderungen von dieser sind so festzuhalten, daß die Abweichungen und deren Ursachen auch später noch als Erfahrungen in andere Planungen eingebaut werden können.

2.10.1 Der Basisplan

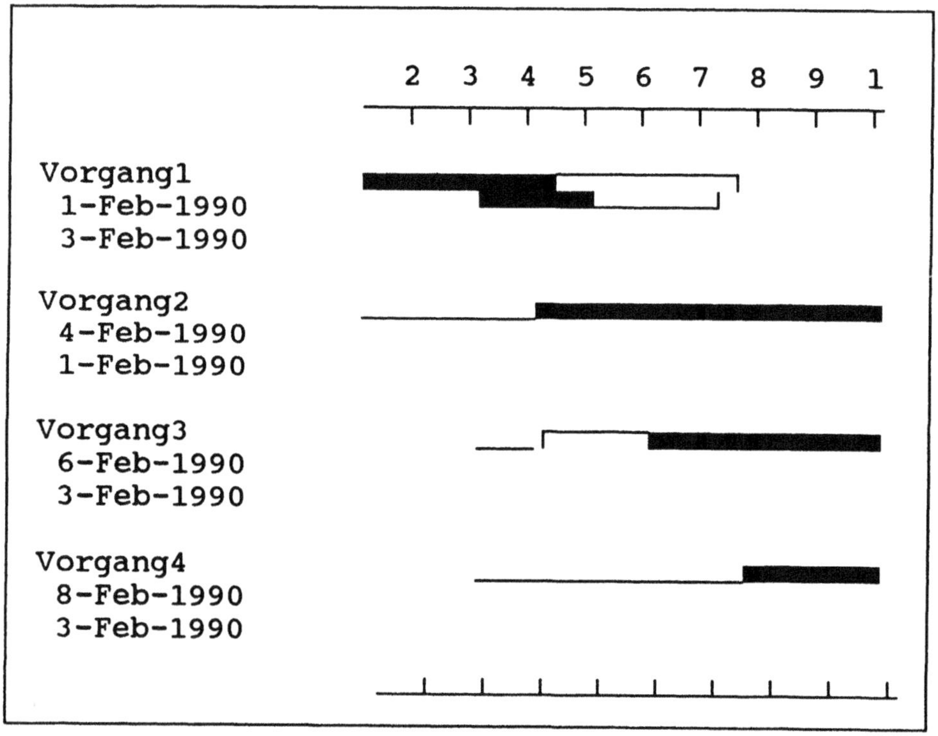

BILD 2.10.1 ABWEICHUNGEN ZUM BASISPLAN

Das HPM-Programm bietet ein wichtiges Hilfsmittel für die Dokumentation von Planungs-Abweichungen während des Projekt-Ablaufs: den Basisplan. Er ist nichts anderes als die Speicherung aller Daten des Netzplans zu einem bestimmten Termin. Gab es seitdem Verschiebungen im Plan, kann man jederzeit auf den Basisplan zurückgreifen, um zu sehen, wie groß die Änderungen im Vergleich zu der gespeicherten Planung geworden sind.

Das Setzen des Basisplans sollte erst erfolgen, wenn der Netzplan wirklich fertig ist, und die ersten Arbeiten auch schon begonnen haben. Werden irgendwann einschneidende Änderungen in der Vernetzung notwendig, die auch viele Termine so gründlich verschieben, daß kein Vergleich mehr mit der alten Planung sinnvoll ist, sollte auch der Basisplan neu gesetzt werden.

BEISPIEL

In einer Balkenplan-Darstellung, wie in Bild 2.10.1, können die Abweichungen der aktuellen Termine von den ursprünglichen des Basisplans am besten gezeigt werden. Mit einer Attribute-Wahl 'PLAN-Start' und 'Basisplan-Start' erhält man die Anzeige der Termine vor der Balkendarstellung, welche die Terminverschiebungen grafisch darstellt.

Vorgang2 soll drei Tage später als beim Setzen des Basisplans gestartet werden, was an der dünnen Linie vor dem Vorgang zu erkennen ist. Vorgang1 wurde vorverlegt, weshalb keine Abweichungen angezeigt werden.

2.10.2 PLAN /IST-Daten-Aufbereitung

Im Verhältnis zur Dokumentation der Planungs-Veränderungen (mittels Basisplan) sind natürlich die Unterschiede von den wirklich erreichten IST-Werten im Verhältnis zur Planung viel wichtiger. Diese Größen müssen für die spätere Verwendung von Erfahrungswerten ermittelt werden, weil dafür die Basisplan-Abweichungen nicht mehr zu gebrauchen sind.

Die wichtigsten Angaben in einem Vorgang sind seine Dauer und Kosten. Für eine spätere Nutzung der Vorgangswerte sind aber die Kosten nur sehr schwierig vergleichbar, weil zur Umrechnung u.a. auch die früheren verschiedenartigen EM-Stundensätze bekannt sein müßten. Da die Kosten sich im wesentlichen auf die verplanten Einsatzmittel beziehen, sollten nur die EM-Arten und deren Bedarfsgröße (z.B. 'Manntage') dokumentiert werden.

Wenn ein Vorgang nicht so wie geplant abgelaufen ist, gibt es dafür oft auch äußere, nicht typische Einflüsse, wie z.B Krankheit, Urlaub oder Lieferengpässe. Werden die IST-Daten dieser Vorgänge ohne das Wissen um diese Gründe übernommen, wird die neue Planung sicherlich nicht optimal ausfallen.

Gibt es also zwischen PLAN- und IST-Daten große Unterschiede, ist eine Begründung zu dokumentieren. Weiterhin wäre es ebenfalls hilfreich, den Vorgangsinhalt genauer zu definieren, besonders z.B., auf welche Vorkenntnisse aufgebaut wurde, die nicht in die Vorgangsaufgaben eingingen.

2.10.3 Datenbank anlegen

Nach Abschluß eines Projekts kann ein Bericht mit all den Daten des PLAN-/IST-Vergleichs erstellt werden. Ist im Laufe der Jahre die Zahl der zu bearbeitenden Projekte nicht so groß, wird es auch möglich sein, bei Bedarf auf die entsprechenden Enddokumentationen zurückzugreifen.

Besser wäre es aber, wenn aus allen abgewickelten Programmen vergleichbare Vorgänge leichter zu ermitteln wären. Die Berechnung von Mittelwerten und den möglichen Schwankungen nach oben und unten würde die Genauigkeit von Neuplanungen sicher steigern.

Eine entsprechende Datensammlung und -Auswertung kann mit einem Datenbank-Programm erfolgen. Die wesentlichen Feldgrößen wurden im vorigen Kapitel schon erarbeitet:

```
1)  Vorgangs-Bezeichnung
2)  Haupt-Aufgabe
3)  Projekt-Art
4)  PLAN-Dauer
5)  IST-Dauer
6)  Jahr
7)  Einsatzmittel-Arten mit Zuweisungswerten
8)  Bemerkungen
9)  Ansprechpartner
10) Unterlagen-Ort
11) Vorgangs-Beschreibung
```

In einem Datenbank-Programm, mit diesen Daten von mehreren Projekten, kann nach jedem dieser Feldnamen sortiert oder gesucht werden.

BEISPIEL

> Es könnten alle Vorgänge mit TÜV-Prüfungen angezeigt werden, um so zu ermitteln, welche Gerätearten welche durchschnittliche Prüfdauer gehabt haben. Gibt es noch Fragen zu diesem Thema, kann der angegebene Ansprechpartner vielleicht noch Auskunft geben.

2.11 GESAMTSITUATION ALLER PROJEKTE DARSTELLEN

Bisher ging es im wesentlichen darum, einzelne Projekte zu erstellen und zu kontrollieren. Nur beim EM-Abgleich mußte auf Einflüsse von anderen Projekten Rücksicht genommen werden.

Regelmäßig wird aber auch ein Überblick über die Gesamtheit aller aktuellen Projekte erforderlich sein, besonders hinsichtlich Kosten und Projekt-Fortschritt. Die Erstellung dieses Überblicks ist mit dem HPM-Programm, aber auch mit zusätzlichen Programmen möglich.

2.11.1 Überblick standardmäßig

Mit diesem Netzplan-Programm können die wichtigsten Daten aller Projekte zusammengefaßt werden. Dabei benutzt man die Daten aus den einzelnen Projekt-Formularen . In einer Tabelle werden Start- und Endtermin, PLAN- und IST-Kosten, Projekt-Fortschritt, Projekt-Dauer und Verantwortlicher aufgelistet.

Es gibt immer einige Projekte, die zu unwichtig für die Aufnahme in diese Liste sind, so z.B. das Urlaubs-Projekt. Um die Auswahl zu beeinflussen, kann als Sortierparameter das Feld VERANTWORTLICH gewählt werden. Gibt man hier einen Namen an, der auch bei den ausgewählten Projekten einzusetzen ist, werden nur diese Projekte in die Überblicks-Tabelle aufgenommen. Die Auflistung des Verantwortlichen (wie in Bild 2.11.1) sollte dann aber wegfallen.

BEISPIEL

> Die Projekte-Übersicht in Bild 2.11.1 zeigt die Daten, mit denen kontrolliert werden kann, ob der Projektfortschritt mit dem IST-Kostenanteil einigermaßen übereinstimmt. Projekt 1 hat in seinem bisherigen Verlauf die Hälfte des PLAN-Ansatzes verbraucht, aber erst 20 % der Aufgabe erfüllt. Diese große Abweichung muß Konsequenzen haben, da nicht nur eine erhebliche Überschreitung der geplanten Gesamtkosten, sondern auch eine Überschreitung des Endtermins zu befürchten ist. Die anderen Projekte bewegen sich im normalen Rahmen.
>
> Projekt 4 wurde noch nicht begonnen, weshalb auch noch keine Kosten angefallen sind. Da auch für Projekt 4 Herr Meier verantwortlich sein wird, müßte jetzt schon diese Planung überprüft und notfalls korrigiert werden, da sein laufendes Projekt ja Probleme macht. Vielleicht wurden wichtige Vorraussetzungen übersehen, die nun aber für das zukünftige Projekt gleich von Anfang an berücksichtigt werden können.

< 1. Teil >

NR	Projekt-Name	Beschreibung	Startdatum	Endedatum
1	ZENTR3	Zentrifugen	28-Okt-90	26-Jul-92
2	TESTBAU	Neues Testver	11-Jan-90	12-Apr-91
3	KAMMER1	Kühlkammer mi	30-Aug-90	09-Mai-91
4	NZENTR	Neue Zentrifu	5-Sep-91	23-Dez-92
5	MIKRO	Steuereinheit	21-Nov-90	18-Feb-91

< 2. Teil >

NR	% Fert	IST Gesamt-Kosten	Prj. Gesamt-Kosten	Verant-wortung
1	20	670550,00	1187109,00	Meier
2	80	407880,00	497207,00	Wendel
3	10	23670,00	240399,00	Schmidt
4	0	00000,00	2849367,00	Meier
5	70	105240,00	159701,00	Basler

BILD 2.11.1 PROJEKTE-ÜBERSICHT

2.11.2 Überblick mit Fremdprogrammen

Die Möglichkeiten zur Gestaltung der Ausdrucke dieser Übersichten sind begrenzt, weshalb weitere Projekt-Informationen nur mit Hilfe von Fremdprogrammen dargestellt werden können.

Eine sehr gute Programm-Eigenschaft von HPM ist die Übertragbarkeit aller Ausdruckdateien in andere Programm-Formate. Damit können z.B. in einem Kalkulations-Programm die Überblicks-Daten aller Projekte neu geordnet und auch weiterbearbeitet, um weitere Details ergänzt werden.

BEISPIEL

a) Die Auswahl der darzustellenden Projekte kann durch nachträgliches Entfernen unwichtiger Anzeigen geschehen.

b) Aus den Kostendaten kann der prozentuale Anteil der IST-Kosten an den PLAN-Kosten als Kosten-Fortschritt berechnet und neben den Projekt-Fortschrittswert als Vergleich gesetzt werden.

c) Zu jedem Projekt können Kommentare geschrieben werden, die über bestimmte Fortschritte oder Einflüsse informieren.

d) Alle Kosten sind nach verschiedensten Kriterien zusammenzustellen: Gesamt-PLAN- oder -IST-Kosten, PLAN-Kosten für das laufende Jahr insgesamt, usw..

2.11.3 Auswertemöglichkeiten mit Fremdprogrammen

Aber nicht nur einzelne Formulare können durch Datentransfer mit Hilfe von Fremdprogrammen überarbeitet dargestellt werden. Übernimmt man mit anderen Programmen die Daten mehrerer Formulare, sind die kompletten Auswertungen ganzer Projekte nach eigenen Wünschen zu gestalten.

BEISPIEL

a) Sehr gut sind die Einsatzmittel für eine Fremdbearbeitung geeignet, da das Netzplan-Programm nur die Darstellung einzelner Auslastungskurven zuläßt. Sind die Daten verschiedener EM extern zugänglich, können sie beliebig überlagert und zu neuen Gruppen-Diagrammen zusammengestellt werden, z.B. für eine Abteilungs-Auslastungskurve.

b) Die einzelnen Vorgangs-Termindaten könnten automatisch in die als Arbeitsgrundlage dienende Maßnahmenliste eingetragen werden, benutzt man die Programmier-Möglichkeiten von Kalkulations-Programmen.

c) Kostengrafiken können aus den übergebenen Daten vielseitiger dargestellt und zusätzlich ausgewertet werden. Die Daten mehrere Projekte könnten gleichzeitig in einer Grafik gezeigt und beliebig beschriftet werden.

2.12 PLANUNGS-EINORDNUNG

Die Planungs-Einordnung bezieht sich einmal auf den organisatorischen Einbau der Netzplanung in den Projektablauf, und andererseits auf ihre hierarchische Einordnung für ein Durchsetzen der möglichen Kontrolleigenschaften. Ohne eine Akzeptanz dieses neuen Systems, als von Anfang an bestimmendes Planungsinstrument und unbestechliches Kontrollorgan, wird die Arbeit mit HPM nicht den gewünschten Erfolg bringen.

2.12.1 Planungs-Einführung

Die Einbeziehung der Netzplanung in den bisherigen Betriebsablauf ist meistens nicht ganz einfach. Wie immer bei neuen Systemen, wird auch die Netzplantechnik zuerst auf viel Skepsis treffen. Durch ihre vielfältigen Möglichkeiten und den streng logisch, formalen Aufbau werden viele Mitarbeiter sich von dem Programm und den damit erstellten Ausdrucken überfordert fühlen.

Deshalb ist in der Anfangsphase der Umgang mit ein oder zwei sehr einfachen Projekten zu erproben und deren Bearbeitung mit den Mitarbeitern zu üben. Beginnt man am Anfang nur mit den Terminberechnungen, also ohne Einsatzmittel und Kosten, so kann gerade hierbei, mit der Nähe zum gewohnten Balkenplan, das neue System ohne eine zu vielfältige Informationsflut verständlich gemacht werden.

Wie im Kapitel über die Ausdrucke für die verschiedenen Empfängergruppen schon erwähnt, sollte jeder nur die für seine Aufgabe benötigten Ausdrucke erhalten, um nicht durch die Vielzahl der weiteren Informationen irritiert zu werden. Ebenso muß jedes ausgedruckte Formular sorgfältig zusammengestellt sein und sollte danach nicht mehr im Aufbau geändert werden, damit sich die Mitarbeiter nicht jedesmal an eine andere Listen-Gestaltung gewöhnen müssen.

2.12.2 Einsatzbereiche der Netzplanung

Verschiedenste Aufgaben können mit der Netzplantechnik bearbeitet werden, nicht jede muß alle Programmeigenschaften ausnutzen. So reicht für viele Aufgaben die reine Terminberechnung aus, so daß Einsatzmittel-Eingabe und -Abgleich sowie die Kostenkontrolle als arbeitsintensive Projektteile wegfallen.

Die häufigste Anwendung fällt sicherlich auf die großen, mehrjährigen Projekte mit 150 bis 200 Vorgängen und einigen Unterprojekten.

Einfache, isolierte Aufgaben, wie z.B. die Messestand-Planung, sind mit diesem Programm ebenfalls sehr gut zu bearbeiten. Bei diesen Planungen kommt es mehr auf die optimale Kopplung, Koordinierung an. Denn nicht alle Zusammenhänge sind bei parallelen Tätigkeiten leicht überschaubar, wenn es mehrfach Verknüpfungen zwischen den Pfaden gibt. Der kürzestmögliche Durchlauf bis zu einem festen, nicht verschiebbaren Endtermin ist das Ziel dieser Aufgabenstellungen.

Einmalige Planerstellungen wird es für immer wieder gleich ablaufende Arbeiten geben. Dann dient das Netzplanprogramm als Steuerungs- und Kontrollinstrument, z.B. für Herstellungsprozesse.

Vergleichbar dazu sind Ablauf-Module, die, einmal erstellt, in immer neue Projekte als immer gleich bleibender Ablauf einer bestimmten Teilaufgabe integriert werden. Als z.B. Unterprojekt kann man sie für die jeweilige Anwendung leicht modifizieren, ohne aber wesentliches an der Struktur zu ändern.

2.12.3 Das Wesen der Planung

Nach der Analyse des geplanten Projekts folgt die Definition grober Strukturen, die jeweils einzeln nach und nach detailliert werden und schließlich den Netzplan bilden. Erst nach der späteren Eingabe der Zeitdauern sind der Kritische Pfad und der Endtermin abzulesen.

Dieser erste Schritt wurde noch durch die Logik des Abhängigkeits-Verständnisses auf Basis der Vorgangs-Inhalte bestimmt. Doch alle weiteren Schritte beruhen auf fehlerbehafteten Schätzungen, die höchstens durch Annäherung an Erfahrungswerte eine geringere Abweichung aufweisen. Das Wissen um die Fehlerhaftigkeit der Planungsarbeit hilft aber auch beim sinnvollen Umgang mit den zu verarbeitenden Daten. Man darf nicht blind auf die einmal ermittelten oder berechneten Daten vertrauen, sondern muß mißtrauisch und offen die Entwicklung des realen Ablaufs verfolgen, um aus den aktuellen Erfahrungen notfalls auch gesamte Planteile neu zu gestalten.

Falsch wäre es, an einem ursprünglichen Plan als etwas fixem, unveränderlichem und unantastbarem festzuhalten. Denn er wurde nur aus unvollständiger Erfahrung konstruiert, weshalb jeder bereit sein muß, ihn bei den ersten gesicherten Anzeichen von Fehlern in den Verknüpfungen zu ändern. Denn Fehler zu tolerieren heißt, die Planung überflüssig zu machen. Der Wert dieser Ergebnisse ist dann so gering, daß die ganze Planung nur noch als Alibi oder Tarnmantel für eine angeblich verläßliche Prognose dienen kann.

Die Anpassung der Zeitabschätzungen muß schon viel eher, also schon bei den ersten gesicherten Anzeichen einer Veränderung, vorgenommen werden. Zu der eigenen Planung und den notwendigen Änderungen muß man stehen. Denn wenn Korrekturen rechtzeitig vorgenommen und nach außen offensiv vertreten werden, dürfte keiner etwas dagegen einzuwenden haben. Erfolgt eine Korrektur dagegen erst beim laufenden Vorgang, ist in den meisten Fällen wirklich von Fehlplanung zu reden.

Planung ist immer in Bewegung, in Veränderung. Sie ist der Versuch, sich etwas unbekanntem immer mehr anzugleichen, je näher man ihm kommt. Sie ist vergleichbar mit einer Regelung, welche um den richtigen Mittelwert pendelt. Sie wird dabei von äußeren Größen beeinflußt, die helfen oder stören.

Schwierig ist besonders das Abschätzen von Neuentwicklungen, bei denen es darum geht, wieviel Zeit man jedem Mitarbeiter gibt, die richtigen Geistesblitze und patentwürdigen neuen Ideen zu haben. Hier helfen fürs erste nur Erfahrungswerte ähnlicher Projekte, und danach nur noch das Einfügen von zusätzlichen Schleifen, bis das geplante Ergebnis schließlich erzielt wurde. Aus einem naheliegenden Sicherheitsaspekt könnte man einige Sonderschleifen gleich mit in die Planung einbauen, doch wäre das nicht ehrlich und stünde im Widerspruch zu der effektiven Planung eines möglichst kurzen Durchlaufs.

Jeder muß lernen, daß in derartig schwierigen Planungs-Situationen notfalls Zeitopfer gebracht werden müssen, auch wenn andere einen festen Endtermin fordern, weil sie diesen für ihre eigene Aufgabenplanung benötigen. Aber diese Termin-Sicherheit und ein kürzester Projekt-Durchlauf widersprechen sich für jede Art von Neuentwicklung.

Alternativ besteht natürlich die Möglichkeit, den Entwicklungsschritt mit dem, zum Zeitpunkt des PLAN-Endtermins, erreichten Stand zu akzeptieren und die Anforderungsliste (das Pflichtenheft) entsprechend zu reduzieren. Doch wer kann das verantworten?

2.12.4 Durchsetzen von Planung

Die Hierarchie, in die die Planung eingebettet wird, ist mitbestimmend für ihren Erfolg. Ein Projektleiter sollte die volle Unterstützung von seinem Vorgesetzten in derjenigen Form bekommen, daß die beteiligten Abteilungen die Planung sorgfältig mit erarbeiten und sich später auch an sie halten. Dazu gehört ebenfalls, daß alle Veränderungen und neuen Erkenntnisse sofort dem Projektleiter mitgeteilt werden.

Hält der Vorgesetzte Distanz, wird der Projektleiter es schwer haben, seine Ziele durchzusetzen. Denn Mitarbeit an einem Projekt, unter einem 'fremden' Projektleiter, bedeutet für jeden Abteilungsleiter das Abtreten eines gewissen Macht- und Einflußbereichs, wozu keiner von sich aus bereit ist. Nur der Druck 'von oben' hilft hier dem Projektleiter.

Schwieriger noch wird es bei der Kontrolle der Projekte. Werden mehrere Projekte gleichzeitig bearbeitet, sollte es die hauptamtliche Position des Planers geben, denn nur der kann dann noch die Übersicht über alle Projekte haben. Für die Aufgabenerfüllung muß er in der Firmenstruktur so hoch angesiedelt sein, daß er nicht seinen Chef, der vielleicht Projekt- oder beteiligter Abteilungsleiter ist, kontrollieren muß. Denn dann wird die Kontrolle mit Sicherheit nicht funktionieren, da der eine sich gegen sie wehren wird, und der andere sich nicht traut, seinen Chef zu kontrollieren. Es fehlt der Druck der entsprechenden Machtposition und die notwendige Rückendeckung.

Sehr schön und vordergründig heißt es dann sehr häufig, daß man dem Projektleiter alle 'nötigen Kompetenzen' gibt, ohne aber zu sagen, daß man selbst bestimmt, was man für den anderen als notwendig ansieht (und man wird nie gegen sich selbst und seine eigenen Interessen entscheiden...). So werden dann zum richtigen Zeitpunkt die für das Projekt wichtigen Leute mit anderen Aufgaben betraut sein, soll doch der Projektleiter sehen, wie er mit 'seiner' Sache zurecht kommt. In diesen leider 'normalen' Fällen hilft nur die Position des übergeordneten Planers als Ansprechpartner des Projektleiters diesem weiter. Denn dieser kann unabhängig von den Abteilungsleitern die benötigten Daten und Plan-Erfüllungen mit dem notwendigen Nachdruck fordern, sowie auch Kritik äußern.

2.12.5 Vermeidbare Fehler

Bei der Durchführung von Planungsarbeiten kann es zu vielfältigen Problemen kommen, die die Arbeiten stark behindern oder deren Ergebnis wertlos machen. In den meisten Fällen sind menschliche Eigenschaften die Ursache von Fehlentwicklungen. Sei es die insgeheime Ablehnung des Computereinsatzes oder die Angst, zu stark kontrolliert zu werden. Immer wieder gibt es Problemsituationen, die bestimmten menschlichen 'Untugenden' zuzuordnen sind:

a) Der Supermann

Die beteiligten Abteilungen werden nicht nach ihrer Meinung, ihren Abschätzungen und Plangrößen gefragt - er selbst weiß es alles ja viel besser.

- Die spätere Mitarbeit dieser Abteilungen wird sicherlich nicht besonders intensiv sein, die nicht von ihnen miterstellten Werte werden nicht eingehalten.

b) Der Verschieber

Die Plan-Erstellung wird schnell mal zwischendurch gemacht, man kann sie ja später detaillieren und anpassen. Die Hauptsache für ihn ist, daß etwas ausgedruckt werden konnte.

- Die Planung ist nie fertig geworden.

c) Der Schweiger

Die beteiligten Abteilungen werden zwar um ihre Planungsdaten gebeten, doch gibt er ihnen keine detaillierten Angaben über die geplante Aufgabe.

- Man wird ihm horrende Fehlschätzungen in beiden Richtungen liefern, da man ja nicht weiß wofür - in der Regel deshalb mit einem riesigen Sicherheitsanteil.

d) Der Unbeteiligte

Er hat die Netzplanung nicht gewollt, also werden z.B. die Kontrollen nur dann durchgeführt, wenn er gerade Lust und Zeit hat.

- Negative Entwicklungen, die bei regelmäßigen Kontrollen noch rechtzeitig zu beheben gewesen wären, werden hierdurch zu spät entdeckt.

e) Der Improvisator

Die Fertigstellungsdaten, PLAN-Start- und -Ende-Termine werden nicht beachtet und die wirklichen Werte nicht weitergegeben - es wird schon laufen, er hat es doch noch immer irgendwie hinbekommen.

- Die Planung ist hier wirklich überflüssig, der Aufwand kann entfallen, die Kosten steigen sowieso 'unkontrolliert'.

f) Der Täuscher

Der Abteilungsleiter meldet den Vorgang als termingerecht fertig, verlangt aber das Anlegen eines weiteren Vorgangs, da einige Aufgaben neu dazugekommen wären, die vorher nicht eingeplant waren.

- Die Projektarbeit wurde vernachlässigt und soll jetzt mit Tricks, und unter anderem Namen, verspätet fertiggestellt werden.

Die Ergänzung des Netzplans, direkt im Anschluß an einen angeblich fertiggestellten Vorgang, mit einer ähnlichen Tätigkeit, ist nicht möglich. Stattdessen muß der PLAN-Ende-Termin des abgeschlossenen Vorgangs entsprechend überzogen werden. Wirklich benötigte Änderungen sind schon viel eher zu erkennen.

g) Der Spuren-Verwischer

Jeden angeblich fertigen Vorgang löscht er, 'um eine bessere Übersicht' im Netzplan zu haben. Die alten Vorgänge stören ja nur und interessieren keinen mehr.

- Damit wird jegliche Projektkontrolle verhindert, es sollen Fehler vertuscht werden. Denn der vom Programm berechnete Fertigstellungs-Prozentsatz des Projekts kann jetzt nicht mehr berechnet werden. Auch die PLAN- und IST-Kosten sind nicht mehr zu vergleichen. Weiterhin ist die erarbeitete Netzstruktur zerstört worden, und die notwendigen Zusammenhänge gehen verloren. Da auch kein

Basisplan-Bezug mehr herstellbar ist, sind die Abweichungen von der ursprünglichen Planung nicht feststellbar.

Es können jetzt auch leicht andere Vorgänge und Einsatzmittel eingefügt werden, da keiner mehr den notwendigen Überblick für die Durchführung einer Kontrolle behalten hat. Denn es gibt inzwischen den 'xten neuen Stand, den man noch gar nicht kennen kann'. So entzieht er sich jeder Kontrolle und täuscht eine aktive Planung den nur noch staunenden Zuhörern vor.

'Daß es einige schwerwiegende Störungen gab, die er natürlich nicht zu verantworten hat, und die den Endtermin verschoben haben', wundert dann nicht mehr. Die davon betroffenen Vorgänge, die an der Verzögerung schuld waren, können im Netzplan 'leider' nicht gezeigt werden, weil dieser Teil nicht mehr existiert. 'Außerdem muß man seine ganze Aufmerksamkeit und Energie auf die Zukunft richten, um die Zeit wieder einzuholen'. Und wer wird es schon wagen, gegen so viel Zielstrebigkeit anzugehen und etwas zu kritisieren?

h) Der Maßlose

Einsatzmittel-Planung ist wichtig, Termine sind wichtiger! Engpässe gibt es sowieso immer wieder, wozu sich also erst den Mühen eines EM-Abgleichs aussetzen? '130 bis 150 % schaffen die Leute schon, sie verdienen ja genug, können täglich zwei Stunden länger bleiben, tue ich ja auch' (dafür kommt er drei Stunden später). Wozu eine Belastungsspitze von 300 % bearbeiten, das gleicht sich mit der Zeit schon aus.

- Damit ist der Grundstein für sichere Termin-Überschreitungen gelegt. Verstärkt wird diese negative Entwicklung noch durch eine geringere Qualität der Arbeit, was bei der Belastung der Mitarbeiter nicht verwundern kann.

i) Der Künstler

Planung muß vor allem gut verkauft werden, also hat auch ein Netzplan gut auszusehen. Überschneidende Linien bei Verknüpfungen stören nur den Gesamteindruck, also wird der Vorgang verlegt. Zu viele Vorgänge versperren den Blick auf die gelungen gezeichnete Struktur, also werden sie entfernt.

- 'Ein Bild sagt mehr als tausend Worte' heißt es, aber dieses Netzplan-Bild macht den Eingeweihten höchstens sprachlos. Die Netzplanung ist hier absolut überflüssig und dient nur als Showeinlage.

j) Der Menschenfreund

'Planung ist wichtig, nur die Ergebnisse passen nicht zu dem, was ich schon versprochen habe'.

- Also wird die Planung so häufig überarbeitet, werden die Zeiten wieder und wieder reduziert, bis sie passend sind. Die echten Zahlen würden den anderen nicht gefallen, und man will doch keinen ärgern oder gar seine eigene Aussage korrigieren!

k) Der Autoritäre

Die Zeit, die man den Leuten läßt, nutzen sie auch aus. Gibt man ihnen weniger, schaffen sie es auch. Also werden alle abgesprochenen Zeiten radikal gekürzt.

- Kein PLAN-Termin wird mit einem geplanten Ergebnis erfüllt werden.

l) Der Vorsichtige

Die Planung steht, ist mit den verschiedenen Erfahrungswerten abgestimmt. Aber wer weiß, was alles passieren kann, geben wir überall die doppelte Zeit an - sicher ist sicher!

- Projektplanung mit dem Netzplan ist zu nervenaufreibend, zu anstrengend - aus dieser Grundhaltung entstanden hier die Eingaben. Geruhsame Arbeit erfordert eben mehr Zeit und Geld.

m) Der Fahrlässige

Das Projekt nähert sich seinem Ende, eine neue, interessante Aufgabe wartet. Wozu noch viel Arbeit in das alte Projekt stecken? Nur noch eine Bestandsaufnahme und Kosten-Zusammenstellung, und danach kein Aufwand mehr für die Planung: 'Das Projekt wird jetzt von selbst fertig'.

- Ein Jahr später war dieses Projekt noch immer nicht abgeschlossen, die Kosten gar auf das dreifache angestiegen. Aber für diesem Zeitraum konnte ja wenigstens der Aufwand für die Planung eingespart werden. Die vielen zwischenzeitlichen Probleme und Überarbeitungen wurden ohne Plan abgewickelt, die benötigten Mitarbeiter aus anderen Projekten abgezogen. Dadurch verzögerten sich diese, was aber nicht durch EM-Engpässe in der Planung dieser Projekte zu belegen war, da das 'fertige Projekt' mit seinem Personalbedarf ja nicht mehr geführt wurde. Aus Solidarität schwiegen die anderen Projektleiter - es hätte ja auch nur wie eine Ausrede geklungen, da sie es nicht belegen konnten.

n) Der 'Fehl-Leiter'

Sein Vorgesetzter will, daß Projektmanagement in Form der Netzplantechnik eingeführt wird. Er läßt es also machen, hält sich aber von allen Planungen und Problemen fern. Denn er war schon immer gegen den Netzplan, weil er ihn nicht versteht.

- Ohne das notwendige Verständnis wird hier auch keine Rückendeckung zur Durchsetzung dieses neuen 'Werkzeugs' zu erwarten sein. Die Projektleiter und der Planer werden sehr große Schwierigkeiten haben, ihre Termin- und Kostenziele zu erreichen. Als Projektbericht ist diesem 'Leiter' höchstens eine hübsch gestaltete Kostengrafik zuzumuten.

o) Der Computer-'Experte'

Er hat schon einen Brief mit dem Computer geschrieben - er ist jetzt also Computer-Fachmann. Das Programm HPM kann er dann natürlich auch selbst bedienen, das macht er nebenbei. Eine Anleitung braucht doch er nicht dafür.

- Er gibt teilweise Stunden- statt Tageseinheiten bei den Vorgangsdauern ein, merkt es aber nicht, da er ja keine Fehler macht.

- Er benutzt manchmal Kalender- statt Arbeitstage, findet die Fehler aber nicht, da er seine Eingaben nie kontrolliert.

- Er ruft durch PLAN-Start-Termine und anschließende Projektkorrekturen 'negative Puffer' hervor, deren Existenz und Auswirkung er aber nicht kennt.

- Er gleicht Einsatzmittel-Auslastungen grundsätzlich nicht ab - seine Sichtabschätzung reicht.

- Er freut sich, daß vor den Projektnamen und EM-Namen überall ein 'E' steht, da er ja eine Entwicklungsplanung macht.

- Er verlegt Vorgänge, damit der Netzplan weniger Linienüberschneidungen hat. Die dabei 'verlorenen' Vorgänge ergänzt er. Die daraus resultierende Fehlermeldung 'Unvollständig' findet er korrekt, da er ja noch nicht ganz fertig mit der Projekteingabe ist.

- Er merkt nicht, daß das Programm die neuen Eingaben nicht mehr kalkuliert, und verteilt stolz seine ausgedruckten Werke.

- Er sollte die Firma wechseln.

3 Programm-Bedienung

Dieser Teil enthält die programmspezifischen Bedienschritte für die in den vorigen Kapitel beschriebenen Arbeitsgänge. Die gezeigten Masken und Beispiele stammen aus HPM III, sind aber auch für die Benutzer von HTPM I und II verständlich, soweit die Programmfunktionen dort vorhanden sind. Bei den einzelnen Schwerpunktthemen werden nicht nur alle Bedien- und Eingabeschritte erläutert, sondern auch Hinweise auf den sinnvollen Einsatz der Programmteile gegeben. Die Beispiele sind so gewählt, wie sie auch bei der praktischen Arbeit am wahrscheinlichsten benötigt werden. Der Inhalt dieses Teils soll die Arbeitsschritte der vorigen Kapitel ergänzen und noch weiter detaillieren, um dem Benutzer den erfolgreichen Umgang mit Planung und Programm möglichst schnell zu ermöglichen.

3.1 GRUNDLAGEN

Mit diesem Eröffnungsbild (Bild 3.1) meldet sich HPM III. Von hier aus werden die verschiedenen Arbeitsbereiche des Programms aufgerufen.

```
                    HARVARD
                Project Manager
-------------------------------------------------
 1. Projekt anlegen      5. Laden/Sichern/Löschen
 2. Projekt ändern       6. Einsatzmittel
 3  Kalender anlegen     7. Auswertungen
 4. Kalender ändern      8. Import/Export

       K=Konfiguration      E=Ende
```

BILD 3.1 TITEL-MENÜ

1. Projekt anlegen

   Ist noch kein Projekt vorhanden, muß das Projektanlegen der erste Schritt sein.

2. Projekt ändern

   Dieses ist der wichtigste Aufruf, da mit diesem Menüpunkt alle wesentlichen Bildschirm-Arbeiten durchzuführen sind. Also können auch von hier aus Kalender und Einsatzmittel aufgerufen werden.

3. Kalender anlegen

   Beim Beginn der Arbeiten mit diesem Programm kann über diese Wahlmöglichkeit der firmenspezifische Kalender angelegt werden. In ihm werden die speziellen Feiertage und die Arbeitszeiten festgelegt.

4. Kalender ändern

   Ist der eingerichtete Kalender nicht mehr korrekt oder soll er für weitere Jahre eingerichtet werden, erreicht man ebenfalls über diesen Menüpunkt die Kalenderfunktionen.

5. Laden/Sichern/Löschen

   Wenn schon ein Projekt angelegt worden ist, kann hier die PROJEKT-LISTE aufgerufen werden, um ein Projekt zu laden. Auch das Sichern und Archivieren kann hier durchgeführt werden. Wichtig ist unter diesem Menüpunkt die Wahl des Zugriffspfads. Damit wird dem Programm mitgeteilt, in welchem Unterverzeichnis die Projektdateien zu finden sind.

6. Einsatzmittel

   Unter diesem Punkt können die Einsatzmittel-Liste, die Auslastungs-Grafik sowie der EM-Zuweisungs-Balkenplan ausgewählt werden.

7. Auswertungen

   Alle Ausdrucke oder Übertragungen zu anderen Programmen werden mit diesem Punkt aufgerufen. Alle Auswertungen sind hier auszuwählen und zu formatieren.

8. Import/Export

   Die Möglichkeiten für einen Datenaustausch mit anderen Programmen haben so zugenommen, daß mit diesem eigenen Menüpunkt das Aus- und Einlesen von Tabellen gewählt werden kann.

K. Konfiguration

   Wohl nur am Beginn der Arbeiten mit dem Programm wird dieser Arbeitsbereich aufgerufen. Hier können Drucker- oder Plottertreiber ausgewählt und eingestellt werden. Auch die Farbgestaltung kann man in diesem Menü dem eigenen Geschmack anpassen.

3.1.1 HPM-Menüs

Wurde im Eröffnungsmenü einer der Punkte zur Projekt-Bearbeitung aufgerufen, erscheint (egal bei welcher Arbeitsblatt-Darstellung) am obe-

```
F2-Grafiken

   1. Fast Track             Ctrl Q
   2. Netzplan               Ctrl N
   3. Balkenplan             Ctrl B
   4. Projektstrukturplan    Ctrl P
   5. Kostengrafik
   6. Projektkalenderblatt
   7. E-Mittelkalenderblatt
   8. Einsatzmittel-Auslastung
   9. Einsatzmittel-Zuweisungen
```

BILD 3.1.1-1 GRAFIK-ARBEITS-MENÜ

```
F3-Daten

   1. Vorgangsliste
   2. Einsatzmittelliste
   3. Zuweisungsliste          Ctrl E
   4. Projektstrukturliste     Ctrl O
  ----------------------------------
   5. Vorgangsformular         Ctrl V
   6. Projektformular
   7. Projektkalenderformular
   8. E-Mittelkalenderformular
```

BILD 3.1.1-2 DATEN- ARBEITS-MENÜ

```
F4-Ändern

  1. Vorgang finden          Ctrl F
  2. Vorgang anlegen         Ctrl A
  3. Vorgang umsetzen        Ctrl U
  4. Vorgang löschen         Ctrl X
--------------------------------------
  5. Beziehung/Verbindung anlegen
  6. Beziehung/Verbindung löschen
--------------------------------------
  7. Subprojekt anlegen
  8. Subprojekt zuordnen
  9. Subprojekt expandieren
```

BILD 3.1.1-3 ÄNDERUNGS-ARBEITS-MENÜ

```
F5-Formate

  1. Fensterbelegung
  2. Fenster wechseln        Ctrl W
  3. Darstell. wechseln      Ctrl D
----------------------------------
  4. Zeitachsen Anzeige
  5. Sort./Auswahl Balkenplan
----------------------------------
  6. Netzplan Anzeige
  7. Marken Netz-/Balkenplan
----------------------------------
  8. Kostengrafik Anzeige
  9. Vorgangsliste Anzeige
  A. Projektstrukturliste Anzeige
```

BILD 3.1.1-4 FORMAT-ARBEITS-MENÜ

ren Bildschirmrand eine Menüleiste. Die einzelnen Auswahlpunkte sind Funktionstasten zugeordnet. Nur der erste Menüpunkt, 'F1', ist allein fürden Aufruf der Hilfefunktion reserviert. Drückt man eine der anderen Tasten, erscheint jeweils eine diesem Punkt untergeordnete Menüliste.

```
F6-Rechnen

 1. Kalkulation   Ein/Aus
 2. Kalkulieren   Ctrl K
 3. Übersicht   Ein/Aus
 ------------------------
 4. E-Mittel Abgleich
```

BILD 3.1.1-5 BERECHNUNGS-MENÜ

Die verschiedenen Menüs sind in den Bildern 3.1.1-1 bis 3.1.1-6 zu sehen. Auf die Programm-Funktionen, die von diesen vielen Menüpunkten ausgelöst werden, wird in den folgenden Kapitel eingegangen.

```
F7-Sonstige

► 1. Löschen
  2. Basisplan setzen
 ------------------------
  3. Subprojekt aufsuchen
  4. Subprojekt verlassen
 ------------------------
  5. Sichern      Ctrl S
```

BILD 3.1.1-6 SONSTIGES-MENÜ

Die Auswahl in diesen Menüs kann auf mehrere Arten erfolgen: Ist mit einer Funktionstaste eines der Menüs aufgerufen, kann mit den Cursortasten nach links und rechts jedes andere angezeigt werden. Die einzelnen Menüpunkte sind mit den Auf/Ab-Cursortasten anzuwählen, um dann mit der 'RETURN'-Taste den Vorgang auszulösen. Gleiches erreicht man schneller, wenn nur die Zahl vor dem gewünschten Menüpunkt eingetippt wird.

Einige Menüpunkte werden hinter ihrem Namen durch die Angabe einer Tastenkombination ergänzt. Durch diese ist eine noch einfachere Wahl dieser Punkte durchzuführen (Darauf wird im nächsten Kapitel ausführlicher eingegangen).

3.1.2 Wichtige Tasten

Nicht nur über die Menüauswahl sind einige der Arbeitsblätter und häufiger benötigte Funktionen zu erreichen, sondern viel schneller auch über bestimmte Tastenkombinationen.

Alle Tastenkombinationen beziehen die Benutzung der Ctrl-Taste ein, die gleichzeitig mit einem Buchstaben zu betätigen ist. Dieser Buchstabe entspricht meistens dem ersten Buchstaben des Befehlsnamens des damit auszulösenden Aufrufs. In der Auflistung in Bild 3.1.2-1 erklären sich die meisten Aufrufe von selbst. Doch einige dieser Aufrufe sollten erläutert werden, da ihre Funktionen zwar recht sinnvoll, wenn auch vielleicht nicht sofort verständlich sind:

Ctrl-A

Ein neuer Vorgang oder Meilenstein wird angelegt.

Ctrl-B

Die Balkenplan-Darstellung wird aufgerufen.

Ctrl-D

Werden mehrere Arbeitsblätter oder Fenster-Darstellungen nacheinander aufgerufen, kann zwischen ihnen gewechselt werden, da das vorige Bild im Bildschirmspeicher verbleibt. Dieses Bild im 'Hintergrund' kann somit wieder sichtbar gemacht werden, ohne einen erneuten langen Bildaufbau.

Ctrl-E

Für den positionierten Vorgang wird die Einsatzmittel-Zuweisungsliste abgebildet. In ihr können z.B. die benötigten Personen benannt werden.

Ctrl-F

Dadurch ist ein schnelles Erreichen des gesuchten Vorgangs in einem großen Netz- oder Balkenplan möglich, indem nur der Name eingegeben wird, der aber korrekt geschrieben sein muß.

Ctrl-H

In den Kalenderblättern werden hiermit einzelne Tage als Feier- oder als Arbeitstag gekennzeichnet.

Ctrl-I

Diese Tastenkombination hilft sehr bei der Änderung von Einträgen in den einzelnen Projekt-Formularen. Damit man nicht alle vorherigen Eingaben überschreiben oder buchstabenweise löschen muß, wird das ganze Eingabefeld auf einmal gelöscht.

Ctrl-K

Hiermit wird eine Neukalkulation des aktuellen Projektes erzeugt.

Ctrl-A	Aufnehmen, Vorgang
Ctrl-B	Balkenplan
Ctrl-C	Kalenderliste
Ctrl-D	Darstellung wechseln
Ctrl-E	Einsatzmittel-Zuweisungsliste
Ctrl-F	Finden, Vorgang, Datum oder Einsatzm.
Ctrl-H	Feier-/Arbeitstag anlegen
Ctrl-I	Inhalt eines Feldes löschen
Ctrl-K	Kalkulieren
Ctrl-L	Projektliste
Ctrl-N	Netzplan
Ctrl-O	Projektstrukturliste
Ctrl-P	Projektstrukturplan
Ctrl-Q	Fast Track
Ctrl-S	Sichern, Projekt
Ctrl-U	Umsetzen, Vorgang
Ctrl-V	Vorgangsformular
Ctrl-W	Wechseln, Fenster
Ctrl-X	Vorgang löschen
Ctrl-Z	Zoom, Netzplan

BILD 3.1.2-1 TASTEN-KOMBINATIONEN FÜR DIREKTWAHL

Ctrl-L

Die Projektliste dient der schnelleren Übersicht und Eingabe aller Netzplan-Vorgangsdaten

Ctrl-N

Die Netzplan-Darstellung wird aufgerufen.

Ctrl-O

Die Projektstrukturliste erscheint nach diesem Aufruf.

Ctrl-P

Der Projektstrukturplan kann zum Vergleich z.B. mit der Netzplandarstellung gezeigt werden.

Ctrl-Q

Der FAST-TRACK-Programmteil wird aufgerufen.

Ctrl-S

Das Projekt wird gesichert, egal in welchem Programmteil man ist.

Ctrl-U

Ein Vorgang wird umgesetzt.

Ctrl-V

Das Vorgangsformular wird für Eingaben oder Kontrollen aufgerufen.

Ctrl-W

Das Wechseln der Fenster bedeutet nicht die Darstellung eines anderen Fensterinhalts, sondern die Umschaltung vom z.B. oberen auf das untere Fenster, um jetzt dort weiter zu arbeiten.

Ctrl-X

Der positionierte Vorgang wird gelöscht.

Ctrl-Z

Die Netzplandarstellung wird nacheinander auch in den beiden Zoom-Verkleinerungen gezeigt.

Der zweite wichtige Bereich der Tastenfunktionen ist die BILDSCHIRM-STEUERUNG. Natürlich dienen dazu in erster Linie die CURSOR-TASTEN, mit denen sowohl jeder Bildschirm-, Menü-, Eingabemasken- oder Listenpunkt angesteuert, als auch jeder Vorgang im Netz- oder Balkenplan positioniert werden kann.

Diese Cursor-Bewegungen sind durch Tastenkombination zu vereinfachen und zu beschleunigen. Die TABULATOR-Taste läßt den Cursor einfacher von Feld zu Feld springen, die Kombination der Ctrl- mit einer der Cursor-Tasten beschleunigt die jeweilige Bewegungen oder 'blättert' sozusagen bildschirmweise seitlich. PGUP und PGDN bewegen den Bildschirminhalt seitenweise auf und ab. Wird gleichzeitig mit der TAB-Taste die SHIFT-Taste gedrückt, kehrt sich die Richtung dieser Tastenfunktion um, es wird das vorige Feld angesprungen.

Die Menü-Auswahl kann nach Positionierung des Cursors auf der entsprechenden Zeile durch die Betätigung der RETURN-Taste erfolgen. Aber schneller ist der Aufruf durch die Eingabe der Nummer des Menüpunktes zu erreichen. Aus der Vielzahl dieser Möglichkeiten sollte man sich den Bedienstil aussuchen, der einem am meisten zusagt.

3.1.3 Hilfe

Die Hilfeaufrufe können auf zwei Arten durchgeführt werden. Sehr nützlich ist der problemorientierte Aufruf, da er exakt zu dem gerade in Arbeit befindlichen, fraglichen Thema die notwendigen Erläuterungen liefert. Befindet man sich in einem der Menüs und weiß nun nicht, ob der gerade positionierte Menüpunkt der richtige ist, drückt man nur die HILFE-TASTE 'F1'. Das Programm zeigt daraufhin an, welche Funktion dieser Menü-Aufruf anbietet. Ist einem nicht sofort klar, welche Daten in ein Eingabefeld gehören, gibt der aufgerufene Hilfstext alle notwendigen Informationen. Ein Nachschlagen im Handbuch erübrigt sich meist.

```
                  Hilfsindex
 ____________________________________________
  "+" neben einem E-M- oder Vorgangsnamen
  "E" neben einem E-M- oder Vorgangsnamen
  "K" in der Projektliste
  "K" neben einem Einsatzmittelnamen
  Angelegt in Projekt (Projektstrukturplan)
  Anlegen, Projekt
  Anlegen, Schablone
  Anlegen, Subprojekt
  Anordnungsbeziehung, Vorgang
  Arbeitszeit
  Aufsuchen Subprojekt
  Ausblenden Vorgänge
  Auslastungsgrafik
  Auswertungen, Grafiken
  ...

 PgDn                           F10-Bestätigen
```

BILD 3.1.3-1 HILFSTHEMEN <SHIFT F1> (Ausschnitt)

Sucht man allgemein nach Informationen, so ist ein HILFEINDEX mit den Schlagwörtern aller Hilfstexte über die Tasten-Kombination 'SHIFT-F1' zu erreichen (Siehe Bild 3.1.3-1).

Die Auflistung der verschiedensten Arbeitsschritte ist so ausführlich, daß sicher die richtige Erläuterung gefunden wird. Auch hilft ein Durchblättern und Aufrufen bestimmter Themen, um vielleicht etwas Neues über eine bisher noch nicht genutzte Eigenschaft des sehr vielseitigen Programms zu lernen. Gerade in der neuesten Programmversion ist die Anzahl der Hilfsstichworte erfreulich angewachsen.

Mit der Tastenkombination CTRL-F1 erzeugt man die Anzeige der wichtigsten Bedienungshilfen (Siehe Bild 3.1.3-2), von Kurztasten-Funktionen und Bildschirmsteuerung. Es ist eine sinnvolle Gedächtnisstütze, wenn aber auch für den normalen Einsatz nicht ausreichend.

Hilfe

Funktion:	Taste:
Vorgang anlegen	Ctrl-A
Vorgang finden	Ctrl-F
Vorgang umsetzen	Ctrl-U
Vorgang löschen	Ctrl-X
Zoom Netzplan	Ctrl-Z
Einen Vorgang nach re/li	Pfeiltaste re/l
Einen Vorgang nach ob/un	Pfeiltaste ob/u
In obere linke Ecke	Home
In untere rechte Ecke	End
Kalkulieren	Ctrl-K
Projekt sichern	Ctrl-S
Fenster verlassen	Esc
Shift-F1 = Hilfsindex	F10-Bestätigen

BILD 3.1.3-2 BEDIENUNGS-HILFE <CTRL F1>

3.1.4 Tutorial

Das Tutorial wird leider nicht aus dem Anfangsmenü, sondern von der Betriebssystem-Ebene (DOS) aufgerufen. Die benötigten Tutorial-Dateien befinden sich auf der fünften Diskette. Für einen mit HPM noch Ungeübten ist es das einfachste, auch diese Dateien in das Programm-Unterverzeichnis auf der Festplatte zu überspielen. Anschließend wird im entsprechenden Unterverzeichnis (oder im benutzten Laufwerk) 'TUTORIAL' oder 'HPMTUT' eingegeben, und die Programm-Ausführung danach mit der RETURN-Taste gestartet. Nach dem Ladevorgang folgt das Auswahlmenü, wie in Bild 3.1.4 dargestellt.

Die Arbeit mit diesem Tutorial ist zu empfehlen, gerade in der ersten Zeit des Umgangs mit HTPM. Denn anders als mit dem Handbuch lernt man hier nicht die Abläufe theoretisch, sondern durch die praktische Arbeit an diesen Beispielen. Nach einer Anfangserläuterung führt man die meisten Eingaben und Bedienschritte unter der Programm-"Anleitung" selbst aus und sieht sofort die entsprechenden Auswirkungen. Die wichtigsten Arbeitsabläufe werden so schon einmal praktisch durchgeführt, bevor man sich an die Bearbeitung eigener Projekte begibt.

```
              Übungen
   Gewünschte Übung auswählen

  Das HPM Tutorial
  Rund um HPM
  Kalender
  Projektstruktur/Netzplan
  Vorgangsliste/Netzplan
  Vorgangs-/Projektformular
  Balkenplan
  Einsatzmittel
  Kosten
  Subprojekte
  Projektüberwachung
  Auswertungen
            E = Ende
```

BILD 3.1.4 TUTORIAL ERÖFFNUNGS-MENÜ

3.1.5 Anleitung

Das Handbuch ist sehr umfangreich und stellt mit den verschiedenen Teilen ein Lehrbuch und Nachschlagewerk dar. Nach einer Kurzeinführung über den Ablauf einer Projektbearbeitung, werden alle Programmteile ausführlich und teils mit Beispielen beschrieben.

Über einen Stichwort-Index kann jedes Thema gut erreicht werden, um so bestimmte Problemstellungen nachzulesen. Im Prinzip werden alle im Programm gezeigten Masken und Hilfstexte nochmals aufgeführt und erläutert. Für das Nachlesen benötigt man einige Zeit, da manche Themen an mehreren Stellen unter den verschiedenen Gesichtspunkten dargestellt sind. Für die praktische, tägliche Arbeit fehlen aber wichtige Anwendungsbeispiele, da hier nur auf die Programmfunktionen schwerpunktmäßig eingegangen wird.

3.2 NETZPLAN

Mit dem Netzplan sollte die Projekterstellung beginnen, da hier die Verbindungen zwischen den einzelnen Arbeitsschritten am besten gezeigt werden können. Vor der Netzeingabe muß erst das Projekt angelegt werden, damit das Programm weiß, was es bearbeiten und verwalten soll.

3.2.1 Projekt-Formular

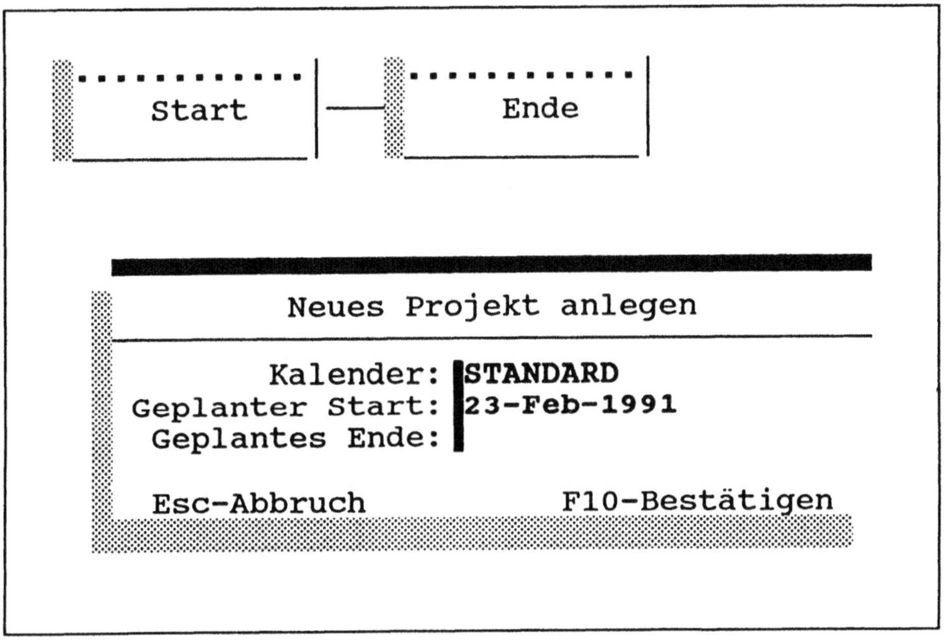

BILD 3.2.1-1 NEUES PROJEKT ERSTELLEN

Wählt man den Menüpunkt 'Projekt anlegen', erscheint die Bildschirmanzeige entsprechend Bild 3.2.1-1. Neben den zwei Meilensteinen ist das Projekt-Erstellungs-Formular zu sehen, in das jetzt Eingaben vorgenommen werden könnten. Aber das ist für den Anfang gar nicht nötig, da wichtige Daten schon eingetragen sind, die man erst einmal so akzeptiert und später noch ändern kann.

Der STANDARD-Kalender reicht für den Projekt-Start, er enthält nur die Kennzeichnung aller Samstage und Sonntage als Feiertage. Als GEPLANTER START wird das aktuelle Datum eingesetzt, wenn es im Computer richtig eingestellt wurde. Diese Angaben reichen für den Projektstart, da das GEPLANTE ENDE später vom Programm berechnet wird.

Will man aber schon weitere Grunddaten für ein Projekt eingeben, ist über das mit 'F3' aufgerufene Menü das PROJEKT-FORMULAR anzuzeigen (Bild 3.2.1-2).

```
          PLAN Start   23-Feb-1990
          PLAN Ende    23-Feb-1990
 PLAN Overh. Kosten            0,00

       Planung (FL/SL)   FL     Standard ZE
      Dauer (Norm/E-M)   Norm  Mindestpuffer

Überziehungskost.  0,00 pro Wch K nach 2-Jan-91

 Beschreibung

                  Start                  Ende
     PLAN  23-Feb-1990             23-Feb-1990
      IST  (undef.)                (undef.)
 Basispln  (undef.)                (undef.)
 % Fertig        0               Puffer     0,00 Tag

                Overhead    Einsatzmittel   Sons..
    PLAN            0,00             0,00
     IST            0,00             0,00
 Projekt.           0,00             0,00
```

BILD 3.2.1-2 PROJEKT-FORMULAR (Ausschnitt)

a) Folgende Felder dienen der Eingabe:

PLAN-Start

Dieser wird eingetragen, wenn das Projekt-Ende vom Programm berechnet werden soll.

PLAN-Ende

Es wird nur eingetragen, wenn dieser Termin vorgegeben werden muß, oder das Programm z.B. den dazu gehörenden spätesten Start-Termin berechnen soll.

PLAN-Overhead-Kosten

Damit sind jene Kosten gemeint, die nicht einzelnen Vorgängen zugeordnet werden können, sondern dem Gesamtprojekt zuzuschreiben sind.

Planung (FL/SL)

Nach der Eingabe der Vorgangszeiten und der anschließenden Berechnung der Projektdaten ordnet das Programm die Vorgänge, die nicht auf dem Kritischen Pfad liegen, so an, daß sie so früh wie möglich starten: 'FL'= Früheste Lage (ist voreingestellt). Sollen alle Arbeiten so spät wie möglich angeordnet werden, ist SL zu wählen. Es verbleibt dann natürlich kein Pufferzeitraum, der Terminüberschreitungen ausgleichen könnte. Für jeden einzelnen Vorgang ist im Vorgangsformular die Voreinstellung zu ändern.

Dauer (Norm/E-M)

Die Voreinstellung 'Norm' verlangt die Zeitdauer-Eingabe für jeden Vorgang. Die Wahl 'E-M' läßt die Vorgangsdauer aus den EM-Daten berechnen. Ob diese Berechnung den Vorstellungen des Planers entspricht, sollte bei jedem Vorgang überprüft werden.

Standard ZE

Die Voreinstellung der 'Standard Zeiteinheit' ist 'Tag'. Alle Zeiteingaben der Vorgänge beziehen sich somit automatisch auf diese Einheit, die dadurch in dem Vorgangs-Formular immer vorgegeben ist und nicht extra eingetragen werden muß. Zur Auswahl stehen weiterhin Sekunden, Minuten, Stunden, Wochen und Monate.

Mindestpuffer

Diese Angabe beeinflußt die Anzeige des Kritischen Pfads. Die Voreinstellung ist '0', so daß nur diejenigen Vorgänge den Kritischen Pfad bilden, die keinen Zeit-Puffer haben. Die Eingabe eines bestimmten Zeitwertes an dieser Stelle erzeugt die Darstellung eines erweiterten Kritischen Pfads, auf dem nur diejenigen Vorgänge liegen, deren Puffer kleiner oder gleich diesem Zeitwert ist.

Überziehungskosten

Eine neue, interessante Kostenplanungs-Variante: Man kann z.B. Konventionalstrafen gleich in die Kalkulation mit einbeziehen, wenn man damit rechnet, bestimmte Termine nicht zu erfüllen. Bei den meisten Planungsvorhaben werden diese Felder aber sicherlich nicht ausgefüllt werden.

Beschreibung

Hier kann eine recht umfangreiche Beschreibung des Projektes und seiner Eigenschaften erfolgen. Zu empfehlen ist am Anfang eine kurze, das Projekt charakterisierende Aussage, da die ersten 20 bis 30 Buchstaben in einigen Formularen angezeigt werden. Somit sollten zu vorderst die wichtigsten Angaben enthalten sein.

b) Folgende Felder enthalten wichtige Informationen über den Projekt-Zustand:

Start und Ende

Untereinander sind hier die verschiedenen Daten für den eingegebenen oder berechneten PLAN-Start, den wirklich erfolgten IST-Start sowie den ursprünglichen Basisplan-Start plaziert. Letzterer wird nur angezeigt, wenn der Basisplan gesetzt wurde. Angezeigt wird der zu diesem Zeitpunkt geplante PLAN-Start-Termin. Für die angezeigten 'Ende'-Daten gelten die gleichen Auflistungsvarianten.

% Fertig

Sind Vorgänge als begonnen und teilweise fertig markiert worden, erscheint hier ein Prozentwert für den Fertigstellungsgrad des gesamten Projektes. Dieser ist der Mittelwert aus dem Fortschrittswert aller Vorgänge.

Kosten

Im unteren Bereich des Formulars sind die berechneten Kostendaten zu sehen, getrennt nach PLAN- ,IST- und Projektierungs-Wert. Jeder dieser Rubriken wurde in Overhead-, Einsatzmittel-, Sonstige- und Gesamtkosten aufgeteilt.

3.2.2 Vorgangs-Anordnung

3.2.2.1 Netzaufbau

Der Aufbau des Netzplans beginnt zwischen den zwei angezeigten Meilensteinen, die den Start- und Endpunkt des Projektes kennzeichnen. Ein Vorgang oder Meilenstein wird daraufhin über den mit 'F4' erreichbaren Menüpunkt 'Vorgang anlegen' oder über den Tastencode 'Ctrl-A' erzeugt (Bild 3.1.1-4).

Im Bild 3.2.2.1-1 ist das Anlage-Formular für Vorgänge und Meilensteine zu sehen. Zunächst muß nicht unbedingt eine Eingabe erfolgen, der Vorgang wird auch ohne Namen und Zeitdauer angelegt. Aber einen Namen sollte man dem Vorgang zu diesem Zeitpunkt doch schon geben, um sich hinterher darüber sicher zu sein, welche Vorgänge bereits angelegt wurden. Die Zeitdauern können später leichter über die Vorgangsliste eingetragen werden. Dieses Anlageformular dient auch zum Erzeugen von Meilensteinen, benötigt dafür nur im Feld 'Typ:' den Eintrag des Buchstabens 'M'.

```
              Vorgang anlegen
 ------------------------------------------
           Name:  |
          Dauer:  |  0,00 Tag A
            Typ:  |  (M = Meilenstein)

   Esc-Abbruch      F10-Bestätigen
```

BILD 3.2.2.1-1 VORGANG/MEILENSTEIN ANLEGEN

Nach dem Abschluß dieser Anlage-Eingabe erscheint ein Positionierungs-Formular (Bild 3.2.2.1-2), das die Angaben für die Anordnung des neuen Elements zwischen den bisherigen Netz-Teilen verlangt. Entsprechend der letzten Cursor-Position, z.B. vor der Einfügestelle, können sich schon die richtigen Angaben in den beiden Feldern befinden. Sonst ist nun der entsprechende Name einzugeben, oder der Cursor auf dem entsprechenden Vorgang oder Meilenstein zu positionieren. Nach Abschluß dieser Eingabe erscheint das neue Element an der richtigen Stelle.

```
              Vorgang anlegen
 ------------------------------------------
  Anlegen nach:       |  Anlegen vor:
    Start             |    Ende
 ------------------------------------------
 Cursortasten bewegen Fenster-Cursor
  Esc-Abbruch         F10-Bestätigen
```

BILD 3.2.2.1-2 VORGANG PLAZIEREN

Außer der Anlage von Vorgängen und Meilensteinen, können auch noch spezielle Verbindungen zwischen diesen erzeugt werden. Über 'F4-Ändern' wird dazu 'Verbindung/Beziehung anlegen' gewählt, worauf ein Formular wie in Bild 3.2.2.1-3 erscheint.

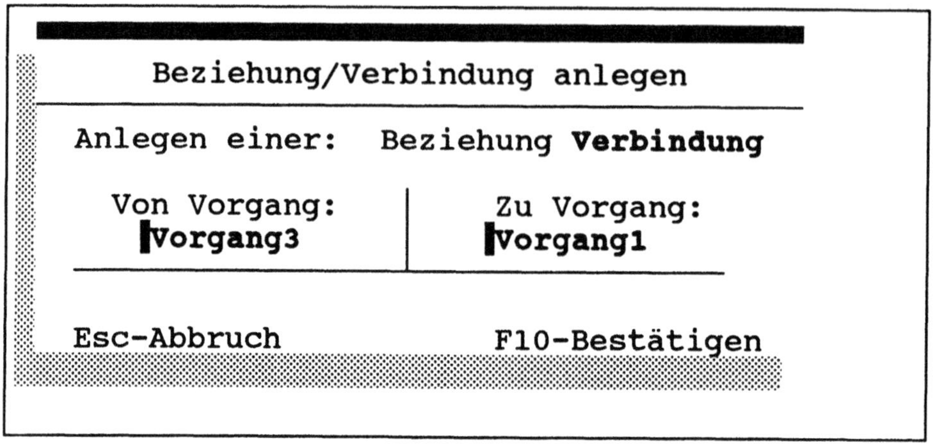

BILD 3.2.2.1-3 VERBINDUNG IM NETZPLAN ANLEGEN

Die Wahl 'Beziehung' wurde in Kapitel 1.5.1.3 ausführlich beschrieben. Für zwei hintereinander liegende Vorgänge wird dabei eingestellt, mit welcher Zeitverzögerung der zweite Vorgang hinter dem Start- oder Endtermin des Vorgängers beginnen soll.

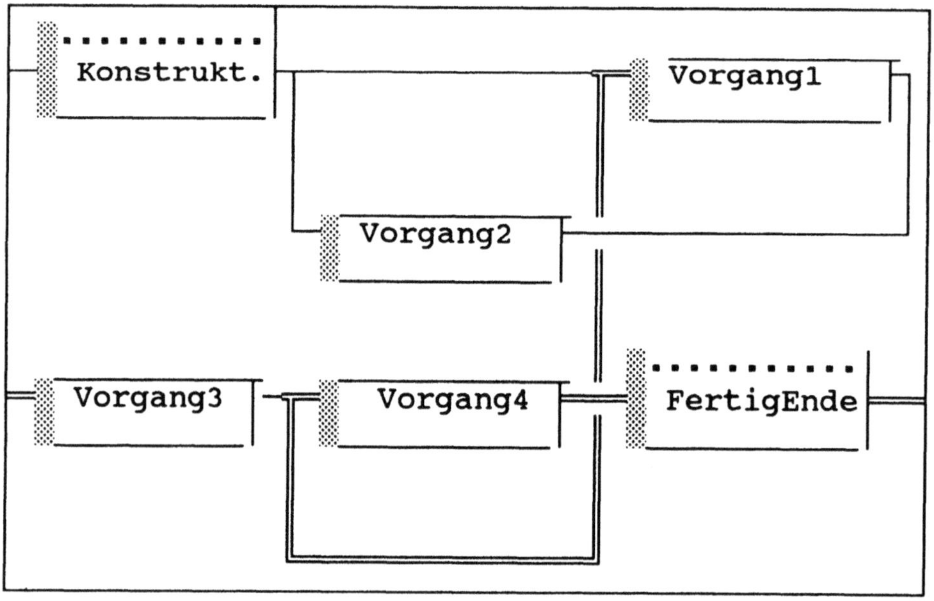

BILD 3.2.2.1-4 VERBINDUNG IM NETZPLAN ANLEGEN

Auch wenn zwei Vorgänge in der Darstellung hintereinander angeordnet sind, können ihre Abläufe bei entsprechender Eingabe auch weitgehend gleichzeitig ablaufen. Darum ist diese Möglichkeit mit Vorsicht einzusetzen, da sie nicht der Übersichtlichkeit in einem Netzplan dient.

Normalerweise werden Verbindungen zwischen den Vorgängen zweier Pfade durch einen weiteren Vorgang gebildet, auch wenn dieser Vorgang z.B. nur dazu dient, eine Fertigstellungs-Meldung an den anderen Pfad zu übertragen. Da solch ein 'Info-Vorgang' in der Regel ohne Einsatzmittel und Zeitdauer, also auch ohne Kosten, erstellt würde, kann man auch eine einfache 'Linien'-Verbindung für diesen Zweck wählen. Im Formular aus Bild 3.2.2.1-3 wird dazu 'Verbindung' gewählt. Weiterhin sind die zu verbindenden Vorgänge oder Meilensteine namentlich einzugeben oder mit dem Cursor zu kennzeichnen. In Bild 3.2.2.1-4 muß Vorgang1 wegen einer derartigen Verbindung auf die Fertigstellung von Vorgang3 warten, bevor er selbst beginnen kann.

3.2.2.2 Veränderungen im Netz

Stimmt die Anordnung eines Vorgangs oder Meilensteins nicht, ist es nicht schwer, eine Veränderung vorzunehmen. Dies geschieht über das Menü 'F4', oder mit der Tastenkombination 'Ctrl-U'. Ein entsprechendes Umsetz-Formular wird daraufhin auf dem Bildschirm gezeigt.

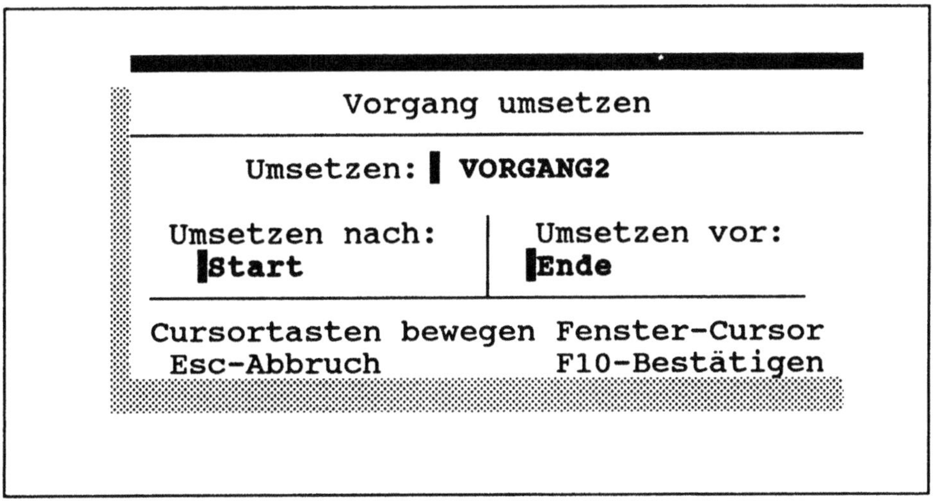

BILD 3.2.2 VORGANG ANDERS KOPPELN

In Bild 3.2.2 werden u.a. die zwei Felder für die Eingabe der gewünschten neuen Positionen angezeigt. Wieder kann jeweils der Vorgangs-Name angegeben oder seine Position mit den Cursor-Tasten angesteuert werden.

3.2.3 Vorgangs-Inhalte

3.2.3.1 Vorgangs-Formular

Das Vorgangs-Formular in Bild 3.2.3.1-1 enthält im oberen Teil die Eingabe-Felder, im unteren die Auflistung der aus den Eingaben berechneten Werte.

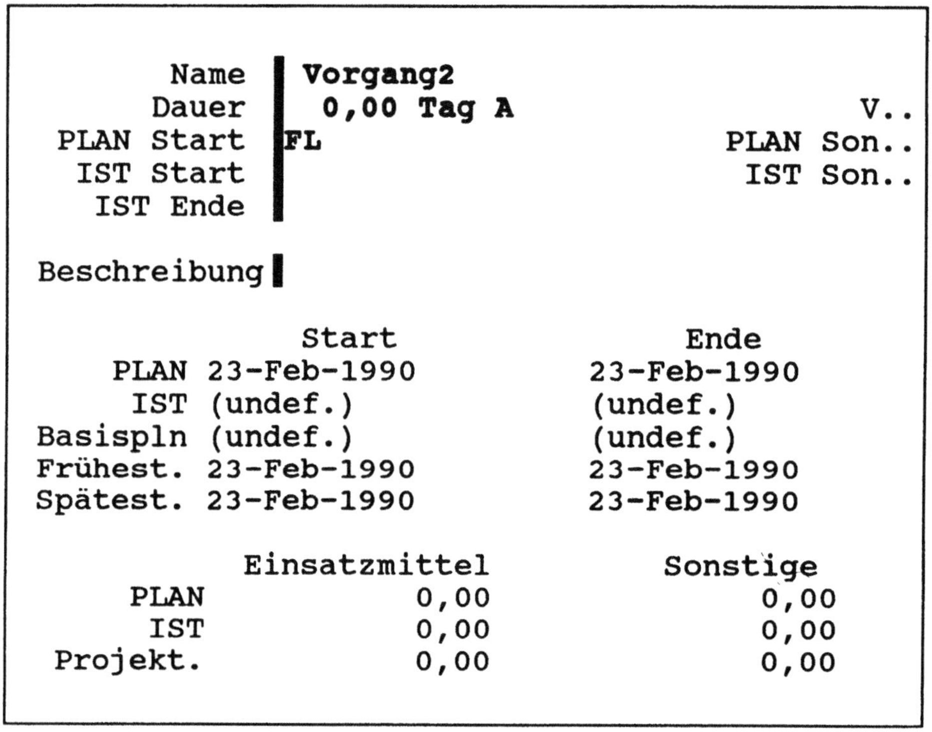

```
        Name  Vorgang2
       Dauer   0,00 Tag A                        V..
  PLAN Start  FL                          PLAN Son..
   IST Start                               IST Son..
    IST Ende

Beschreibung

                Start                 Ende
     PLAN  23-Feb-1990          23-Feb-1990
      IST  (undef.)             (undef.)
Basispln   (undef.)             (undef.)
Frühest.   23-Feb-1990          23-Feb-1990
Spätest.   23-Feb-1990          23-Feb-1990

              Einsatzmittel          Sonstige
     PLAN              0,00              0,00
      IST              0,00              0,00
 Projekt.              0,00              0,00
```

BILD 3.2.3.1-1 VORGANGS-FORMULAR (1.Teil)

a) Folgende Eingabefelder sind vorhanden:

Name

Dieses Feld wird mit einem kurzen Namen oder - besser noch - einer Zahl ausgefüllt, wenn es nicht schon einen Eintrag durch eine Eingabe im Anlage-Formular erhalten hat. Dieser Name erscheint im Vorgangs-Rechteck des Netzplans (deshalb sind nur so wenig Zeichen möglich).

Dauer

Die Voreinstellung ist '0 Tage Arbeitszeit', wenn nicht schon im Anlage-Formular ein Wert eingegeben wurde. Die Zeiteinheit kann beliebig gewählt werden. Dies gilt auch für die Arbeits- oder Kalenderzeit. Das Programm berechnet alle Zeiteinheiten auf eine gemeinsame Basis um.

PLAN Start

Die Voreinstellung wird im Projektformular gewählt, sie ist hier 'FL', also frühestmöglicher Beginn. Entweder kann der späteste Beginn 'SL' gewählt werden, oder man gibt ein Datum ein. Mit letzterem wird aber ein späterer Projekt-Abgleich meist stark behindert, da ein Verschieben von Vorgängen, die sich im Pfad vor diesem Vorgang befinden, durch den Fixtermin nur in deren Pufferbereich möglich ist.

IST-Start und -Ende

In beiden Feldern werden die entsprechenden Termine eingegeben: wann wurde die Arbeit an diesem Vorgang wirklich gestartet und beendet?

Beschreibung

Der Vorgang ist meist mit der kurzen Bezeichnung des Namens-Feldes nicht hinreichend beschrieben, besonders, wenn man eine Nummer statt eines Namens gewählt hat. Im Beschreibungs-Feld kann eine drei Bildschirm-Zeilen lange Kennzeichnung der Vorgangs-Arbeit eingegeben werden, doch sollten die ersten 20 Buchstaben für eine eindeutige Kennzeichnung ausreichen (Siehe auch 'Beschreibung' im Projekt-Formular).

Code

Nach diesem Feldeintrag können die Vorgänge in Listen und Balkenplänen sortiert werden. Eine Eintragsmöglichkeit wäre z.B. das Kürzel derjenigen Abteilung, die für diesen Vorgang verantwortlich ist (siehe auch 'Verantwortung').

Verantwortung

Hier kann der Name des für die Vorgangsabwicklung Verantwortlichen eingetragen werden. Er muß aber nicht gleichzeitig auch als Einsatzmittel dem Vorgang zugeordnet sein. Balkenpläne und Listen können diesem Feld entsprechend sortiert werden, so daß nur die Vorgänge in der Verantwortung dieser Person zu sehen sind.

Da mehrere Mitarbeiter einer Abteilung für verschiedene Aufgaben die Verantwortung haben können, kann der Abteilungsleiter alle Vorgänge in der Verantwortung seiner Abteilung durch eine Sortierung nach dem Abteilungs-Code (siehe oben) erreichen.

PLAN-/IST-Sonstige Kosten

In diesen Feldern sind die Summen der eventuell benötigten Material- und Fremdkosten einzugeben. Zunächst werden die geschätzten und später die tatsächlich Kosten angegeben.

% Fertig

Wurde ein Vorgang gestartet (Eintrag in 'IST-Start'), muß in regelmäßigen Abständen der Erfüllungsstand des Vorgangs an dieser Stelle eingetragen werden.

```
                    Code |
            Verantwortung |
   PLAN Sonstige Kosten |              0,00
    IST Sonstige Kosten |              0,00
                % Fertig |  0


   Ende              Dauer         E-M Arbeit
 -Feb-1990           (undef.)      (undef.)
 ndef.)              (undef.)      (undef.)
 ndef.)              (undef.)      (undef.)
 -Feb-1990
 -Feb-1990           Puffer    0,00 Tag A

   Sonstige       Gesamtkosten
        0,00              0,00
        0,00              0,00
        0,00              0,00
```

BILD 3.2.3.1-2 VORGANGS-FORMULAR (2.Teil)

b) Folgende Anzeige-Felder sind vorhanden:

Start / Ende / Dauer

Diese Termin- und Zeitangaben werden nach fünf verschiedenen Kriterien angezeigt: Die zugehörigen PLAN-, IST- und Basisplan-Werte sind entweder aus dem Netzplan berechnet worden oder wurden aus der Eingabe übernommen.

Die frühesten und spätesten Termine für diese Rubriken errechnen sich aus dem Vorgangs-Puffer. Bei einem Vorgang auf dem Kritischen Pfad sind beide Termine natürlich gleich, da keine Verzögerung eintreten darf. Bei anderen Vorgängen dienen diese Angaben zum Abschätzen des Zeitpunkts, bis zu dem sich der Start einer Arbeit verzögern darf.

E-M Arbeit

Hier können' die Abweichungen der angefallenen Arbeitsleistungen zu den verschiedenen Plan-Stufen abgelesen werden, da neben den PLAN- und IST-Werten auch eine mögliche Basisplan-Größe angezeigt wird.

Puffer

Dieser Wert errechnet sich aus den Verknüpfungen und Vorgangsdauern des Netzplans. Er zeigt den Zeit-Puffer, den die Arbeiten dieses Vorgangs über den berechneten PLAN-Ende-Termin hinaus zur Verfügung haben. Wird eine Termin-Verzögerung größer als dieser Puffer, so ändert sich der Endtermin des Projekts entsprechend. Ist dieser Puffer gleich Null, liegt der Vorgang auf dem Kritischen Pfad. Demnach darf es hier keine Verzögerungen geben.

Kosten

Die an dieser Stelle angezeigten Kosten werden nach den Anteilen der Einsatzmittel- und Sonstige-Kosten aufgesplittet. Ebenso wie diese werden auch die resultierenden Gesamtkosten als PLAN- und IST-Werte aufgelistet. Die letzte Zeile enthält die Projektierungs-Kosten, die gleich den PLAN-Kosten sind, wenn noch keine IST-Werte eingegeben wurden.

```
Name  Start                 Terminbedingung FRÜH
                            Start nicht nach dem:

Verantwortung
         Code               Terminbedingung SPÄT
                            Start nicht vor dem:


Beschreibung

                                         Puffer:
      IST Termin  (undef.)
Frühester Termin   2-Jan-1990            0,00 Tag A
Spätester Termin   2-Jan-1990
Basisplan Termin  (undef.)
```

BILD 3.2.3.1-3 MEILENSTEIN-FORMULAR

Beim Meilenstein gibt es gegenüber dem Vorgangs-Formular zwei neue Eintragsmöglichkeiten, die die besondere Funktion der Meilensteine als Kontrollpunkte realisieren:

Start nicht nach dem:

> Das Datum, das hier eingetragen wird, darf nicht überschritten werden. Die Vorgänge vor diesem Meilenstein müssen vor diesem Termin fertig sein, um dieses Datum, z.B. einen festgelegten Abgabetermin beim Kunden, zu erreichen.

Start nicht vor dem:

> Hier ist der umgekehrte Fall gegeben. Da z.B. Informationen von außen erwartet werden, können die Aufgaben hinter diesem Meilenstein nicht vor dem angegebenen Datum beginnen, auch wenn es die vorhergehenden Netzdaten erlauben würden.

Beide Start-Bedingungen eignen sich besser zur Kennzeichnung von Festterminen bei bestimmten Projektabläufen, als dies die PLAN-Start-Eingabe in einem Vorgang ermöglichen. Denn da so etwas die Aufgabe eines Meilensteins ist, erwartet man Terminfestschreibungen nicht in einem Vorgang. Deshalb muß in der Regel sonst oft erst lange nach diesem Verursacher gesucht werden, wenn der Netzplan bestimmte Korrekturen nicht wie erwartet übernimmt.

3.2.3.2 Vorgangs-Liste

Name	Typ	PLAN Dauer	% Fert	Verantw	Beschr
A1		**5,00 Tag A**	**20**	**Meier**	**Anfa.**
A2		**12,00 Tag A**	0	**Engel**	**Besc.**
Ende	**M**				**Proj.**
Start	**M**				**Proj.**
V3		**4,00 Tag K**	0	**Meier**	**Wart.**

BILD 3.2.3.2-1 *VORGANGS-LISTE*

Die Zusammenstellung aller Vorgänge in einer Liste ist auch auf dem Bildschirm möglich. Dadurch kann die Eingabe der Vorgangswerte erleichtert werden, wenn eine größere Anzahl von Vorgängen nacheinander zu bearbeiten sind. Es muß nun nicht mehr jedes Vorgangsformular einzeln nach der jeweiligen Positionierung aufgerufen werden, sondern die Eingabe, z.B. der Dauern aller Vorgänge, kann spaltenmäßig nacheinander erfolgen. So sind die Daten einer Abhängigkeits- oder Maßnahmenliste schneller ins Programm eingegeben.

In dem Vorgangs-Listen-Beispiel aus Bild 3.2.3.2-1 sind fünf Vorgänge mit wichtigen Übersichtsangaben enthalten. Da die Auswahl und Reihenfolge dieser Spaltenanzeige fast beliebig ausgewählt werden kann, sind Listen für alle nur denkbaren Situationen zu erstellen.

Spaltenreihenfolge Vorgangsliste

PLAN Start	•		Basisplan Dauer	•
PLAN Start (Kalk)	•		Basisplan Arbeit	•
PLAN Ende	•	1	Frühester Start	•♦
PLAN Dauer	•		Frühestes Ende	•♦
PLAN Dauer (Kalk)	•		Spätester Start	•♦
PLAN Arbeit	•		Spätestes Ende	•♦
IST Start	•♦		Termin, nicht nach	♦
IST Ende	•♦		Termin, nicht vor	♦
IST Dauer	•	2	% Fertig	•
IST Arbeit	•		Puffer	•♦
Basisplan Start	•♦	3	Verantwortung	•♦
Basisplan Ende	•♦		Code	•♦

4	Beschreibung	•♦
	PLAN E-M Kosten	•
	PLAN Sonst.Kosten	•
5	PLAN Gesamtkosten	•
	IST E-M Kosten	•
	IST Sonst.Kosten	•
	IST Gesamtkosten	•
	Prj. E-M Kosten	•
	Prj. Sonst.Kosten	•
	Prj. Gesamtkosten	•

• Vorgang ♦ Meilenstein

BILD 3.2.3.2-2 SPALTEN-ANORDNUNG FÜR LISTEN

In dem Vorgangslisten-Auswahl-Formular (mit 'F5' aufgerufen) aus Bild 3.2.3.2-2 kann die Auswahl und die Anordnung der gewünschte Spalten eingestellt werden. Vor die entsprechenden Kriterien ist nur die Kennzahl der gewünschten Reihenfolge einzutragen. Nicht jede Auswahl ist für die Darstellung mit Meilensteinen möglich, da es einige Termin- oder Kosten-Eigenschaften nur für Vorgänge gibt. Weiterhin existiert noch die grundsätzliche Auswahlmöglichkeit, ob Vorgänge oder Meilensteine anzuzeigen sind.

```
Vorgangsauswahl für: Vorgangsliste
-----------------------------------------
   Anzeigen:
    Vorgänge & Meilensteine
    Nur Vorgänge
    Nur Meilensteine
    Vorg. mit E-M Überlastung

Esc-Abbruch              F10-Bestätigen
```

BILD 3.2.3.2-3 ANZEIGEN-WAHL FÜR LISTEN

In Bild 3.2.3.2-3 ist das erste dieser Auswahl-Formulare dargestellt. Als vierte Einstellung kann hier noch die Anzeige all derjenigen Vorgänge aufgerufen werden, die mindestens ein überlastetes Einsatzmittel beinhalten. Nach dieser ersten Einstellung erfolgt nun im Formular aus Bild 3.2.3.2-4 die eigentliche Auswahl und Sortierung der Vorgänge und Meilensteine.

Im dargestellten Beispiel wurde eine Auswahl zuerst nach dem Namen und dann nach der geplanten Vorgangsdauer eingetragen. Beide Kriterien sind in 'ansteigender' Sortierung (A='Ascending' statt D='Descending') aufzulisten. Will man nicht alle Vorgänge sortiert anzeigen, kann mit der Eingabe von Bereichsgrenzen in dem entsprechenden Kriterienfeld die Auswahl beschränkt werden (siehe später in Bild 3.2.3.2-5). Als Kriterien stehen alle Angaben der Vorgangs- und Meilenstein-Formulare zur Verfügung.

Sortierung/Auswahl Vorgangsliste		
Feld	**Sortierung**	**Bereich**
Name	1A	
PLAN Start		
PLAN Ende		
PLAN Dauer	2A	
PLAN E-M Arbeit		
IST Start		
IST Ende		
IST Dauer		
IST E-M Arbeit		
Basisplan Start		
Basisplan Ende		
Frühester Start		
Frühestes Ende		
Spätester Start		
Spätestes Ende		
% Fertig		
Puffer		
Verantwortung		
Code		
PLAN E-M Kosten		
PLAN Sonst.Kosten		
PLAN Gesamtkosten		
IST E-M Kosten		
IST Sonst.Kosten		
IST Gesamtkosten		
Prj. E-M Kosten		
Prj. Sonst.Kosten		
Prj. Gesamtkosten		

BILD 3.2.3.2-4 SORTIERUNG/BEREICH FÜR LISTEN

Eine Bereichsfestlegung ist nicht einfach. Bild 3.2.3.2-5 zeigt in einer Übersicht die wesentlichen Schreibweisen, um in einer Darstellung nur bestimmte Zeit- oder Vorgangsbereiche zu zeigen, oder aber auch Zeiten oder Vorgänge zu unterdrücken.

```
              Sortierung/Auswahl Vorgangsliste

 Ein Bereich kann wie folgt eingegrenzt werden:
 Zwei Punkte (..) beinhalten alles zwischen
 zwei Terminen oder Kriterien:

  6-Nov-1990 ..          Vom  6.11.90 ab
 10-Nov-1990             bis zum 10.11.90

 B..Db                   Von B bis Db (nicht Dc)

 17-Nov-1990..           Alle am und nach dem
                         17.11.90

 ..10-Okt-1990           Alle am und vor dem
                         10.10.90
 ---------------------------------------------

Der Schrägstrich (/) bedeutet ein Unterdrücken:
 /26-Dez-1990            Jedes Datum bis auf den
                         26.12.90
 /Vorgang1               Jeder Eintrag bis auf
                         Vorgang1
 /3..                    Alle Einträge bis auf
                         die, die mit 3 beginnen


  Ist ein Bereich ohne Eingabe, dann werden
  alle Einträge angezeigt.
```

BILD 3.2.3.2-5 BEREICHS-FESTLEGUNGEN

3.2.3.3 Vorgangs-Darstellungen

Ist die Netzplanstruktur erstellt und auch schon teilweise mit Zeitdaten ausgefüllt, kann man auf dem Bildschirm verschiedene Vorgangs-Darstellungen erblicken, die in Bild 3.2.3.2-1 zusammengestellt sind.

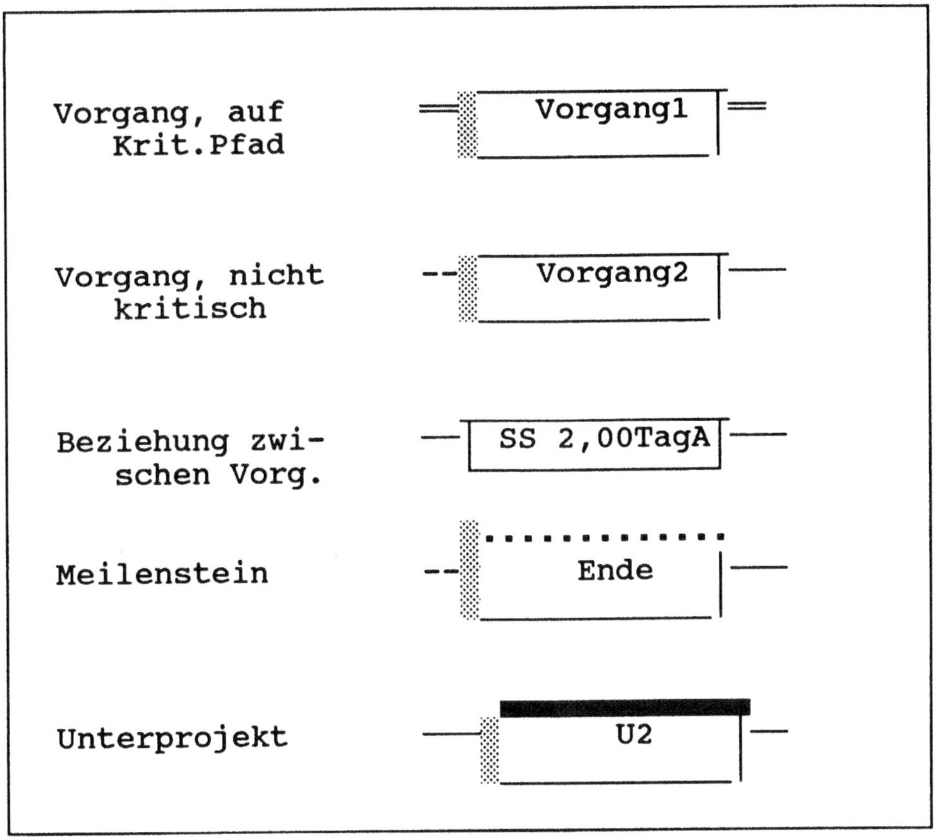

BILD 3.2.3.3-1 NETZPLAN-DARSTELLUNGEN

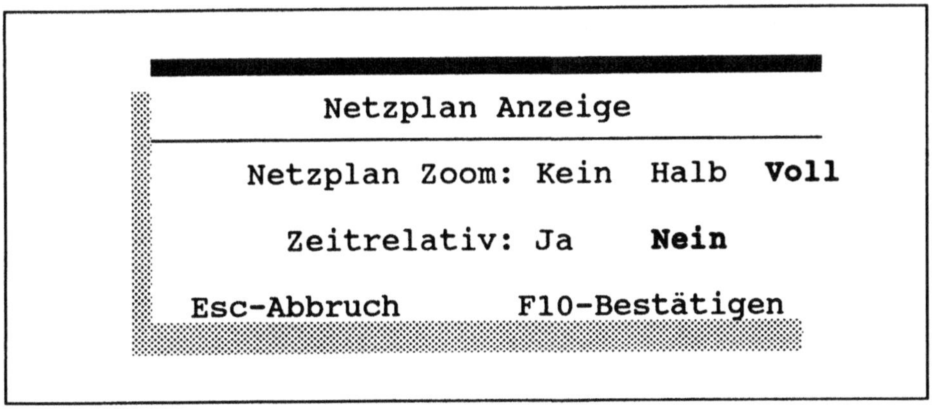

BILD 3.2.3.3-2 WAHL DER NETZPLAN-ANZEIGE

Die Art der Anzeige der Vernetzung kann auf zwei Arten verändert werden. Über das Menü 'F5' wird das 'Netzplan-Anzeige'-Formular aus Bild 3.2.3.3-2 angezeigt. Als erstes kann eine der ZOOM-Darstellungen gewählt werden, bei der der Netzplan z.B. im Überblick ohne irgendeine Beschriftung gezeigt wird. Die Meilensteine und Vorgänge sind nur als Rauten oder Rechtecke zu sehen. In dieser Form kann man sich schneller über die gegenwärtige Position eines Vorgangs im Netzplan ein Bild machen. Man findet hier auch einfacher 'verlorene' Vorgänge oder unvollständige Pfade.

```
Auswahl von Vorgangs-Marken für Netzplan

  PLAN Start                 Basisplan Dauer
  PLAN Ende                  Basisplan Arbeit
1 PLAN Dauer                 Frühester Start
  PLAN Arbeit                Frühestes Ende
  IST Start                  Spätester Start
  IST Ende                   Spätestes Ende
2 IST Dauer                  % Fertig
  IST Arbeit                 Puffer
  Basisplan Start            Verantwortung
  Basisplan Ende             Code

    Beschreibung
    PLAN E-M Kosten
    PLAN Sonst. Kosten
    PLAN Gesamtkosten
    IST E-M Kosten
    IST Sonst. Kosten
    IST Gesamtkosten
    Prj. E-M Kosten
    Prj. Sonst. Kosten
    Prj. Gesamtkosten

                    Bis zu 5 Marken verfügbar
```

BILD 3.2.3.3-3 VORGANGS-MARKEN

Eine zweite Wahlmöglichkeit ordnet die Vorgänge im Netzplan etwas anders an. 'Zeitrelativ' bedeutet, daß Vorgänge entsprechend ihrer zeitlichen Einordnung in der Planung so im Netz angeordnet sind, daß, wenn zwei Vorgänge auf verschiedenen Pfaden parallel liegen, aber zeitlich hintereinander angeordnet sind, sie auch im Netzplan aufeinanderfolgend plaziert werden. Entsprechend dem geplanten Ablauf eines Projektes kann durch die Zeitrelative Darstellung die horizontal dargestellte Längenausdehnung eines Netzplans um ein mehrfaches wachsen. Denn alle Vorgänge, die bisher in mehreren Ebenen parallel nebeneinander angeordnet wurden, können bei dieser Darstellungsform im negativsten Fall hintereinander angezeigt werden.

Um die Netzplan-Anzeige noch etwas aussagekräftiger zu gestalten, können an den Vorgängen Attribute, sogenannte MARKEN, angebracht werden. Sie zeigen bis zu fünf verschiedene, den Vorgangszustand kennzeichnende Daten unterhalb der Vorgangsdarstellung. Sie helfen z.B., die Kosten- oder Termin-Abweichungen besser zu erkennen und zu lokalisieren. In Bild 3.2.3.3-3 sind als Attribute die PLAN-Dauer- und IST-Dauer-Daten gewählt worden.

3.2.4 Unterprojekte

Mit Betätigung der Taste 'F4' wird ein Menü aufgerufen, in dem verschiedene Unterprojekt-Operationen ausgewählt werden können. Zwei Menüpunkte betreffen das Erstellen von Unterprojekten, der dritte das Wiedereingliedern des Subprojekts in den Hauptnetzplan.

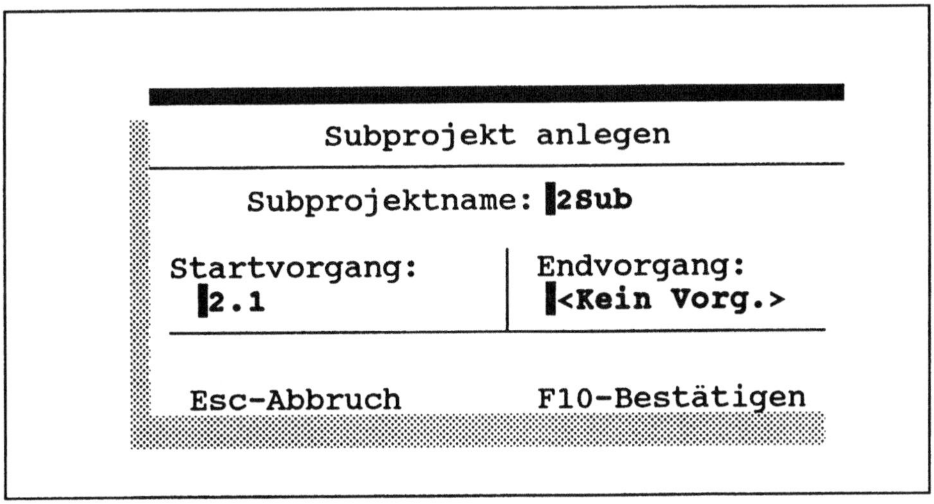

BILD 3.2.4-1 UNTERPROJEKTE ERSTELLEN

a) Subprojekt anlegen

Ein Unterprojekt kann durch das Heraustrennen eines Pfades aus dem aktuellen Netzplan entstehen. Mit der Wahl des Menüpunktes

'Subprojekt anlegen' wird das in Bild 3.2.4-1 gezeigte Formular aufgerufen.

Wurde der Cursor auf den Startvorgang des geplanten Unterprojekts plaziert, ist damit schon dieser Startvorgang im Formular eingetragen. Wird dies mit der RETURN-Taste bestätigt, kann daneben der Name des Endvorgangs eingegeben oder mit dem Cursor plaziert werden. Hat der so markierte Netzplanteil keine Querverbindungen zu anderen Vorgängen, wird er anschließend durch ein Subprojekt-Platzhalter-Zeichen ersetzt, dem man einen zum Projektablauf passenden Namen geben sollte.

b) Subprojekt zuordnen

Ein Unterprojekt kann auch als einzelnes Projekt mit selbständigem Netzplan angelegt werden. Nach einer erfolgreichen Ablauf-Prüfung wird es anschließend in ein übergeordnetes Projekt eingegliedert. Dazu erscheint das 'Subprojekt-Zuordnungs'-Formular aus Bild 3.2.4b. Im Hauptprojekt wurde ein Vorgang angelegt, dessen Namen der Name des entsprechenden Unterprojekts zuzuordnen ist. Der hier gewählte Vorgangsname (3.4Sub) ordnet den Vorgang, und damit das Unterprojekt, in die richtige Sortierposition des entsprechenden Projektteils ein.

```
            Subprojekt zuordnen
 ------------------------------------------
   Vorgangsname:      | Subprojektname:
    3.4Sub            |  Sub1
 ------------------------------------------
  Cursortasten bewegen Fenster-Cursor
  Esc-Abbruch              F10-Bestätigen
```

BILD 3.2.4-2 UNTERPROJEKT VERKNÜPFEN

c) Subprojekt integrieren

Für die Übersichtlichkeit des Hauptprojekts kann es sinnvoll sein, die Arbeitsvorgänge eines Unterprojekts an der richtigen Stelle in einem Gesamtnetzplan zu sehen. Der Menüpunkt 'Subprojekt expandieren' ersetzt den Platzhalter-Vorgang durch den Netzplan des Unterprojekts.

Dieses Verfahren ist auch dann anzuwenden, wenn in früheren Projekten Projektbausteine entwickelt wurden, die auch im neuen Projekt verwendet werden sollen. Bei der Integration ist die Numerierung der Unterprojekt-Vorgänge vorher notfalls der des Hauptprojekts anzupassen.

d) Subprojekt aufrufen

Mit Taste 'F7' erreicht man ein Menü, in dem das so angelegte Unterprojekt aufgerufen und danach auch wieder verlassen werden kann. Dazu muß der Cursor auf dem Subprojekt-Vorgang des Hauptprojekts plaziert sein.

e) Subprojekt kalkulieren

Da die Daten von Unter- und Hauptprojekt zusammenhängen, hat der Aufruf einer Neukalkulation (Ctrl-K) zur Folge, daß nicht nur das Unterprojekt, sondern auch das Hauptprojekt neu kalkuliert wird. Dadurch nimmt die Neuberechnung natürlich sehr viel mehr Zeit in Anspruch. Deshalb sollte dieser Arbeitsschritt nicht zu häufig aufgerufen werden. Auf dem Bildschirm erscheint beim Kalkulieren die Anzeige des Projektteils, der vom Programm gerade bearbeitet wird.

3.3 PROJEKT-SICHERUNG

Der 5. Menüpunkt des Eröffnungsmenüs ruft die Projektliste auf, die in Bild 3.3-1 zu sehen ist. In ihr sind die im angesprochenen Verzeichnis vorhandenen Projekte aufgeführt. Neben dem kurzen Projektnamen (nur bis zu 8 Buchstaben wegen der Speicherung auf DOS-Ebene) ist der Anfang des 'Beschreibungs'-Feldes aus dem Projekt-Formular aufgeführt. Wurde dieses Feld entsprechend mit Überlegung ausgefüllt, reicht diese Textzeile des Projekt-Formulars zur Identifikation des gesuchten Projekts aus.

Aktuell: TEST

Projekt	Beschreibung	Kalender	Status
HIMECH2.PRJ	Übungsprogramm	HIT	U
HIMECH3.PRJ	2.Übungsprogra	HIT	K
TESTBAU.PRJ	Test für Bau	STANDARD	A E
SubTEST.PRJ	Unterprojekt	STANDARD	V

BILD 3.3-1 PROJEKT-LISTE

Welcher Kalender dem jeweiligen Projekt zugeordnet wurde, ist in der nächsten Spalte zu sehen. Projekte mit gleichem Kalender gehören meist auch zu dem gleichen Anwendungsbereich, besitzen also auch ein vergleichbares Abrechnungssystem.

Die Status-Angabe in der letzten Spalte (Siehe Bild 3.3-1) enthält sehr wichtige Informationen, die beachtet werden sollten, da z.B. sonst bei bestimmten Aufrufen ein wichtiges Projekt gelöscht werden könnte. (Der Aufruf eines archivierten, älteren Projektes überschreibt die aktuelle, aktive Projektdatei, die somit verloren ist)

Zur Bearbeitung der Projekt-Liste können zwei Menüs angezeigt werden. Mit Taste 'F3' wird eine Auswahl aufgerufen, mit der man u.a. auch den Namen des aufzurufenden Verzeichnisses der Projekt-Dateien verändern kann. Wichtiger ist das Datei-Operationen-Menü (Bild 3.3-3), das mit der Taste 'F2' aufgerufen wird. Neben den Projekt-Dateien sind hier auch die vorhandenen Kalender-Dateien zur Bearbeitung aufzurufen. Sie können entsprechend geladen, gespeichert, gelöscht und umbenannt werden. Bei den Projekten gibt es noch die zusätzliche Möglichkeit des archivierens (Siehe Kapitel 3.3.3).

```
A : Archiviert -       Aus der EM-Berechnung
                       herausgenommen.
E : Einsatzmittel -    Mindestens eines ist
                       überlastet.
K : Kalkulation -      Projekt muß neu kalku-
                       liert werden.
U : Unvollständig -    Es gibt unverknüpfte
                       Enden.
V : Verbindungslos -   Unterprojekt ohne
                       Hauptprojekt.
```

BILD 3.3-2 STATUS-ANGABEN DER PROJEKTE

```
F2-Dateien

   1. Projekt laden
   2. Projekt sichern  Ctrl S
   3. Projekt löschen
   4. Projekt umbenennen
   5. Projekt archivieren
   ---------------------------
   6. Kalender laden
   7. Kalender sichern
   8. Kalender löschen
   9. Kalender umbenennen
```

BILD 3.3-3 DATEI-OPERATIONEN MIT TASTE 'F2'

3.3.1 Speichern

Das Speichern des aktuellen Projektes ist eine der häufigsten Tätigkeiten, um Änderungen und Eingaben abzusichern. Die Projekt-Sicherung ist über dieses Menü (F2) der Projektlisten-Darstellung oder über eine direkte Tastatureingabe (Ctrl-S) im Bearbeitungs-Programmteil möglich.

Nach dem Befehlsaufruf erscheint das Prüfabfrage-Formular (Bild 3.3.1), das über eine Kontrollabfrage bestätigt haben will, ob das aktuelle Projekt wirklich, und auch mit diesem Namen, zu speichern ist.

Das Speichern sollte nach jeder wichtigen Eingabeserie oder Änderung erfolgen, um nicht alle Daten bei einer Computerstörung zu verlieren. Aber auch der Benutzer selbst sorgt manchmal für Programm-Zustände, die eine sinnvolle Weiterarbeit verhindern. Deshalb hilft es besonders dem Programm-Neuling, wenn vor dem Ausprobieren noch unbekannter Programm-Möglichkeiten der aktuelle Stand gesichert wurde. Nach einer Fehlbedienung ist alles durch Neuladen schnell wieder in den alten Zustand versetzt.

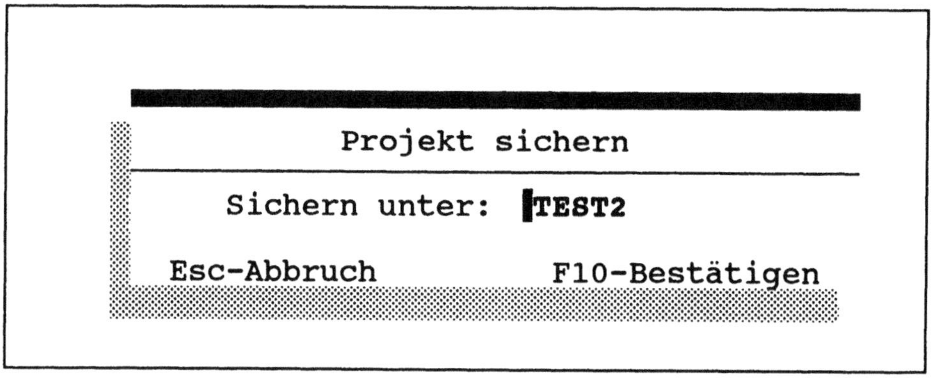

BILD 3.3.1 PRÜFABFRAGE VOR DEM SPEICHERN

3.3.2 Laden

Das Laden eines Projektes ähnelt dem Speichern, ist aber nur über den Aufruf des entsprechenden Hauptmenüpunktes und die dort einsehbare Projektliste möglich, da das gewünschte Projekt mit dem Cursor-Balken ausgewählt werden muß. Über das Drücken der RETURN-Taste oder die Menüwahl mit Taste 'F2' wird dann im angezeigten Menü 'Projekt laden' gewählt.

3.3.3 Archivieren

Das Laden eines Projekts kann zu Komplikationen führen, wenn es ein ARCHIVIERTES Projekt betrifft (s.o.). Beim Archivieren wird das Projekt in sich abgeschlossen abgespeichert, so daß es in eine andere Projekt-Umgebung transportiert und dort wieder integriert werden kann.

Durch das Archivieren werden alle Daten, die zu diesem Projekt gehören, z.B. aus der EM-Datei gelöscht, so daß dieses Projekt bei den EM-Auslastungs-Berechnungen nicht mehr berücksichtigt wird. Diese Informationen sind jetzt in der archivierten Datei vorhanden und können durch Reaktivierung jederzeit wieder in entsprechende, übergeordnete Verwaltungsdateien eingefügt werden.

Einzelne ausgewählte Projektzustände kann man zu Dokumentationszwecken archivieren und sammeln. Stehen das aktuelle und ein archiviertes Projekt mit dem gleichen Namen in einem Verzeichnis, wird das aktuelle durch das archivierte ersetzt, wenn man das archivierte Projekt lädt. Ein Warnhinweis des Programms soll ein unbeabsichtigtes Löschen des aktuellen Projekts verhindern.

3.3.4 Backup

Das Speichern ist ein wichtiger Schritt zur Sicherung der Daten. Für den richtigen Schutz wichtiger Projektdaten reicht das aber noch nicht aus, da der Datenträger (Diskette oder Festplatte) auch beschädigt werden kann. Als Ausweg bleibt nur die Erstellung einer weiteren Kopie. Da meist mehrere Projekte gleichzeitig in Bearbeitung sind, ist eine Sicherungskopie, ein BACKUP, aller Projekt-Dateien durchzuführen. Dafür muß in der Betriebssystemebene (DOS) das Verzeichnis mit den Projektdateien aufgesucht werden. Ohne spezielle Backup-Programme oder -Befehle ist eine derartige Sicherung, von der Festplattendateien auf eine Diskette, am einfachsten wie folgt durchzuführen:

```
C:             = Wahl der Festplatte C

cd\hpm\dat     = Wechsel in das Datei-Verz.

copy *.* A:    = Alle Dateien auf Laufwerk A
```

Diese Diskette kann immer wieder verwendet werden, da die alten Dateien von den namensgleichen späteren Versionen überschrieben werden.

3.4 KALENDER

Es gibt jetzt verschiedene Kalender-Möglichkeiten. Einerseits wie bisher den jeweiligen Projekt-Kalender, neu die Einsatzmittel-Kalender. Im Prinzip sind alle vom Aufbau und von der Bedienung gleich. Pro Einsatzmittel kann ein eigener Kalender angelegt werden, der auch die jeweilige Arbeitszeit enthält, wenn sie z.B. von den allgemeingültigen Projektdaten abweicht.

3.4.1 Kalenderformular

Ein eigener Kalender kann über das Eröffnungsmenü oder das Arbeitsmenü 'F3-Daten' angelegt oder geändert werden. Bild 3.4.1 zeigt das Kalender-Formular.

Beschreibung

Hier kann der Verwendungszweck und Gültigkeitsbereich des Kalenders definiert werden, da die kurze Namensangabe nicht sehr viel aussagt.

```
Beschreibung▌

 Startjahr ▌1990           Anzahl Jahre ▌ 5

--------------- Arbeitsplanung ---------------

Arbeitsbeginn ▌ 8:30  Arbeitsstd.je Tag ▌ 8,00

               Son  Mon  Die  Mit  Don  Fre  Sam
 Arbeitstag    ▌N   ▌J   ▌J   ▌J   ▌J   ▌J   ▌N
```

BILD 3.4.1 KALENDER-FORMULAR

Startjahr

Der Beginn der Planungen, die auf der Basis dieses Kalenders durchgeführt werden sollen. Nach dem Abschluß älterer Projekte kann man diesen Wert verändern, wenn das angezeigte Jahr frei von

Projekten geworden ist. (Die Darstellungen entlang von Zeitachsen werden dann übersichtlicher)

Anzahl der Jahre

Dieser Wert sollte einige Jahre höher als für die geplanten Projekte benötigt sein. Dadurch bleibt zum einen Raum für Verschiebungen und Worst-Case-Simulationen, und andererseits kann ein Projekt so weit nach hinten versetzt werden, daß kein anderes Projekt mehr zu ihm parallel liegt. Nur so ist es möglich, ein Projekt isoliert zu untersuchen.

Arbeitsbeginn

Die in diesem Feld eingegebene Angabe ist nur für eine Planung im Stundenmaßstab wichtig, um im Balkenplan z.B. die Uhrzeiten für Kurzzeit-Vorgänge ablesen zu können (Fertigungsschritte z.B.).

Arbeitsstunden je Tag

Entsprechend der Angabe für die tägliche Arbeitszeit werden die Kosten berechnet, wenn die Einsatzmittel über Stundensätze abzurechnen sind.

Arbeitstag

Voreingestellt sind die Samstage und Sonntage als Feiertage. Hier können weitere wöchentlich wiederkehrende arbeitsfreie Tage definiert werden.

3.4.2 Kalenderblatt

Das Kalender-Blatt entsprechend Bild 3.4.2-1 erscheint nach Verlassen des Kalender-Formulars auf dem Bildschirm. Für jeden Monat im eingerichteten Kalenderbereich sind die gesetzlichen und betrieblichen Feiertage zu kennzeichnen. Dieses ist für die Berechnung von Vorgangs-Terminen wichtig, weil Feiertage dabei übersprungen werden müssen.

Für die Veränderung von Markierungen im Kalender-Formular, dient das in Bild 3.4.2-2 dargestellte Menü, das mit 'F4-Ändern' aufgerufen wird. Dieses Menü hat für die verschiedenen Arbeitsblätter jeweils einen anderen Inhalt, um sich so den geänderten Anforderungen anzupassen. Mit dem Auswahlpunkt '1' kann jedes zu verändernde Datum schneller plaziert werden. Dies kann alternativ über eine Direktwahl schneller vorgenommen werden. Die beiden anderen Auswahlpunkte erzeugen die zwei Darstellungsvarianten eines jeden Tages. Dabei werden Arbeits- in Feiertage, bzw. diese wiederum in Arbeitstage gewandelt. Mit dem Tastenkürzel CTRL-H erfolgt der Wechsel schneller.

1986

Januar

S	M	D	M	D	F	S
			1	**2**	**3**	**4**
5	6	7	8	9	10	**11**
12	13	14	15	16	17	**18**
19	20	21	22	23	24	**25**
26	27	28	29	30	31	

Februar

S	M	D	M	D	F	S
						1
2	3	4	5	6	7	**8**
9	10	11	12	**13**	**14**	**15**
16	17	18	19	20	21	**22**
23	24	25	26	27	28	

1986

April

S	M	D	M	D	F	S
		1	2	3	**4**	**5**
6	**7**	8	9	10	11	**12**
13	14	15	16	17	18	**19**
20	21	22	23	24	25	**26**
27	28	29	30			

Mai

S	M	D	M	D	F	S
				1	**2**	**3**
4	5	6	7	8	9	**10**
11	12	13	14	15	16	**17**
18	19	**20**	21	22	23	**24**
25	26	27	28	29	30	**31**

BILD 3.4.2-1 KALENDER-BLATT-AUSSCHNITT

```
F4-Ändern

   1. Datum finden  Ctrl F
   2. Feiertag anlegen    CTRL H
   3. Arbeitstag anlegen  CTRL H
```

BILD 3.4.2-2 KALENDER-OPERATIONEN

3.5 EINSATZMITTEL

Die Einsatzmittel können Mitarbeiter sowie Geräte oder Maschinen sein, deren Verfügbarkeit nur begrenzt ist. Sind die Anforderungen von Projektseite höher als benötigte Einsatzmittel vorhanden, kommt es zwangsläufig zu Engpässen, die meist auch zu Terminproblemen führen, wenn sie nicht rechtzeitig behoben werden.

3.5.1 EM-Liste

Um eine Übersicht über die zur Verfügung stehenden Einsatzmittel zu haben, werden diese in eine entsprechende Liste aufgenommen, die alle zur Planung benötigten Daten enthält. Mit Hilfe des Eröffnungs-Menüs oder des Daten-Menü-Aufrufs mit Taste 'F3' wird das Listen-Formular aufgerufen.

Folgende Spalten müssen oder können ausgefüllt werden:

Einsatzmittel

Hier ist der Name des EM einzutragen. Dieses sollte man in der Schreibweise vornehmen, wie sie auch in anderen Formularen verwendet werden soll. Je kürzer er ist, desto weniger Arbeit hat man bei seiner häufigen späteren Verwendung.

Menge

Der zur Verfügung stehende Anteil des EM ist hier einzugeben - bei Personen meistens 1,0 und bei Abteilungen oder Gruppen der Wert der bereitstehenden Personenzahl. Der Wert 1,0 entspricht einer Belastbarkeit von 100 Prozent.

Zeiteinheit

Dort haben die Abrechnungseinheiten zu stehen, mit denen das EM pro Tag, Stunde, Woche oder Monat abgerechnet wird. Bei Maschinen könnten auch Minuten oder Sekunden eingesetzt werden.

Kosten/Zeiteinheit

Hier muß der zur vorstehenden Zeiteinheit passende Kostensatz stehen, der für die EM-Berechnung verwendet wird.

(Arbeits-Stunden/Tag)

Dieser Wert ist aus diesem Formular verlegt worden. Er gehört zum neu eingeführten Einsatzmittel-Kalender. Wenn dort nichts eingegeben wurde oder kein spezieller EM-Kalender angelegt wurde, wird der Wert des Projekt-Kalenders verwendet.

Einsatzmittel	Menge	Kosten/ZE	Zeit-Einh	E-Mittel Kalender
Konstrukteur	**1,000**	**112,00**	**Tag**	**FSP**
Meier	**1,000**	**18,00**	**Std**	
Werkstatt	**3,000**	**56,00**	**Std**	**FSP**
Sekretärin	**1,000**	**64,00**	**Tag**	**FSP**

BILD 3.5.1-1 EINSATZMITTEL-LISTE (Anfang)

Maximale Stundenzahl/Tag

Sind Überstunden möglich, kann hier die maximal zulässige Arbeitszeit pro Tag eingetragen werden. Das erste EM könnte z.B. eine Stunde mehr pro Tag arbeiten, wenn Mehrbedarf bestünde. Hauptsächlich werden diese Daten von der Programm-Funktion des 'Automatischen EM-Abgleichs' benutzt.

Mehrarbeits-Kostensatz

Hier werden die Kosten eingetragen, die pro Überstunde abzurechnen sind. Das erste EM hat z.B. keinen Anspruch auf zusätzliche Einkünfte, wogegen beim zweiten ein erhöhter Stundensatz abgerechnet wird.

Verantwortlich

Der für das Einsatzmittel Verantwortliche kann hier eingetragen werden, um den Ansprechpartner bei benötigten Rückfragen zu dokumentieren.

Code

Hier kann das Abteilungskürzel des Mitarbeiters eingetragen werden, um ihm leichter einem Aufgabenbereich zuordnen zu können. Ebenso könnten gezielt die EM markiert werden, die in eine gemeinsamen Liste aufgeführt werden sollen.

Beschreibung

In diesem Feld kann das EM mit seiner Qualifikation und seinen besonderen Eigenschaften beschrieben werden, um besser zu erkennen, ob es für die geplante Aufgabe geeignet ist. Außerdem hilft diese Beschreibung, wie auch das Code-Feld, zwei Mitarbeiter bei Namensgleichheit zu unterscheiden.

Mehrarbeits- Kostensatz	Maximal Std/Tag	Verantw.	Code	Beschreib.
0,00	8,50	Meier	ET	Elektr..
24,00	10,00	Schmidt	VS	
69,00	11,50	Meier	ET	Ingenie..
76,00	8,00	Meier	EH	Schrei..

BILD 3.5.1-2 EINSATZMITTEL-LISTE (Fortsetzung)

3.5.2 Vorgangs-Zuweisung

Zu jedem Vorgang muß für die in ihm beschäftigten Einsatzmittel ein Formular (Siehe Bild 3.5.2) ausgefüllt werden. Im Normalfall sind nur die ersten zwei Spalten auszufüllen, also außer dem Namen des Einsatzmittels nur noch die benötigte Arbeitsmenge (0,5 entspricht 50 %).

PLAN-Arbeit

Hier kann man in der gewählten Zeiteinheit die benötigte Dauer der Vorgangsarbeit eintragen. Aus diesen Werten aller EM dieser Liste kann die Vorgangsdauer berechnet werden, wenn im entsprechenden Vorgangs-Formular dieses Verfahren über die Eingabe ausgewählt wurde ('E-M' in das PLAN-Dauer-Feld statt der Zeitdauer).

Start-Versch.

Eine Verschiebung des Arbeitsbeginns dieses Einsatzmittels gegenüber dem Vorgangs-PLAN-Start würde hier vermerkt werden. Teilweise müssen z.B. bestimmte Vorarbeiten getätigt sein, bevor jemand mit seiner Arbeit beginnen kann. Diese Funktion könnte sonst nur durch Aufteilung der Arbeit auf mehrere Vorgänge erreicht werden, die entsprechend der Start-Verschiebung zu definieren und zu schachteln wären.

IST-Arbeit/-Kosten

Sollte es möglich sein, die wirklich angefallenen Leistungen für jedes EM in jedem Vorgang zu ermitteln, so können sie in diesen Feldern eingetragen werden.

Zuweisungs-Start

Hier erscheint der PLAN-Start-Termin des Vorgangs. Wurde die Arbeit schon begonnen, stattdessen der IST-Termin. Gilt für dieses EM eine Start-Verschiebung (s.o.), addiert sich diese zum PLAN-Termin.

Zuweisungs-Ende

Vergleichbar zu vorstehendem Eintrag erscheint hier der PLAN-Ende- oder IST-Ende-Termin.

Kap.-Abgleich mit Mehrarbeit

Sind Überstunden für dieses Einsatzmittel erlaubt, ist das hier zu vermerken. Der automatische EM-Abgleich des Programms trägt in diesem Formular die von ihm ermittelte benötigte Mehrarbeit ein (Feld 'Mehrarb.Std/Tag).

	Einsatzmitte	Menge	Zeit- Einh.	Start- Versch.	
1	**Meier**	**0,600**	Tag	0,00	2

	PLAN- Arbeit	IST- Arbeit	Restliche Arbeit	Arbeits- Std/Tag	
2	0,00	0,00	0,00	0,00	3

	Mehrarb. Std/Tag	PLAN- Kosten	IST- Kosten	
3	0,00	0,00	0,00	4

Projekt Kosten	Zuweisungs- Start	Zuweisungs- Ende
0,00	0,00	0,00

Kap.-Abgleich mit Mehrarbeit	Zuweisung fixieren
Ja	Nein

BILD 3.5.2 EM-ZUWEISUNGS-FORMULAR EINES VORGANGS

Zuweisung fixieren

Sollen beim Automatischen EM-Abgleich diese Daten nicht mit verändert werden, ist hier ein 'Nein' einzutragen. Sonst kann das EM mit Mehrarbeit pro Tag belegt, auch der Vorgang zeitlich verschoben werden.

3.5.3 Auslastungs-Diagramm

Das EM-Auslastungs-Diagramm (Bild 3.5.3) kann mit der Arbeitsmenü-Wahl 'F2-Grafiken' angezeigt werden. Die dargestellte Zeitachse entspricht der des Balkenplans und der Kostengrafik. Die Auslastungs-Grenzlinie ist in der Höhe angebracht, die der Mengenangabe der EM-Liste entspricht. In Zeiträumen mit Kurventeilen oberhalb von dieser Linie ist das EM überlastet. Dann können die Aufgaben nicht wie geplant erledigt werden.

Mit dem Menüpunkt 'F4-Ändern' kann während der EM-Grafik-Anzeige ein anderes Einsatzmittel aufgerufen werden (Bild 3.5.4-2).

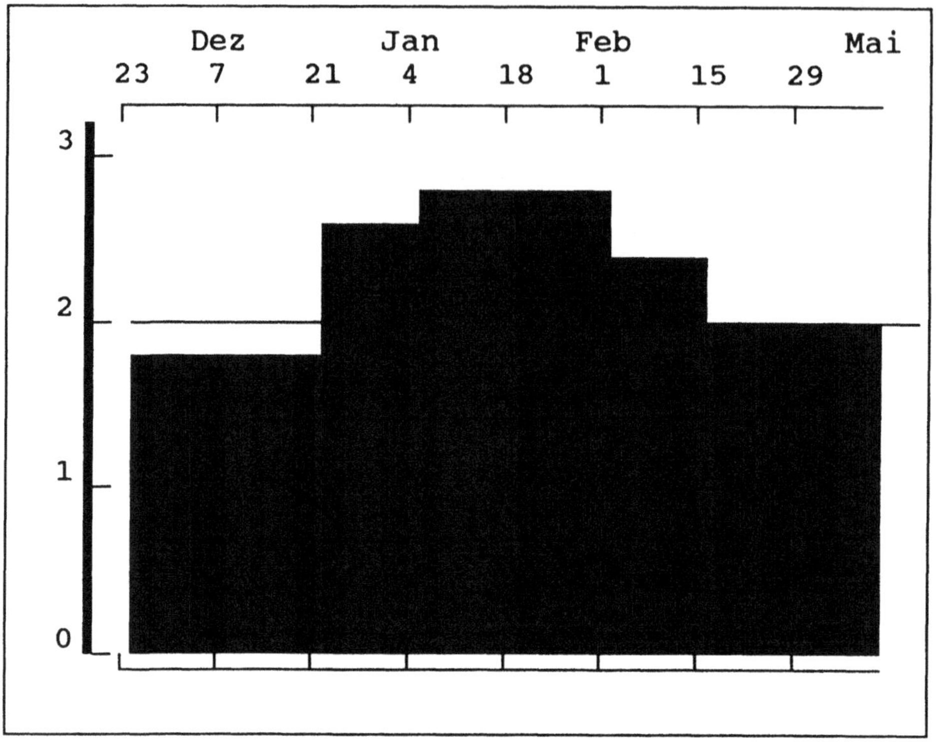

BILD 3.5.3 EM-AUSLASTUNGS-DIAGRAMM

3.5.4 EM-Zuweisungs-Balkenplan

In der Balkenplan-Darstellung (mit 'F2' aufgerufen) von Bild 3.5.4 sind diejenigen Vorgänge dargestellt, an denen das ausgewählte EM beteiligt ist. Vor dem jeweiligen Balken steht der Projektname, unter ihm der entsprechende Vorgangsname (hier Vorgangsnummer) und dahinter der Arbeitsanteil des EM an diesem Vorgang. Die hier dargestellten Arbeitsbalken überlagern sich für bestimmte Zeiträume. In diesen Perioden addieren sich somit die Belastungswerte des Einsatzmittels, so daß die im vorstehenden Diagramm dargestellte Auslastungskurve daraus entsteht. Die an der Überlast beteiligten Vorgänge werden andersfarbig hervorgehoben.

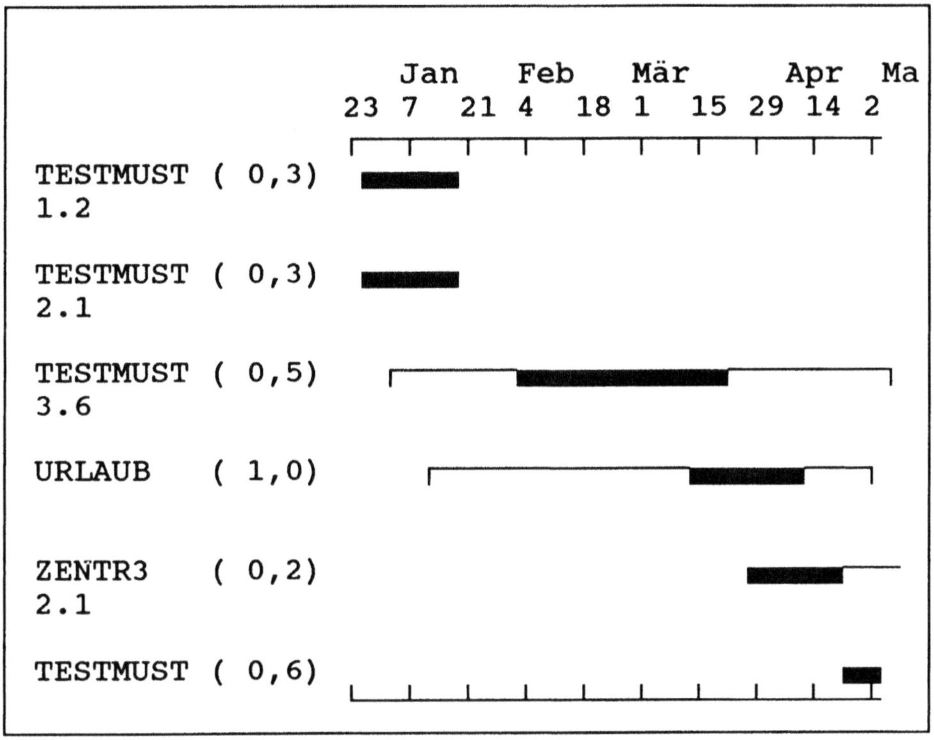

BILD 3.5.4-1 EM-ZUWEISUNGS-BALKENPLAN

Das für die Einsatzmittel-Anwendungen angepaßte 'F4-Ändern'-Menü hat jetzt das in Bild 3.5.4-2 gezeigte Aussehen. Über diese Auswahl oder die entsprechende Direktwahl kann ein anderes Einsatzmittel für die Darstellung in den Grafiken ausgesucht werden. Ebenso ist ein Einsatzmittel zu löschen, wenn es nicht mehr benötigt wird.

```
F4-Ändern

  1. E-Mittel wechseln
  2. E-Mittel finden   Ctrl F
```

BILD 3.5.4-2 EINSATZMITTEL ÄNDERN

3.5.5 Automatischer EM-Abgleich

Über den vom Programm durchgeführten Einsatzmittel-Abgleich wurde schon in Kapitel 1.7.6 das wesentliche beschrieben. Diese Möglichkeit ist sehr verlockend, doch sollte sie nur mit aller Vorsicht eingesetzt werden - zu leicht gerät die Projektdarstellung in einen Zustand, der eine sinnvolle Fortsetzung der Planungsarbeit nicht mehr ratsam erscheinen läßt. Und daß dieses nicht unbegründet ist, zeigt sicherlich der vom Programm selbst ausgegebene Warnhinweis, beim Aufruf dieser Funktion (Bild 3.5.5).

```
        Warnung

  HPM steht vor dem Kapazitätsabgleich der
  Einsatzmittel.
  Es kann zu größeren Änderungen in Ihrer
  Projektplanung kommen.

  Mit Esc können Sie den automatischen
  Kapazitätsabgleich abbrechen;
  mit F10 können Sie fortfahren.

  Esc-Abbruch                 F10-Bestätigen
```

BILD 3.5.5 WARNUNG BEIM AUTOMATISCHEN EM-ABGLEICH

3.6 BALKENPLAN

Der Balkenplan ist nach dem Netzplan die wichtigste Darstellungsform für ein Projekt. In ihm sind durch die grafische Zeitachsenanzeige Termine und besondere Vorgangs-Zustände besser zu erkennen. Aufgerufen wird er über das Grafik-Arbeitsmenü 'F2', oder direkt mit der Tastenkombination 'Ctrl-B'.

3.6.1 Darstellung des Inhalts

In Bild 3.6.1-2 sind die wichtigsten Zeichen zusammengefaßt, die im Balkenplan den verschiedenen Zuständen entsprechen.

Aber diese graphischen Darstellungen von Vorgangs-Zuständen sind noch durch andere Angaben zu verdeutlichen. In Bild 3.6.1-1 ist das Auswahlmenü für die Attribut-Wahl zu sehen, das mit 'Marken Netz-/Balkenplan' über 'F5-Formate' aufgerufen werden kann.

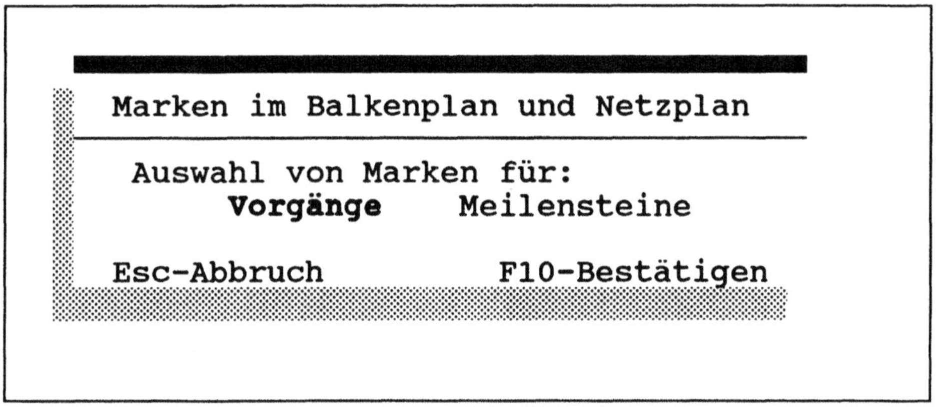

BILD 3.6.1-1 *MARKEN-AUSWAHL*

In Bild 3.6.1-3 ist das Auswahl-Formular zu sehen, das nach der entsprechenden Wahl auf dem Bildschirm gezeigt wird. In dieser Meilenstein-Aufstellung stehen 10 Daten des Meilenstein-Formulars zur Verfügung. Ausgewählt wurden in diesem Beispiel der 'Späteste Termin' und die 'Beschreibung' des Meilensteins. Diese Angaben werden unter jedem Meilensteinnamen im Balkenplan angezeigt (Die entsprechende Auflistung für Attribute der Vorgänge ist im Kapitel über den Netzplan zu sehen).

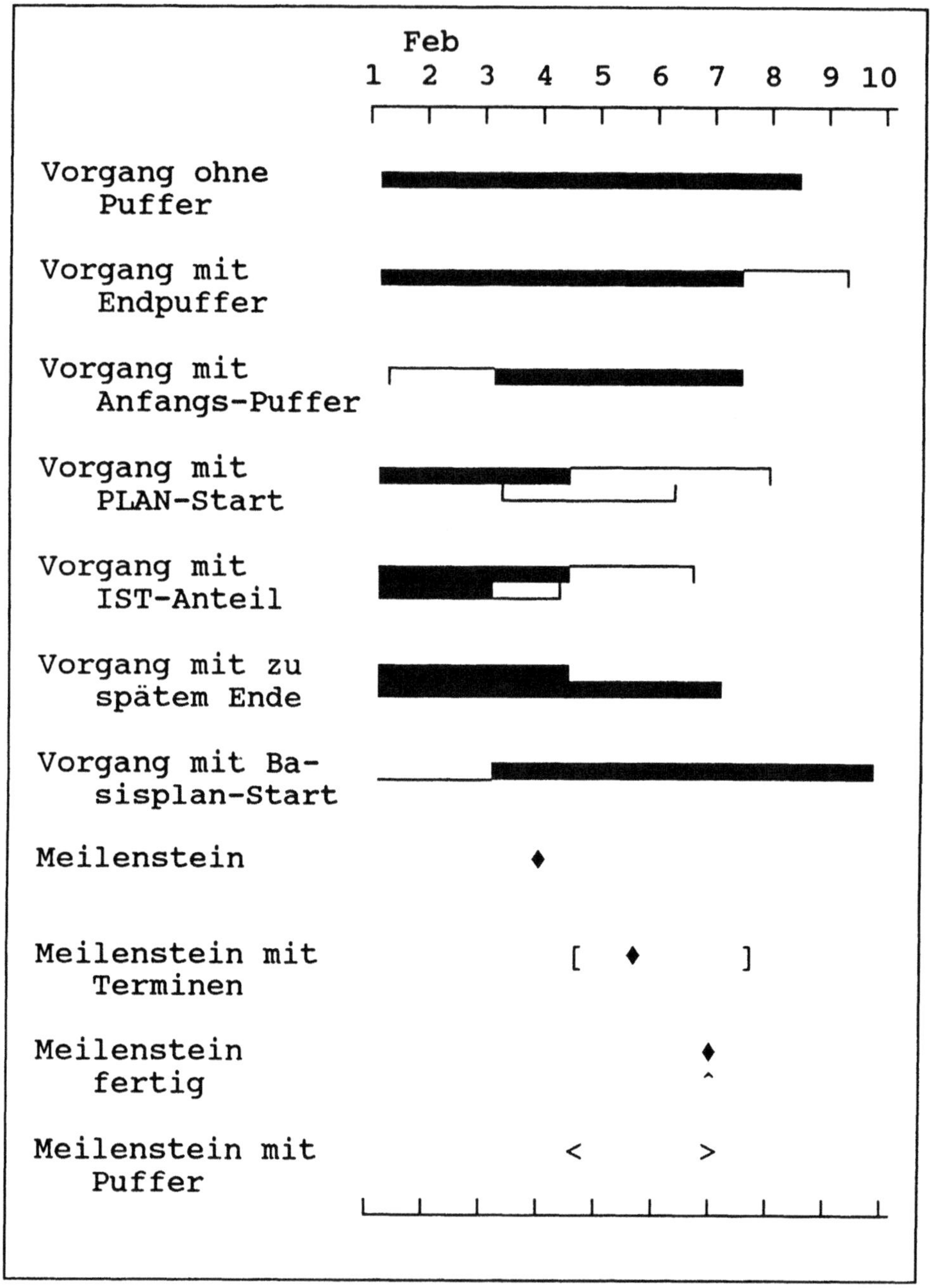

BILD 3.6.1-2 BALKENPLAN-ZEICHEN

```
Auswahl v. Meilenstein-Marken für Balken-/Netz
______________________________________________
  Frühester Termin           |    Basisplan Datum
1 Spätester Termin           |    Puffer
  IST Termin                 |    Verantwortung
  Terminbedingung FRÜH       |    Code
  Terminbedingung SPÄT       |  2 Beschreibung

        Bis zu 5 Marken verfügbar
```

BILD 3.6.1-3 MEILENSTEIN-MARKEN

3.6.2 Grafik-Maßstäbe

Die Einstellung der Zeitachse von Balkenplan, Kosten- oder EM-Grafik ist sehr wichtig für das Erkennen der Projektzustände. Darum muß diese Einstellung auch immer wieder an die jeweilige Kontrollsituation angepaßt werden, wozu sie mit dem Formate-Menü 'F5' aufgerufen wird.

In Bild 3.6.2 ist ein Beispiel für eine Einstellung angegeben:

Dividiere Zeitskala in Einheiten von:

Die hier angegebene Zahl in Verbindung mit einer Zeiteinheit, die darunter ausgewählt wird, bedeutet, daß die Achse zum Beispiel in Intervalle von 2 Monaten unterteilt wird, um den gesamten Projekt-Zeitraum auf dem Bildschirm darzustellen.

Arbeitsfreie Zeiten schattiert anzeigen

Dieses gilt nur für den Balkenplan und eine ausgewählte Zeitachsen-Auflösung, die einzelne Tage erkennbar macht. So werden z.B. die Wochenend-Zeiträume schraffiert dargestellt, um zu zeigen, daß hier nicht gearbeitet wird.

Datum des Basisplans im Balkenplan anzeigen:

Wurde der Basisplan in der Vergangenheit gesetzt, und hat es zwischenzeitlich Terminverschiebungen gegeben, dann werden diese zeitlichen Unterschiede als Linie z.B. vor den entsprechenden Vorgangs-Balken gezeigt (Siehe auch Grafik 3.6.1-2 mit den Balkenplan-Zeichen).

Anzeige einer vertikalen Datumslinie

Auch dieses gilt nur für den Balkenplan, in welchem an der Position des unten eingegebenen Datums (hinter Datumslinie) eine senkrechte Linie durch den ganzen Plan gezeichnet wird. Sie kann zum Beispiel den aktuellen Kontrolltermin des Projektes kennzeichnen. Es werden von ihr alle Vorgangsbalken berührt, die zu dem Zeitpunkt geplant sind.

Linker Randabstand

Im Balkenplan wird damit die Breite des linken Textrand-Bereichs festgelegt. Dementsprechend lang können die Vorgangs-Attribute, wie z.B. die Namens-Beschreibung angezeigt werden. Der dort benutzte Bildschirmbereich fehlt dann für die Zeitachsen-Anzeige.

Breite einer Zeiteinheit

Bisher wurde nur die zeitliche Größe einer Skaleneinheit eingestellt. Hier folgt nun die Auswahl der Zeichenanzahl pro Skaleneinheit der Bildschirm-Darstellung (gilt auch für den späteren Ausdruck). Die kleinste Einheit ist '3', das heißt, daß die Breite von 3 Zeichen einem Zeitintervall von z.B. 2 Monaten entspricht. Mit der passenden Wahl der Zeiteinheit kann die Grafik z.B. bildschirmfüllend eingestellt werden.

```
              Zeitachsen Anzeige
 ___________________________________________________
Dividiere Zeitskala in Einheiten von:
    ▌2,000
     Min    Std    Tag    Wch    Mon    Jhr
Arbeitsfreie Zeiten schattiert anzeigen (Bal..
     Ja     Nein
Datum des Basisplans im Balkenplan anzeigen:
     Ja     Nein
Anzeige einer vertikalen Datumslinie (Balken..
     Ja     Nein

                  Datumslinie:  ▌3:11:90
            Linker Randabstand: ▌19
        Breite einer Zeiteinheit: ▌ 3
```

BILD 3.6.2 ZEITACHSEN ANZEIGE

3.6.3 Sortierung

Die Sortierung der anzuzeigenden Vorgänge und Meilensteine kann über die 'F5-Formate'-Menüauswahl 'Sort./Auswahl Balkenplan' beeinflußt werden. Zu Beginn wird das Sortierungs-Menüs (Siehe Bild 3.6.3) angezeigt, welches dem Auswahlvorgang aus Kapitel 3.2.3.2, 'Vorgangs-Liste', vergleichbar ist. Das nach dieser Auswahl gezeigte Sortier- und Bereichswahl-Formular kann man auch im Vorgangs-Listen-Kapitel finden, und es ist entsprechend zu handhaben.

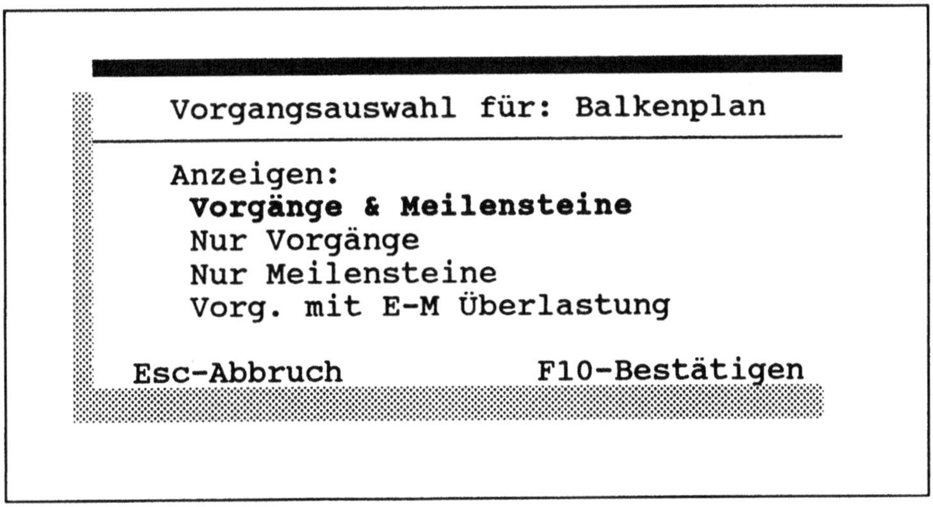

BILD 3.6.3 SORT./AUSWAHL BALKENPLAN

3.7 KOSTEN-DIAGRAMME

Die Kosten-Darstellung des HPM-Programms reduziert sich auf zwei Grafiken. In Bild 3.7-1 ist das Einstell-Menü für die gewünschte Kostenanzeige zu sehen, das mit 'F5-Formate' und 'Kostengrafik-Anzeige' auf den Bildschirm geholt werden kann.

Die wichtigste Wahl ist die Art der Kostenanzeige, also 'Kumulativ' oder 'Je Zeiteinheit'. Letztere Darstellungsart wird in der übernächsten Grafik gezeigt (Bild 3.7-2).

Die folgenden zwei Auswahlmöglichkeiten regeln die Anzeige in diesen zwei vorgenannten Darstellungs-Varianten. Die IST-Kosten sind später als parallele Säule zu den PLAN-Kosten zu sehen. Die 'Erwirtschaftete Arbeit' wird als Linie durch die Balken-Darstellung geführt.

```
            Kostengrafik Anzeige
---------------------------------------------------
Art der Kostenanzeige: Kumulativ  Je Zeitein..

Projekt. IST-Kosten anzeigen:  Ja    Nein

Erwirtschaft.Arbeit anzeigen:  Ja    Nein
```

BILD 3.7-1 EINSTELLUNG KOSTEN-ANZEIGE

Die Kostengrafik in Intervall-Darstellung, in Bild 3.7-2, wird mit 'F2-Grafiken' und 'Kostengrafik' aufgerufen. Sie läßt sich nur hinsichtlich der Zeitachsen-Einteilung beeinflussen, zeigt die pro eingestelltem Zeitintervall anfallenden Kosten an. Die Balken können nach EM-, Sonstigen- und Overhead-Kosten aufgeteilt werden. Wurde z.B. zusätzlich die IST-Kosten-Anzeige gewählt, erscheint rechts neben jeder PLAN-Säule die entsprechende IST-Säule, nach den verschiedenen Kostenarten unterteilt.

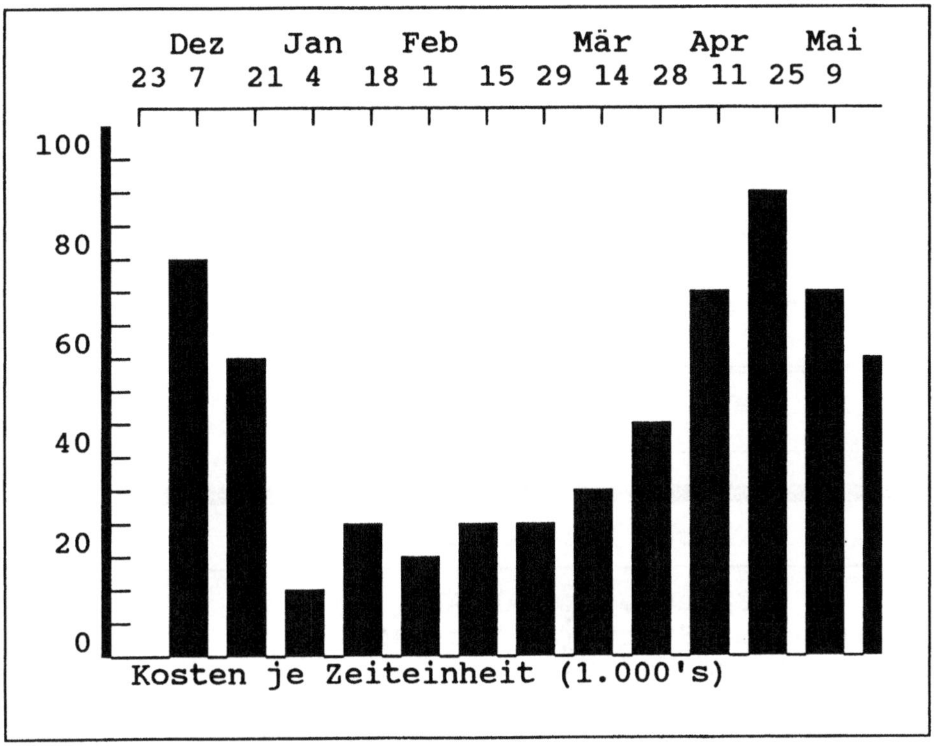

BILD 3.7-2 *KOSTEN JE ZEITEINHEIT*

3.8 STRUKTURPLAN

Wurde im Konfigurations-Programmteil der Strukturplan als Start-Arbeitsblatt gewählt, erscheint beim Menüaufruf 'Neues Projekt anlegen' das in Bild 3.8-1 gezeigte Formular. Für die ersten Arbeitsschritte können die hier schon automatisch eingetragenen Angaben übernommen werden, da sie später bei Bedarf schnell zu korrigieren sind.

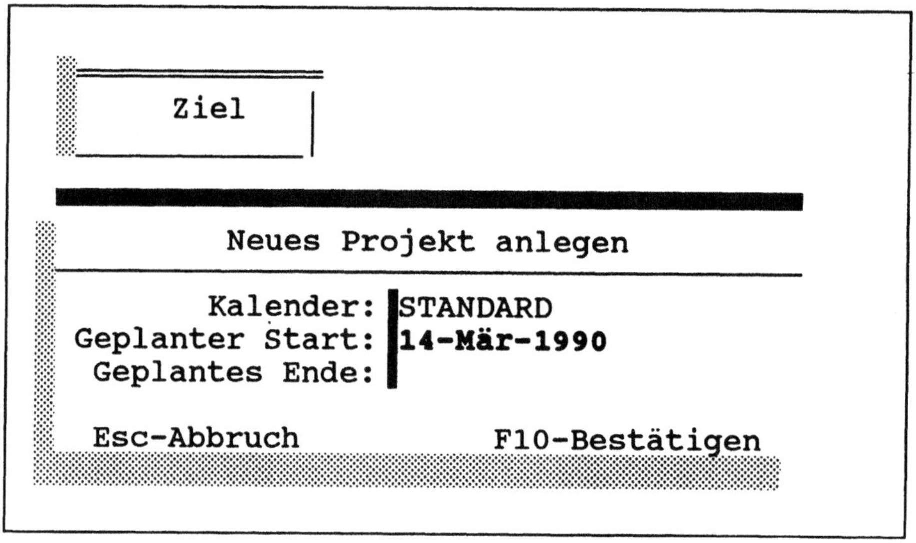

BILD 3.8-1 PROJEKT ANLEGEN MIT STRUKTURPLAN

Anders als beim Netzplan, der bei der Neuanlage einen Start- und einen Ende-Meilenstein anzeigt, erscheint hier nur ein 'Ziel'-Meilenstein. Dieser soll über verschiedene Aufgabenpfade erreicht werden. Um die Anordnung dieser Vorgänge zu regeln, wird über 'F4-Ändern' der Punkt 'Vorgang anlegen' gewählt (Siehe Bild 3.8-2). Im danach folgenden Formular (Siehe Bild 3.8-3) ist die gewünschte Vorgangs-Plazierung für die Gestaltung der nächsten Ebene zu wählen.

```
F4-Ändern

  1. Vorgang finden      Ctrl F
  2. Vorgang anlegen     Ctrl A
  3. Vorgang umsetzen    Ctrl U
  4. Vorgang löschen     Ctrl X
  ------------------------------
  5. Vorgänge ausblenden CTRL H
  6. Vorgänge anzeigen   CTRL T
```

BILD 3.8-2 'ÄNDERN'-MENÜ FÜR STRUKTURPLAN

```
              Vorgang anlegen
-------------------------------------------
Auf diesem neuem Level erfolgt die
Anordnung der Vorgänge generell:

 Parallel             Sequentiell

Die Antwort beeinflußt nur den Netzplan.
Esc-Abbruch              F10-Bestätigen
```

BILD 3.8-3 VORGANGS-ANORDNUNG IM STRUKTURPLAN

Bild 3.8-4 zeigt ein einfaches Beispiel für die Gestaltung eines Strukturplans (In Kapitel 1.11 sind die entsprechenden Zusammenhänge ausführlicher dargestellt).

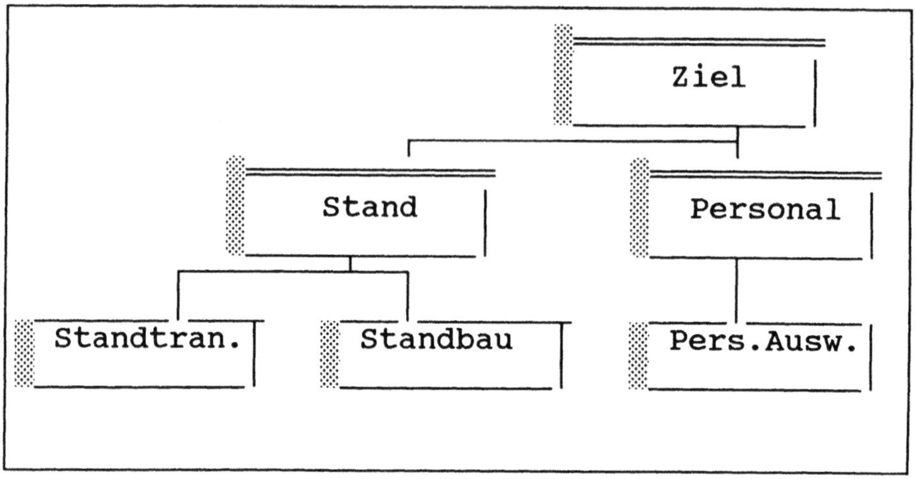

BILD 3.8-4 STRUKTURPLAN

Als eine besondere Möglichkeit bei der Benutzung des Strukturplans können bestimmte Planteile ausgeblendet werden. Da aus dem Strukturplan ein entsprechender Netzplan automatisch erstellt wird, kann über das 'F4-Ändern'-Menü (Bild 3.8-2) eingestellt werden, welcher Teil zur Zeit nur als Netzplan anzuzeigen ist.

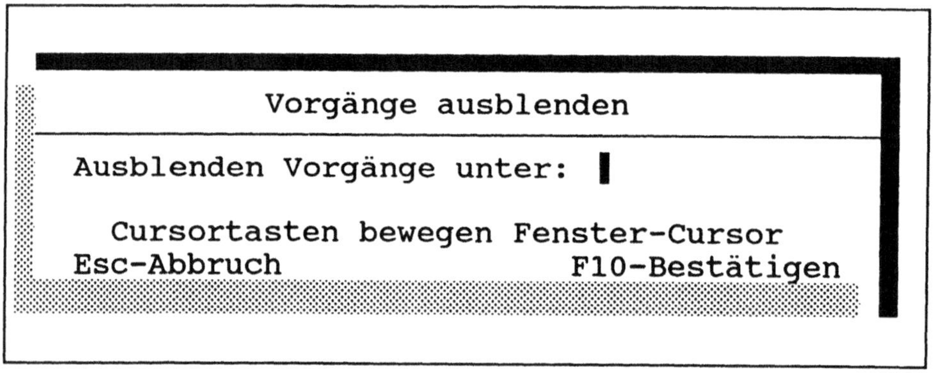

BILD 3.8-5 AUSBLENDEN VON VORGÄNGEN

In Bild 3.8-5 wird der Vorgang angegeben, 'hinter' dem die untergeordneten nicht mehr angezeigt werden sollen.

Die Daten verschiedener Gruppierungen von Vorgängen können zusammenfassend dargestellt werden, wenn im entsprechendenen Formular (Bild 3.8-6) diese Art der Übersicht gewählt wurde.

```
Übersicht Ein/Aus

Projektstrukturübersicht:  Ein ►Aus

Esc-Abbruch              F10-Bestätigen
```

BILD 3.8-6 PROJEKTSTRUKTUR-ÜBERSICHT-WAHL

Im Formular aus Bild 3.8-7 muß nur noch der gewünschte Vorgangsbereich angegeben werden - im Strukturplan ist der Aufbau anders, man gibt die Aufgabenebenen an.

```
 Wählen Sie die Projektstrukturplan-Ebene

Anz. aller Vorgänge von Ebene 1 bis Ebene: ▌0

  (Freilassen zur Anzeige aller Vorgänge)

 Esc-Abbruch                 F10-Bestätigen
```

BILD 3.8-7 TEILE DES NETZPLANS ZUSAMMENFASSEN

Etwas neues, aber sehr hilfreiches, ist die Strukturliste (Bild 3.8-8). Hier können sehr schnell die Vorgänge eingegeben und durch einfache Tastenbetätigung den einzelnen Ebenen zugeordnet, umgeordnet werden. In der PS-Code-Spalte erscheint automatisch die eindeutige Kennzeichnung der Einordnung jedes Vorgangs. Man sieht aus den zwei Zahlen die 'Spalte' und 'Zeile' dieser Tätigkeit, also den Tätigkeitsbereich und die dazugehörige Ebene.

Name	Ebn	Dauer	PS-Cd	Vera	Besch
.Konstr P	1	Tag K	1		
..Konst1	2	35,00 Tag K	1,1		
..Konst2	2	20,00 Tag K	1,2		
.Fertig S	1	Tag K	2		
..Fert1	2	20,00 Tag K	2,1		
..Fert2	2	15,00 Tag K	2,2		

Projektstrukturliste

BILD 3.8-8 PROJEKTSTRUKTURLISTE

3.9 FAST-TRACK

Ein ganz neues Gestaltungsmittel ist die Balkenplan-Variante FAST-TRACK. Die Balken eines zusammengehörenden Ablaufs sind hier ebenfalls hintereinander dargestellt (siehe Bild 3.9-1).

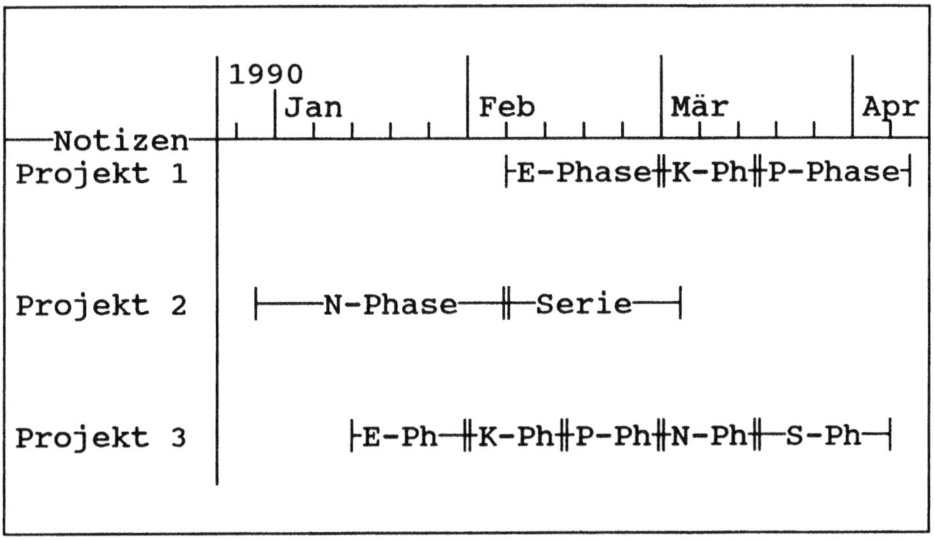

BILD 3.9-1 FAST TRACK PROJEKT-ÜBERSICHT

Die hier eingegebenen Vorgänge sind auch im Netz- oder Balkenplan anzusehen, müssen aber noch entsprechend verknüpft werden - besonders bei parallelen Abläufen. Mit einfachen Tastenkommandos können Vorgänge verschoben oder neu angelegt werden - das einfachste Eingabeverfahren aller Projektanlage-Methoden.

Mit dem üblichen Tastenaufruf CTRL-A wird ein Vorgang angelegt - es erscheint das Formular aus Bild 3.92 auf dem Bildschirm. Es reicht die Eingabe des Namens (möglichst kurz, wenn die Vorgangslänge im Verhältnis zum gewählten Maßstab nicht sehr lang ist), die Zeitdauer kann nachträglich leicht angepaßt werden. Erst sollten alle Vorgänge eingegeben werden, um den Projektinhalt komplett zu haben.

Soll später die Vorgangslänge eingegeben, korrigiert werden, dann reicht es aus, den Cursor auf dem entsprechenden Vorgang zu plazieren, um danach mit den Plus- oder Minustasten (im separaten Zahlenfeld) die Balkenlänge schrittweise zu verändern. Als Schrittgröße liegt dabei die im Projektformular eingestellte Zeiteinheit.

```
Vorgang anlegen

Vorgangsname: Konstr-Phase

Dauer:

  Wieviele Zeiteinheiten?   0,00
  Welche Zeiteinheit?     Mi St Tg Wh Mn Jh

Esc-Abbruch                    F10-Bestätigen
```

BILD 3.9-2 BEI FAST TRACK VORGANG ANLEGEN

Auch das Umsetzen eines Vorgangs ist einfacher als im Netz- oder Balkenplan. Mit einer Tastenkombination oder den 'F4-Ändern'-Menüpunkt erreicht man die Anzeige des Bildschirm-Hinweises aus Bild 3.93. Es muß nur noch der Cursor, und damit der plazierte Vorgang, zur richtigen Position verschoben werden und diese Aktion mit der F10-Taste abgeschlossen werden, dann hat der Balken seinen neuen Platz eingenommen.

```
Umsetzen:   Konstr-Phase

  Mit Cursortasten

  den Vorgang umsetzen

Esc-Abbruch         F10-Bestätigen
```

BILD 3.9-3 UMSETZUNGEN BEI FAST TRACK

Vorgangsnamen und -dauer können nachträglich auch über das normale Vorgangsformular verändert werden. Wichtige Aussagen zu der Funktion des Vorgangs, oder zu der ganzen Reihe der mit ihm hintereinander liegenden Balken, sollten aber in der vorderen Notizspalte eingegeben werden. Erreicht wird sie über die TAB-Taste, ihre Breite mit der Zoom-Funktion über die Tastenkombination CTRLZ in drei Stufen verändert.

3.10 FENSTER-BEDIENUNG

In Bild 3.10-1 ist das Fensterwahl-Menü gezeigt, das mit 'F5-Formate' und anschließend 'Fensterbelegung' erreicht wird. Durch einfache Kennzeichnung mit 'O' und 'U' können die zwei gewünschten Darstellungen für die 'Fenster' gewählt werden, die dann übereinander auf dem Bildschirm zu sehen sind (Beispiel in Bild 3.102).

```
                 Fensterbelegung
 ____________________________________________________
 O Netzplan                 | Vorgangsliste
 U Balkenplan               | Zuweisungsliste
   Projektstrukturplan      | Einsatzmittelliste
   Kostengrafik             | Projektstrukturliste
   Zuweisungsgrafik         | Vorgangsformular
   Auslastungsgrafik        | Projektformular
   Projektkalenderblatt     | Projektkalenderform.
   E-Mittelkalenderbl.      | E-Mittelkalenderform

              O = Oberes Fenster
              U = Unteres Fenster
```

BILD 3.10-1 WAHL DER FENSTERBELEGUNG

In Bild 3.10-2 ist das im vorigen Bild mit 'O' und 'U' eingestellte Beispiel zu sehen: Oben der Netzplan und unten der Balkenplan. Mit der Tastenkombination 'Ctrl-W', oder den Aufruf 'F5-Formate' und 'Fenster wechseln', kann das aktive Fenster gewechselt werden. Wird oben ein Vorgang mit den Cursor-Tasten positioniert, dann erscheint unten im Balkenplan der gleiche Vorgang im dort angezeigten Ausschnitt. Umgekehrt läuft diese Anzeige entsprechend ab.

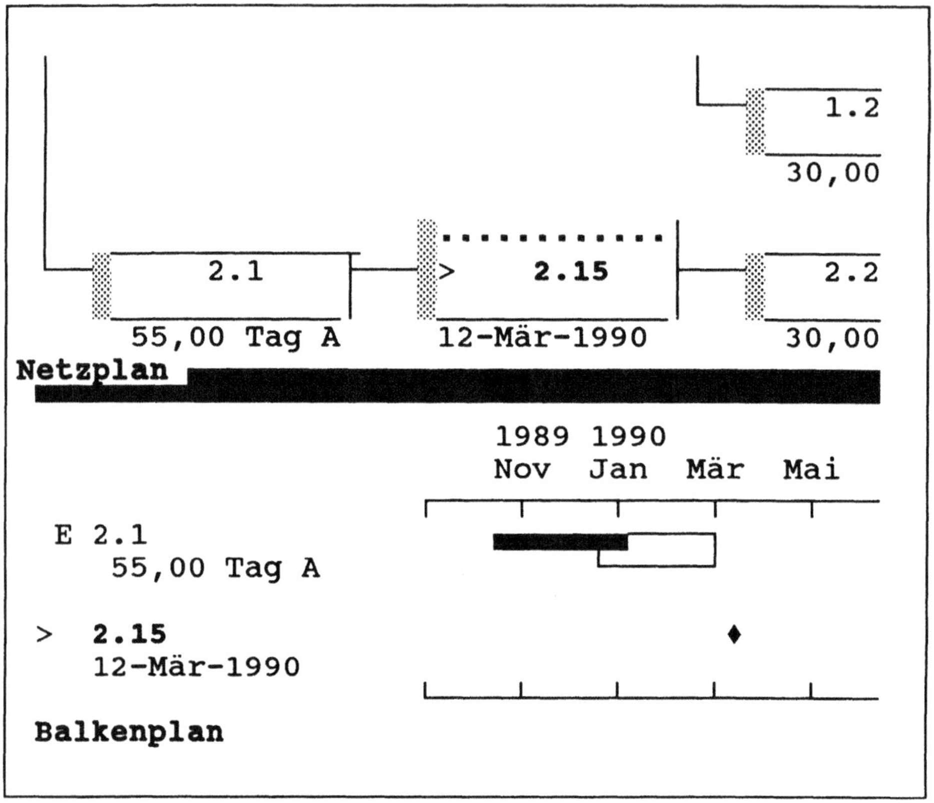

BILD 3.10-2 FENSTER MIT NETZ- UND BALKENPLAN

3.11 AUSDRUCKE

Das Vervielfältigen von Bildschirm-Darstellungen per Ausdruck ist für die Projekt-Arbeit sehr wichtig, weil damit für jeden Beteiligten spezielle Arbeitsunterlagen erstellt werden können. Aber es gibt noch weitere Auswertungsmöglichkeiten, die alle über den Eröffnungsmenüpunkt 'Auswertungen' aufzurufen sind, aber nicht auf dem Bildschirm dargestellt werden können.

3.11.1 Text-Tabellen

```
Textauswertungen
--------------------------------
Vorgangs-/Msteinformulare
Zusamm.Vorgangszuweisngen
Vorgangs-/Msteinliste
Projektliste
Einsatzmittelliste
Zuweisngen nach E-Mitteln
Zuweisngen nach Vorgängen
Zuweisungen nach Zeiten
Projektkosten nach Zeiten
Liste erwirt. Arbeit
Prjktstrktplan Auswertung
Prjktstrktplan Zusammenf.
Projektstrukturplan KTSB
Kalenderblatt
```

BILD 3.11.1 TEXT-AUSWERTUNGS-MÖGLICHKEITEN

Nach dem Aufrufen der Auswertungen erscheint die Liste für die Textauswertungen auf der linken Bildschirmhälfte (Siehe Bild 3.11.1). Die hier ausgewählten Auswertungsarten können durch Sortierungen und Bereichsfestlegungen vor dem Ausdruck noch weitgehend beeinflußt werden.

3.11.2 Text-Parameter-Einstellungen

Bei einigen Textausdrucken kann auch die Spaltenreihenfolge festgelegt werden. Mit Taste 'F2' und dem Menüpunkt 'Ausdruck Formatieren' erzeugt man auf dem Bildschirm z.B. ein Auswahl-Formular, wie in Bild 3.11.2-1 für die Zusammensetzung einer Einsatzmittel-Tabelle. Die gewünschte Spaltenreihenfolge wird durch die Zahleneingaben erzielt.

Spaltenreihenfolge Einsatzmittelliste

	Beschreibung	4	E-M Kalender
1	Menge		Max. Stunden/Tag
2	Zeiteinheiten	5	Verantwortung
3	Kosten/ZE		Code
	Mehrarbeitsrate		

BILD 3.11.2-1 AUSWAHL DER SPALTENREIHENFOLGE

Die hier anwendbaren Sortiermöglichkeiten und Bereichswahlen erscheinen in der nachfolgenden Darstellung. Sie entsprechen den Auswahlprinzipien, die schon bei den Vorgangslisten und Balkenplänen eingesetzt wurden (siehe Bild 3.11.2-2).

Das Drucken der Textauswertung wird mit 'F2' und 'Auswertung starten' in die Wege geleitet. In Bild 3.11.2-3 ist das zugehörige Druck-Formular zu sehen, in das eine Kopf- und Fußzeile mit Erläuterungen für den Ausdruck eingegeben werden kann. Ob der Ausdruck auf einen Drucker oder in eine Datei erfolgen soll, wird anschließend festgelegt, ebenso die Steuerzeichen, die das Druckformat beeinflussen sollen (Rand setzen, Schönschrift, usw.). Die letzte Zeile bezieht sich auf Endlos- oder Einzelblattpapier, für dessen Wechsel nach jeder Seite gewartet werden muß.

Sortierung/Auswahl Vorgangs-/Mstein-Formulare

Feld	Sortierung	Bereich
Projektname		**TEST1**
Projektverantw.		
Name	**1A**	
Startdatum		
Endedatum		
PLAN Start		
PLAN Ende		
PLAN Dauer	**2D**	
PLAN E-M Arbeit		
IST Start		
IST Ende		
IST Dauer		
IST E-M Arbeit		
Basisplan Start		
Basisplan Ende		
Frühester Start		
Frühestes Ende		
Spätester Start		
Spätestes Ende		
% Fertig		
Puffer		
Code		
Verantwortung		
PLAN E-M Kosten		
PLAN Sonst.Kosten		
PLAN Gesamtkosten		
IST E-M Kosten		
IST Sonst.Kosten		
IST Gesamtkosten		
Prj. E-M Kosten		
Prj. Sonst.Kosten		
Prj. Gesamtkosten		

BILD 3.11.2-2 GESTALTUNG VON TABELLEN

```
            Optionen Textauswertungen
  ------------------------------------------------
        Kopfzeile: ▌ AKTUELLER AUSDRUCK (MEIER)

        Fusszeile: ▌

        Dateiname: ▌
    Ausgabe auf: >Drucker     Datei

  Kontrollcodes: ▌

  Pause bei Seitenwechsel: >Ja    Nein
```

BILD 3.11.2-3 FORMULAR TEXTAUSWERTUNG

3.11.3 Grafik-Ausgabe

```
              Grafikauswertungen
        ------------------------------
              Fast Track Plan
              Balkenplan
              Netzplan
              Netzplan Halbzoom
              Netzplan Zoom
              Netzplan Zeitrelativ
              Projektstrukturplan
              Kostengrafik/Kumuliert
              Kostengrafik/Zeiteinheit
              Kostgrafik/erwirt. Arbeit
              Einsatzmittel-Zuweisungen
              Einsatzmittel-Auslastung
```

BILD 3.11.3-1 GRAFIK-AUSWERTUNGS-MÖGLICHKEITEN

Die Grafikauswertungen werden entsprechend den zugehörigen Bildschirm-Darstellungen ausgeführt. Die gewünschten Einstellungen der Grafikgestaltungen der Abbildungen sind darum schon bei den jeweiligen Programmschritten durchzuführen. Die Auswahl (Bild 3.11.3-1) entspricht somit den beschriebenen Grafikmöglichkeiten des Programms.

```
             Optionen Grafikauswertungen
 ______________________________________________________
 Kopfzeile: ▌ Projekt-Kosten E-HERD321 (Meier)

 Fusszeile: ▌ Ersetzt Ausgabe vom 23.2.90

 Dateiname: ▌
Ausgabe auf: Drucker Drdatei Plotter Plottdatei

              Orientierung: Normal  Seitwärts
             Seitenwechsel: Ja      Nein
   Pause bei Seitenwechsel: Ja      Nein

           Ausgabequalität: Gering  Hoch
       Farbige Druckausgabe: Ja      Nein
   Stiftwechsel beim plotten Ja      Nein
   Auf Transparent plotten: Ja      Nein

 Markierung Zeitskala: Ausgeben   Unterdrücken
             Legende: Ausgeben   Unterdrücken

 Skalierung in Prozent: 125
```

BILD 3.11.3-2 GRAFIK: AUSWERTUNGS START

In Bild 3.11.3-2 ist im mit 'F2' und 'Auswertung starten' erzeugten Formular eine Kopf- und Fußzeile anzugeben. Die weiteren Einstellmöglichkeiten sind im folgenden Teil erläutert:

Druckformat

In oberen Formularteil ist einzugeben, ob der Ausdruck auf Drucker, Plotter oder in eine benannte Datei erfolgen soll. Der Seitenwechsel ist auf mehrere Arten beeinflußbar, da z.B. bei Netzplänen in Verbindung mit Endlospapier ein ununterbrochener Ausdruck sinnvoll ist. Wenn zusätzlich noch Querausdruck gewählt wurde, kann ein umfangreicher Netzplan im Endlosformat zusammenhängend gedruckt werden.

Drucktechnik

Wird die Einstellung 'Hohe Ausgabequalität' gewählt, benötigt der Ausdruck auch ein mehrfaches an Zeit. Falls gewünscht, kann bei geeignetem Drucker auch ein Farbdruck erfolgen. Wurde ein Plotter gewählt, können die Stifte für eventuellen Farbwechsel getauscht werden. Das Plotten auf Transparentfolie wird langsamer ausgeführt.

Zusatz-Markierungen

Die 'Markierung-Zeitskala' zeigt mit Linien die Skalierung über den ganzen Ausdruck an. Das Einbeziehen der 'Legende' in die Druckgrafik kann sehr wichtig sein, da sie alle im Ausdruck verwendeten grafischen Symbole zeigt und erläutert. Personen, die nicht regelmäßig mit diesen Unterlagen arbeiten, verstehen damit die Pläne besser.

Skalierung

Eine ganz besonders wichtige Eingabe ist die hier einzusetzende Ausdruckgröße. Damit kann man die Grafiken dem Druckformat so anpassen, daß z.B. ein Netzplan noch auf ein Blatt paßt.

3.11.4 Drucken mit Schablonen

Eine wichtige Neuerung bei HPM III sind die 'Schablonen'. Dabei handelt es sich aber einfach nur darum, daß die Formatierungs-Formulare für einen Ausdruck gespeichert werden. Wird später ein neuerer Ausdruck dieser Auswertung benötigt, muß man nicht erst wieder alle Parameter neu eingeben - oder sogar austesten, ob der Ausdruck auch wirklich auf das Papierformat paßt. Auch für ähnliche Druckvorhaben kann man auf passende Schablonen zurückgreifen.

```
F2-Optionen      F3-Listen

▸ 1. Auswertung starten
  2. Mit Schablone starten
  3. Batch-Auswertung
  4. Sort./Auswahl
```

BILD 3.11.4-1 DRUCKFORMATIERUNG STARTEN

Im Auswertungsteil wählt man normalerweise den Menüpunkt 'F2-Optionen', um dort die Auswertung zu starten, also die Ausdruckparameter festzulegen (siehe Bild 3.11.41).

```
F4-Schablonen

▸ 1. Schablone anlegen
  2. Schablone ändern
  3. Schablone löschen
```

BILD 3.11.4-2 SCHABLONE FÜR AUSDRUCKE

Sollen diese Eingaben aber für später gespeichert bleiben, dann ist Menüpunkt 'F4Schablonen' zu benutzen (siehe Bild 3.11.42). Danach hat sich die Auswahl im Menüpunkt 'F2Optionen' gewandelt, da ja die Wahl für die Schablonenbenutzung schon erfolgt ist (Bild 3.11.4-3). Hat man Schablonen angelegt, dann kann man diese aber sogleich im F2-Menü auswählen ('2. Mit Schablone starten').

```
F2-Optionen

▸ 1. Mit Schablone starten
  2. Batch-Auswertungen
```

BILD 3.11.4-3 GEÄNDERTES MENÜ DURCH SCHABLONE

Bild 3.11.4-4 zeigt die Auswahlmöglichkeiten zwischen den Auswerteinhalten und deren Form (Schablonen). Es können also im Wechsel Tabellen für die verschiedenen Projektdarstellungen (also der normalen Anzeige beim Aufruf des Menüpunktes Auswertungen) oder für die vorhandenen Formatsschablonen aufgerufen werden.

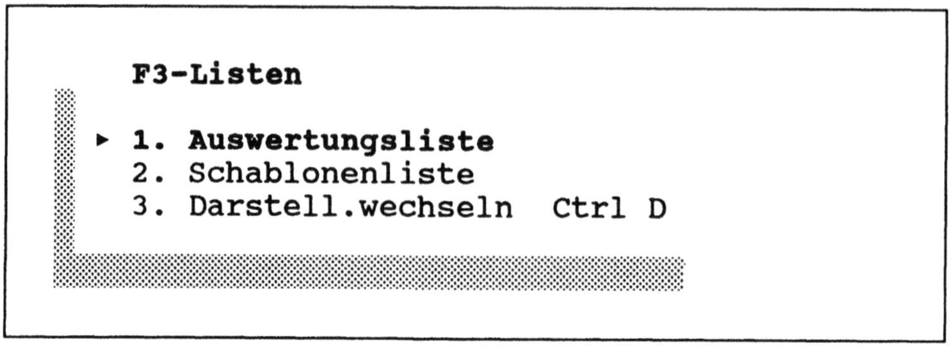

BILD 3.11.4-4 DARSTELLUNG WÄHLEN FÜR AUSDRUCKE

Hat man eine Schablone, also ein Ausdruckformat, festgelegt, dann gibt man ihr nicht nur einen Namen, sondern kann noch mit zusätzlichen Angaben (Beschreibung) über ihren Einsatzzweck sie für spätere Nutzungen besser kenntlich machen (siehe Bild 3.11.45).

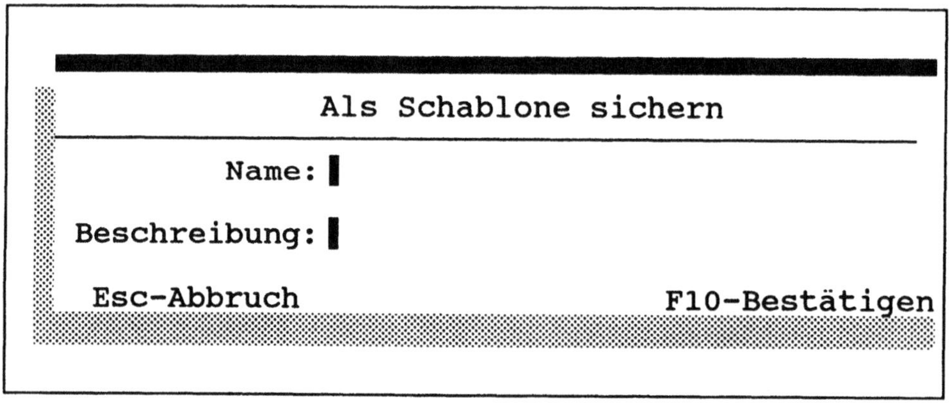

BILD 3.11.4-5 SPEICHERN EINER SCHABLONE

3.12 DATEN-ÜBERGABE VON UND ZU FREMDPROGRAMMEN

Bei der Ausgabe der Textdrucke konnte gewählt werden, ob die Auswertung in eine Datei erfolgen soll (Bild 3.12-1). Diese Datei kann in Formaten erzeugt werden, die von anderen Programmen zu lesen sind.

```
              Optionen Textauswertungen
 ----------------------------------------------
      Kopfzeile: ▌

      Fusszeile: ▌

      Dateiname: ▌ KOSTEN2
    Ausgabe auf:   Drucker      >Datei

 Kontrollcodes: ▌

 Pause bei Seitenwechsel: Ja      Nein
```

BILD 3.12-1 FORMULAR TEXTAUSWERTUNG

In Bild 3.12-2 ist das Formatierungsmenü zu sehen, das gezeigt wird, wenn die Ausgabe in eine Datei erfolgen soll. Es gibt hier auch wieder die Möglichkeit, eine Druckdatei zu erzeugen, aber für die normale Arbeit wichtiger sind die Lotus- und dBase-Formate. Mit diesen Programmen können die HPM-Daten weiterverarbeitet werden. Ist das gewünschtes Format jedoch in dieser Liste nicht dabei, könnte es möglich sein, die Umwandlungsmöglichkeiten des Lotus- oder Dbase-Programms zu nutzen und dort mit einem zweiten Wandlungsschritt das gewünschte Datenformat zu erhalten. Beim angegebenen ASCII-Format geht leider die Tabellenstruktur verloren. Diese kann aber in den entsprechenden Programmen mit einer selbsterstellten, passenden Programmierung neu hergestellt werden.

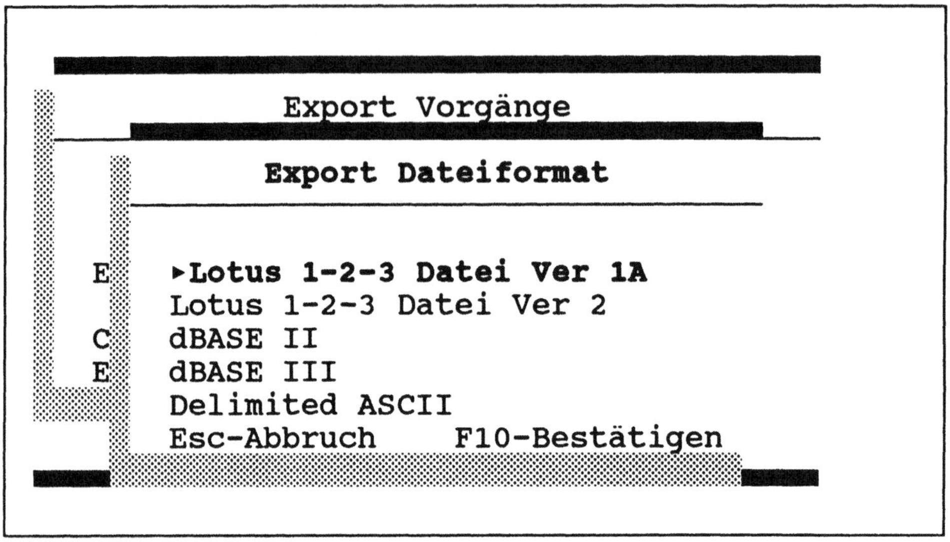

BILD 3.12-2 TEXT-DATEIWAHL FÜR FREMDBEARBEITUNG

Wird im Hauptmenü 'Import/Export' gewählt, so erreicht man dort über die Funktionstaste F2 eine Menüauswahl wie in Bild 3.123 gezeigt. Gleichzeitig erscheint im Hintergrund eine Auflistung der Dateien des aktuellen Verzeichnisses. In diesem Verzeichnis wird entweder eine Dateiname zum Laden (Import) oder einer gewählt, in den die Daten abzuspeichern sind (Export). Zumeist wird aber für den Export von Daten eine neue Datei angelegt, so daß ein passender Name anzugeben ist.

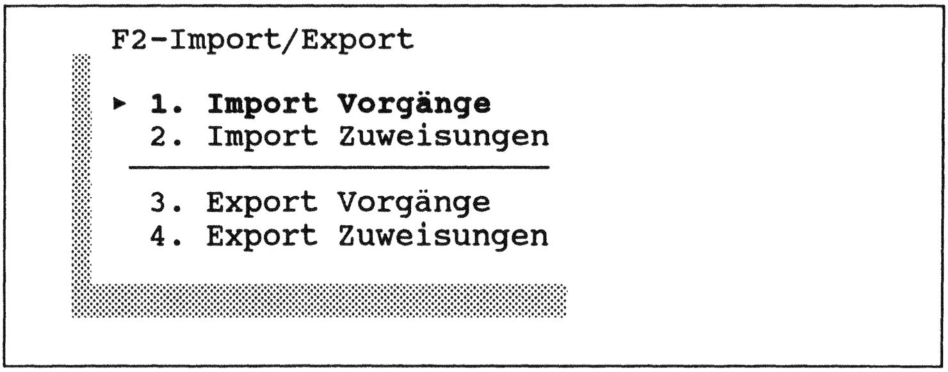

BILD 3.12-3 IMPORT/EXPORT-MENÜ

Das dazugehörige Import-Eingabe-Formular ist in Bild 3.124 zu sehen. Wenn der Cursor im Feld 'Import von:' plaziert wurde, kann man entweder einen Dateinamen eingeben, oder wählt ihn mit dem Cursor in der dahinterliegenden Liste.

```
                  Import Vorgänge
   Import von:

   nach Projekt:


Cursortasten bewegen Fenster Cursor
Esc-Abbruch                 F10-Bestätigen
```

BILD 3.12-4 EINGABE VON IMPORTDATEI UND PROJEKT

Ist im aktuellen Verzeichnis die gesuchte Datei nicht zu finden, dann kann man es über das F3-Menü 'Unterverzeichnisse' wechseln (Bild 3.12-5). Ebenfalls erreicht man über dieses Menü auch die Listen zum Laden von Projekten und Kalendern. Umgekehrt sind die Import/Export-Funktionen auch über den Hauptmenüpunkt '5. Laden/Sichern/Löschen' zu erreichen.

```
        F3-Unterverzeichnisse

   1. Projektliste               Ctrl L
   2. Kalenderliste              Ctrl C
   3. Darstellung wechseln       Ctrl D
 ▸ 4. Import/Export Verzeichnis wechseln
```

BILD 3.12-5 IMPORT/EXPORT-ANZEIGEN WECHSELN

3.13 INSTALLIERUNG

3.13.1 Auf Festplatte installieren

HPM III sollte für die Benutzung auf die Festplatte übertragen werden, da das Programm nicht nur sehr langsam, sondern auch sehr umfangreich ist. Ein Rechner mit zwei 720 kB-Laufwerken oder ein AT-Rechner mit einem 1,2 MB-Laufwerk würden von der Diskettenkapazität zwar ausreichen, doch eine Festplatte besitzt die erheblich höhere Geschwindigkeit beim Laden und Speichern - die Wartezeiten auf das Erscheinen einer neuen Bildschirm-Darstellung werden dadurch wesentlich geringer.

Das einfachste Verfahren zur Installierung des Programms auf der Festplatte ist im folgenden beschrieben (Jeder Schritt wird mit der RETURN-Taste abgeschlossen):

```
C:              = Festplatte C wählen
cd\             = Wahl des Hauptverzeichnisses
md\hpm          = Anlegen Unterverzeichnis HPM
cd\hpm          = Wechsel in neues Unterverz.
A:              = Disk-Laufwerk A wählen
copy *.* C:     = Disketteninhalt auf C kopier.
```

Nacheinander werden die ersten drei Disketten in Laufwerk A gelegt und mit der wiederholten Eingabe des letzten Kopierbefehls auf die Festplatte kopiert. Die fünfte Diskette enthält neben dem Tutorial ein Konvertierungs-Programm, das Dateien von HTPM I und HTPM II (und auch anderen Programmen) ins Format von HPM III umwandelt.

Die nächsten Schritte zum Starten von HPM sind folgende:

```
C:              = Wechsel auf die Festplatte
cd\hpm          = Wechsel in das Unterverzeichn.
hpm             = Aufruf von HPM
```

Will man nicht jedesmal erst in das HPM-Unterverzeichnis wechseln, um das Programm zu starten, empfiehlt es sich, im Hauptverzeichnis eine Start-Datei zu erstellen:

```
C:                  = Wahl der Festplatte
cd\                 = Wahl des Hauptverzeichnis
copy con HPM.bat= Anlegen der Datei
cd\hpm              = Befehl: Wechsel in Unterv.
hpm                 = Befehl: Programmstart
cd\                 = Befehl: Rückkehr in HVerz.
'F6'                = Taste F6 für Datei-Ende
```

Jetzt kann durch die Eingabe von 'hpm' jederzeit das Programm gestartet werden, ohne erst das entsprechende Unterverzeichnis aufsuchen zu müssen. Natürlich gibt es noch elegantere Menütechniken für die verschiedenen Programmaufrufe, doch reicht dieses Verfahren erst einmal aus.

3.13.2 Start aus Dateiverzeichnis

Um die Projekt-Dateien besser sichern zu können (Siehe 'BACKUP'), ist es ratsam, ein eigenes Unterverzeichnis nur für diese Dateien anzulegen. Das entsprechende Vorgehen, in Ergänzung der vorher beschriebenen Schritte, ist folgendes:

```
C:              = Wahl der Festplatte
cd\hpm          = Wechsel in Programm-Verzeichn.
md\dat          = Anlegen Dateien-Verz. 'DAT'
```

Für den Programm-Start muß noch weiteres geändert werden, damit das Programm beim Aufruf die Projektdateien aus diesem Verzeichnis automatisch benutzt. In der Startdatei des Computers 'autoexec.bat' ist meistens eine Zeile mit dem automatischen Suchpfad vorhanden. Dieser ist um folgendes zu erweitern:

```
path=c:\hpm        = Neuer Suchpfad
```

Aber auch die Datei im Hauptverzeichnis, mit der HPM aufgerufen werden soll, muß anders aussehen. Mit 'del hpm.bat' und anschließendem 'RETURN' wird die alte Datei gelöscht, um eine neue gleichen Namens anzulegen:

```
c:                  = Festplatte aufrufen
cd\                 = Hauptverzeichnis wählen
copy con hpm.bat    = Datei anlegen
cd\hpm\dat          = Befehl: Unterverz.aufruf.
hpm                 = Befehl: Programm starten
cd\                 = Befehl: Zurück in Hauptv.
'F6'                = Taste F6 für Datei-Ende
```

Der mit dem Aufruf 'hpm' ausgelöste Ablauf funktioniert so: Der Computer wechselt ins Datei-Unterverzeichnis 'dat' und versucht dort, das Programm mit 'hpm' zu starten. In diesem Verzeichnis findet er aber kein Programm mit diesem Namen, worauf er in den im PFAD definierten Verzeichnissen sucht. Dort steht auch der Eintrag des Unterverzeichnisses 'hpm', in dem nun der Programmstart ausgeführt werden kann. Da der ursprüngliche Programm-Aufruf aber aus dem Datei-Verzeichnis '\hpm\dat' erfolgte, weiß so das Programm, wo es die Projekt-Dateien suchen soll.

Eine umständlichere Methode ist bei jedem Programm-Start die jeweilige Eingabe des Dateienverzeichnis im Programm. Dazu muß die Projektlisten-Darstellung und in ihr mit 'F3' das Menü zum Wechsel des Unterverzeichnisses aufgerufen werden. Im vorgesehenen Feld ist der Name des Datenverzeichnisses einzugeben.

3.13.3 Konfigurierung

Im Eröffnungsmenü ist der Punkt 'Konfigurierung' zu wählen. Dahinter verbergen sich die verschiedenen Möglichkeiten, das Programm an die vorhandene Hardware, also z.B. Drucker oder Monitor anzupassen. Zuerst erscheint die Anzeige der zur Zeit vorhandenen Einstellungen, wie sie zum Beispiel in Bild 3.13.3-1 zu sehen sind.

Die einzelnen Einstellungen können geändert werden, indem man mit 'F2' oder 'F3' die zugehörigen Konfigurations-Menüs auswählt. In Bild 3.13.3-2 sind die beiden dann angezeigten Auswahlen zu sehen. Mit 'F2' kann die Druckausgabe eingestellt werden, mit 'F3' die Farbeinstellung, das Start-Arbeitsblatt und das Zeitformat.

Wurde Konfiguration 'Textdrucker' gewählt, erscheint eine umfangreiche Liste von Druckern, von denen Bild 3.13.3-3 nur einen Ausschnitt zeigt. In dieser Tabelle wählt man den vorhandenen Drucker mit dem Cursor-Balken aus und bestätigt diese Wahl mit der RETURN-Taste. Sollte der gesuchte Drucker nicht vorhanden sein, hilft oft die Wahl von 'IBM Graphics' zufriedenstellend weiter.

```
Textdrucker:     IBM Graphics
                 Parallel-Ausgang

Grafikdrucker:   IBM Graphics
                 Parallel-Ausgang

Plotter:         (undef.)

Bildschirm:      Farbwahl #2

Projektanlage:   Netzplan

Datumformat:     TT/MM/JJ
Zeitformat:      24-Std.
Dezimalformat:   1000,00
```

BILD 3.13.3-1 KONFIGURATIONS-ANZEIGE

Für den gewählten Drucker folgt nun das Einstellungs-Formular für einige wichtige Papier- und Anschlußdaten. Als erstes kann der linke Rand festgelegt werden. Er sollte nicht zu groß sein, damit möglichst breite Tabellen erstellt werden können.

Die vorhandene Papiergröße ist für den Ausdruck ebenfalls sehr wichtig: Wird der Drucker mit Endlospapier benutzt, kann in der Regel das US-Format gewählt werden, da die Seiten etwas länger sind. Plant man Kopien von den Ausdrucken zu machen, kann es mit dieser Ausdruckgröße etwas knapp werden.

Die Druckerschnittstelle des Computers ist in den meisten Fällen mit 'LPT1' anzugeben, der parallelen Drucker-Schnittstelle. Für einen seriellen Drucker wird 'COM1' angegeben. Zusätzlich wird dann aber auch

```
F2-Druck/Plot

1. Konfigurieren Textdrucker
2. Konfigurieren Grafikdrucker
3. Konfigurieren Plotter


F3-Sonstige

1. Farben wechseln
2. Projektanlage-Fenster wechseln
3. Internationale Formate wählen
```

BILD 3.13.3-2 KONFIGURIERUNGS-MENÜS

noch die Eingabe der Übertragungswerte im unteren Formularteil benötigt.

```
Auswahl Textdrucker
-----------------------------------------------------
IBM Graphics             Okidata µ84 step 2
IBM ProPrinter, XL       Okidata µ92/93
IBM QuietWriter 2        Okidata µ182/183
Epson EX Series          Okidata µ192/193
Epson FX Series          Okidata µ292/293/29..
Epson JX Series          Okidata Pacemark 24..
Epson LX/RX Series       HP ThinkJet
Epson MX Series          HP QuietJet
Epson LQ-800/1000        HP LJet COUR Port
Epson LQ-1500            HP LJet COUR Land
Epson LQ-2500            HP LJet LINE Port
```

BILD 3.13.3-3 DRUCKER-AUSWAHL (Ausschnitt)

Konfigurieren Textdrucker

Linker Randabstand: ▌ 3

Papiergr.: US-Normal US-Breit **A4-Norm** A4-Breit

Port: prn **lpt1** lpt2 lpt3 aux com1 com2

Serielle Ausgabe

Baudrate:	9600	4800	2400	1200	300
Daten-Bits:	8	7			
Stop-Bits:	1	2			
Parity:	None	Odd	Even		
Xon/Xoff:	Ja	Nein			

BILD 3.13.3-4 DRUCKER-KONFIGURIERUNG

Für die einzustellenden Grafik-Drucker und Plotter ist die Vorgehensweise und die Art der Formulare vergleichbar. Bei der Plotter-Konfiguration kommt nur noch die Handhabung der verschiedenen Stifte hinzu.

Projektanlage-Fenster wechseln

Projekte anlegen über:
- Fast Track
- Projektstrukturliste
- Projektstrukturplan
- **Netzplan**
- Balkenplan
- Vorgangsliste

BILD 3.13.3-5 ARBEITSBLATT-KONFIGURIERUNG

In Bild 3.13.3-5 wird ein Menü gezeigt, in dem das Arbeitsblatt zu wählen ist, welches nach dem Aufruf 'Projekt erstellen' automatisch als erstes erscheinen soll. Für normale Projekte ist wohl am Besten der Netzplan zu wählen.

Die Formate für das Datum, die Zeit und die Zahlenangaben sind im Formular des Bildes 3.13.3-6 zu sehen und können den eigenen Wünschen angepaßt werden. In diesem Beispiel sind die wohl gebräuchlichsten Einstellungen außerhalb des englischen Sprachraums markiert.

```
          Internationale Formate wählen
-----------------------------------------------------
     Datumformat:  TT/MM/JJ   MM/TT/JJ   JJ/MM/TT
     Zeitformat:  am/pm      24-Std.
 Dezimalformat:  1000.00    1000,00
```

BILD 3.13.3-6 FORMAT-KONFIGURIERUNG

Die Farbeinstellung sollte mit Bedacht ausgewählt und gründlich ausprobiert werden. In Bild 3.13.3-7 sind die vier Möglichkeiten gezeigt, deren Test auf dem Monitor recht unterschiedliche Ergebnisse hervorrufen. Wichtig ist es, eine Einstellung zu finden, bei der die Schriften und Grafiken in den verschiedenen Farbdarstellungen möglichst gut voneinander zu unterscheiden sind. Bei manchen Farbmonitoren sind inverse Schriften fast nicht mehr zu erkennen. Zum Testen eignet sich der Netzplan sehr gut, wenn man in ihm fertige, begonnene und kritische Vorgänge von ihrer farblichen Kennzeichnung vergleicht. Auch auf die deutliche Hervorhebung des momentan positionierten Vorgangs ist zu achten.

```
        Farben wechseln
-----------------------------
        Farbwahl #1
        Farbwahl #2
        Farbwahl #3
        Monochrome
```

BILD 3.13.3-7 MONITOR-KONFIGURIERUNG

3.13.4 Beschleunigtes Arbeiten

Der Geschwindigkeits-Faktor wurde schon im Kapitel der Installation auf einer Festplatte angesprochen. Bestimmte Aufgaben erledigt das HPM-Programm sehr zeitaufwendig, da es immer wieder neue Programmteile in den Speicher lädt, und vorher die alten Daten speichert. All diese Zugriffe werden durch die vorhandene Geschwindigkeit des Speichermediums bestimmt. Je schneller also die Festplatte ist, desto weniger Zeit muß gewartet werden.

Eine schnellere Zugriffsmöglichkeit bietet eine RAM-Disk, also die Simulation eines Laufwerks im Speicher. Der Zugriff auf Daten im Speicher ist um ein mehrfaches schneller als bei einer Festplatte. Eine RAM-Disk läßt sich für diese Zwecke aber nur durch eine Speicher-Aufrüstung über die 640 KByte-Grenze hinaus realisieren, z.B. durch ein sogenanntes Above-Board, eine Steckkarte mit entsprechender Speicherbaustein-Bestückung. Ihre Größe sollte schon bei 1 MByte liegen, um die wichtigsten Dateien dort abzulegen.

Auf die RAM-Disk sind die Projekt- und die Programm-Overlay-Dateien zu kopieren. Um den korrekten Zugriff auf diese Dateien zu gewährleisten, ist der DOS-Suchpfad um den Laufwerksnamen der RAM-Disk und danach um den Verzeichnisnamen des Programm-Verzeichnisses zu ergänzen. Zu starten ist das Programm von der RAM-Disk. Die dafür zu erstellende BATCH-Datei erhält im Programmaufruf die Angaben des Programm-Verzeichnisses (z.B.: c:\hpm\hpm).

Das Arbeiten mit einer RAM-Disk ist etwas riskant, da eine Sicherung der Daten während der Arbeit nicht mehr erfolgen kann. Bei Betriebsstörungen oder Stromausfall sind alle geänderten Daten verloren, da es sich nicht um einen Dauerspeicher handelt. Erst beim Verlassen des Programms kann auf die RAM-Disk zugegriffen werden, und dann sollte die Datensicherung auch sogleich erfolgen. Trotz dieser Umstände ist der Geschwindigkeitsvorteil durch eine RAM-Disk so wesentlich (ca. 10-fach, je nach der Hardware), daß dieses Risiko eingegangen werden sollte, gerade bei der Verwaltung großer Projekte. Mit mehreren Unterprojekten können sich sonst leicht Kalkulationszeiten von 15 Minuten ergeben!

Natürlich spielt auch der Computertyp eine wesentliche Rolle. Je höher die Arbeitsfrequenz ist, und je effektiver der Prozessor arbeitet (8, 16 oder 32 BIT), desto schneller laufen die Programm-Aktionen im Speicher ab. Das Sortieren von Listen oder Balkenplänen wird dadurch statt in Minuten in Sekunden erfolgen. Besonders die zeitintensive Kalkulation des Projektes kann dann häufiger durchgeführt werden. Grundsätzlich sollte das Programm aber auf 'Manuelle Kalkulation' eingestellt sein ('F6-Rechnen' - 'Kalkulation Ein/Aus'), um nicht bei jeder Eingabe unnötig lange warten zu müssen.

3.13.5 Tastaturmakros

Das Programm unterstützt viele Befehle durch Direktwahl in Form von Tasten-Kombinationen, z.B. 'Ctrl-B' für den Aufruf des Balkenplans. Es gibt aber noch viele Abläufe, deren Durchführung über die verschiedenen Menüs langwierig ist. Aber auch für die wiederholte Eingabe von z.B. den gleichen Einsatzmittel-Namen wäre die Benutzung einer Tastenkombination wünschenswert.

Eine einfache Möglichkeit, diese Vorstellung zu realisieren, stellen kleine speicherresidente Programme dar, die vor dem Hauptprogramm geladen werden und eine beliebige Tastenbelegung erlauben. Als Beispiel seien nur das Programm 'Prokey' und die Tastatur 'Irmakey' stellvertretend für viele andere genannt. Da HPM viel Speicherplatz selbst benötigt, bleibt für das Tastaturprogramm nicht viel Speicher übrig. Deshalb muß auf die Installierung weiterer residenter Hintergrundprogramme verzichtet werden.

Die während der Benutzung von HPM erstellte spezielle Tastenbelegung kann nach Verlassen von HPM gespeichert werden. Bei seinem Wiederaufruf steht sie erneut zur Verfügung.

Empfehlenswert ist z.B. die Belegung der Funktionstasten oder der oberen Zahlenreihe, in Verbindung jeweils mit der Ctrl- oder ALT-Taste. Dort können dann die Namen der wichtigsten Einsatzmittel programmiert und auf einer Tastatur-Schablone vermerkt werden. Ebenso sind auf einen Tastendruck bestimmte, immer wieder verwendete Fensterkombinationen (z.B. oben Netz- und unten Balkenplan) aufzurufen - die gesamte Programm-Bedienung wird somit komfortabler und viel schneller.

3.14 UNTERSCHIEDE DER PROGRAMM-VERSIONEN

Für den erfahrenen Benutzer von HTPM I ist der Übergang zur neuen Version nicht ganz einfach, da sich vieles geändert hat. Über das gestiegene Leistungsspektrum des Programms wird sich jeder freuen, doch hat sich besonders an der Bedienung so grundsätzliches gewandelt, daß ein teilweises Neulernen erforderlich ist. Für den Umsteiger auf die Version HPM III soll die Beschreibung der Unterschiede das Umlernen erleichtern. Aber nicht verschwiegen soll auch werden, daß es Gründe geben kann, bei HTPM II zu bleiben. Deshalb dient dieses Buch der Unterstützung aller Versionen, eingeschränkt nur durch deren Leistungsumfang.

3.14.1 Verschiedene Bedienung (HTPM I zu HTPM II)

Die Unterschiede in der Bedienung sind sehr groß, da es sich um eine ganz neue Benutzeroberfläche handelt. Die bisherige Version besaß verschiedene Arbeitsebenen, die man in Vorwärts-Richtung über mehrfache Menüauswahl durchlief. Rückwärts konnte man den Weg zum Startmenü durch mehrfaches Drücken der 'ESC-Taste' erreichen. Jede Ebene hatte ihre spezielle Menüleiste am unteren Bildrand. Ein dort gewählter Befehl erzeugte nur selten erst wieder ein weiteres Menü.

Beim Programm HTPM II gibt es im Prinzip nur noch eine Hauptarbeitsebene mit einer Menüleiste. Hinter jedem Menüpunkt verbirgt sich ein weiteres, umfangreiches Menü. Diese Änderung war notwendig geworden, da die Vielzahl der neuen Möglichkeiten auch zu bedienen sein mußte. War das alte System durch die direkte Bedienung wohl schneller als der neue Weg durch die verschiedenen Menüs, so gibt es jetzt, durch die Möglichkeit die wichtigsten Befehle mit Tastenkombinationen aufzurufen, doch eine erhebliche Verbesserung. Diese Tastenkombinationen sollte man sich aus der 'Hilfeliste' ausdrucken, um eine Gedächtnisstütze zu haben.

Ein großer Bedienungsvorteil ist die neue Möglichkeit, die automatisch nach einer Eingabe erfolgende Kalkulation abschalten zu können. Da der Zeitaufwand für diese Neuberechnung bei größeren Projekten je nach Computerausführung im Minutenbereich lag, war das Arbeiten mit dem Programm sehr nervenzehrend. Jetzt kann nach Abschluß aller Eingaben die Kalkulation manuell aufgerufen werden, erst dann entsteht die Wartezeit, aber eben nur dieses eine Mal.

Die Formulare für die Eintragungen und Anzeigen von Berechnungen haben sich erheblich gewandelt. Sie sind tabellarischer, nüchterner geworden, da die Vielzahl neuer Informationen auf einer Bildschirmseite Platz finden mußte. Statt wie bisher vom Programm bei der Eingabe in die vorgesehenen Felder unterstützt zu werden, z.B. durch das richtige

Anfügen der Monats- und Jahreszahl bei Termin-Eingaben, muß jetzt jeder Wert bis zur letzten Stelle korrekt eingegeben werden. Kein Komma oder Punkt darf falsch sein. Auch steht kaum einmal eine Menüleiste bereit, aus der man nur noch den richtigen Wert auswählen muß.

Die neue Eingabemöglichkeit mit Hilfe von selbst zu gestaltender Listen ist ein großer Vorteil für eine schnelle Eingabe oder Kontrolle. Doch die Tabellen werden so breit und unübersichtlich, daß das Suchen der richtigen Felder recht mühselig sein kann.

3.14.2 Veränderte Programmteile

Jede Versionsänderung bringt auch immer inhaltliche Veränderungen mit sich. Der Sprung von HTPM I auf HTPM II war am umfangreichsten, jedoch auch beim Wechsel auf HPM III wurde nicht nur 'verfeinert', sondern man ergänzte auch ganze Programmteile.

3.14.2.1 Änderungen bei HTPM II

Die Benutzeroberfläche ist wohl der wichtigste Programmteil, der 'modernisiert' wurde. Aber auch andere Programmteile und Anzeigeprinzipien funktionieren nicht mehr exakt so wie bisher, oft sogar grundsätzlich anders. Außerdem gibt es natürlich auch ganz neue Möglichkeiten. Die meisten dieser Änderungen gelten auch für den Umstieg von HTPM I auf HPM III.

Hilfe

Die bisherige Hilfestellung durch das Programm selbst, für z.B. noch unbekannte Programmschritte, konnte bei HTPM I die Bezeichnung 'Hilfe' eigentlich nicht beanspruchen. Denn es wurden im wesentlichen nur Hinweise auf die Bildschirmsteuerung gegeben, aber nicht auf inhaltlichen Programmfunktionen. Das hat sich jetzt grundsätzlich geändert, so sehr und so gut, daß eigentlich das Handbuch überflüssig geworden ist. Neben der Hilfsanzeige-Wahl in einer umfangreichen Stichwortliste, kann der Aufruf von jedem mit dem Cursor angewählten Menü- oder Formularpunkt automatisch zum richtigen Thema erfolgen. Der zugehörige Hilfe-Bildschirm erläutert dann den geplanten Schritt, die erwartete Eingabe.

Fenster

Die Fenstertechnik erlaubte bisher die Wahl mehrerer Fenster, von denen maximal drei gleichzeitig auf dem Bildschirm erschienen. Jetzt ist nur noch die Darstellung von zweien möglich, der Weg dorthin ist auch länger geworden. Ein Vorteil besteht aber zusätzlich darin, daß zwei Arbeitsblätter 'übereinander' liegen können und man zwischen ihnen schnell hin- und herschalten kann.

Bildschirm-Gestaltung

Bei HTPM II erkennt man den Netzplan zuerst nicht mehr wieder. Statt vieler kleiner Kästchen füllen jetzt wenige große 'Klötze' den Bildschirm. Das ist zwar sehr hübsch und eindrucksvoll, doch sind die Kästchen wegen ihrer Größe der Übersichtlichkeit mehr als abträglich. Sehr nützlich ist, daß statt einer jetzt bis zu fünf Attribute an Vorgängen und Meilensteinen angezeigt werden können. Das gleiche gilt auch für die Balkenplan-Darstellung. Bei beiden Ansichten gibt es den Nachteil, daß bei dieser Einstellung oft nur noch drei Vorgänge auf dem Bildschirm Platz finden.

Einsatzmittel

Die wichtigste Ergänzung erhielt der EM-Zuweisungs-Balkenplan, in dem jetzt bei jedem Vorgang der Pufferbereich und der Vorgangsname angezeigt werden. Die Möglichkeiten für Überstunden-Berechnungen und Start-Verzögerungen können recht hilfreich sein. Die oft sehr bizarre Auslastungsgrafik ist 'geglättet' geworden, es wird nur noch ein Mittelwert gezeigt.

Kosten

Die Skalierung der Kostengrafik wird nicht mehr willkürlich vom Programm berechnet, sondern Einteilung und Beschriftung erfolgen jetzt in 'ablesbaren' Maßstäben. Dadurch steht zwar nicht wie bisher immer die maximal mögliche Skalenauflösung zur Verfügung, doch der bisherige Ablesefehler eines ungeübten Benutzers war sicher um ein mehrfaches größer als die kleinste jetzt doch noch ablesbare Einheit. Hinzugekommen sind die 'Overhead-Kosten', die 'Erwirtschaftete Arbeit' und die 'Projektierten Kosten'. Damit sind vielfältigere und praxisnähere Auswertungen möglich.

Ausdrucke

Die Gestaltungsmöglichkeiten sind verwirrend groß geworden. Weg vom vorgegebenen Schema ist jetzt jede Textauswertung fast nach jedem Wunsche zu gestalten. Besonders nützlich kann die Übertragung dieser Daten in andere Programm-Formate sein, um dort noch weitergehende Auswertemöglichkeiten zu nutzen.

3.14.2.2 Änderungen bei HPM III

Viele Masken wurden erweitert, umstrukturiert - mehr der praktischen Benutzung angepaßt. Aber es gab auch wesentliche Veränderungen:

FAST TRACK

Eine neue Eingabevariante - ein vereinfachter Balkenplan.

Strukturliste

Die Vorteile, die sich bei der Netzplan-Bearbeitung schon mit der Projektliste gezeigt haben, wurden durch das Einführen einer ähnlichen Eingabe- und Kontroll-Möglichkeit jetzt auch für den Strukturplan eröffnet.

EM-Kalender

Für jedes Einsatzmittel kann ein eigener Kalender erstellt - so z.B. für jede Person seine Urlaubspläne separat erfaßt werden.

Import/Export

Dieser Teil wurde erheblich erweitert, durch einen eigenen Menüpunkt aufgewertet. Die Übernahme und Übergabe von Daten von und zu anderen Programmen wird so erleichtert.

Halbzoom

Mit dieser Darstellungsform des Netzplans wird eine bessere Übersichtlichkeit erreicht - ein Teil der Beschriftung ist nun in der reinen Netzstruktur doch noch sichtbar.

Ausdruck-Maßstab

Ganz wichtig für die Ausnutzung der Drucker- oder Plotterpapiere bei Grafik-Ausdrucken: Mit etwas Übung passen die meisten Darstellung auf z.B. ein Blatt. Das Zusammenkleben von 'Bruchteilen' kann erheblich reduziert werden.

3.14.3 Konvertierung

Die Umwandlung der alten HTPM I und II Dateienformate in die neue Form von HPM III ist sehr einfach mit dem auf der fünften Diskette enthaltenen Konvertierungs-Programm durchzuführen. Nach dessen Aufruf sind die entsprechenden Quell- und Zielverzeichnisse auf Festplatte oder Diskettenlaufwerk anzugeben, aber auch die zu wandelnden Formate. So können z.B. auch Dateien des Konkurrenzprogramms 'TIMELINE' in das HPM-Format gewandelt werden. Die HTPM II-Projekte müssen in archivierter Form vorliegen.

Der danach erfolgende Wandlungsvorgang ist sehr langwierig und wird von unendlich vielen Festplatten-Schreib- und Lesezugriffen bestimmt. Sollte eine RAM-Disk vorhanden sein, ist deren Benutzung für die Aufnahme sämtlicher Dateien sehr anzuraten, um nicht nur Zeit zu gewinnen, sondern auch die Festplatte zu schonen.

Die erzeugten HPM III-Projektdateien werden im 'Archivierten' Zustand erzeugt. Die Projekte sind somit einzeln lauffähig und benötigen nicht mehr die Anwesenheit spezieller Projekt- und EM-Katalog-Dateien. Durch das Laden bestimmter Projekt-Dateien wird die gewünschte neue Projekt-Zusammenstellung erreicht.

3.15 AUSBLICK

Ein Ausblick kann bei solch einem Thema eigentlich nur eine Wunschliste für neue oder geänderte Programm-Eigenschaften für eine neue Version sein. Aber die hier angesprochenen Themen sollen auch zeigen, wo noch Schwächen von HPM liegen, die auch beim Wechsel von HTPM II auf HPM III nicht gelöst wurden.

Die Einsatzmittel-Kontrolle könnte in vielen Projekt-Situationen effektiver sein, wenn es möglich wäre beliebige EM zu überlagern, um die entsprechende Gruppenauslastung zu prüfen.

Kostenauswertungen sind heute mit Programmen für Geschäftsgrafiken erheblich anschaulicher zu gestalten. Einige Programmteile von ähnlichem Niveau müßten dringend ergänzt werden. Gerade Prognosen, Ausgleichsgeraden und die gleichzeitige Darstellung der Kosten unterschiedlicher Projekte sind die heutigen Anforderungen. Die Verwendung von Fremdprogrammen, die die HPM-Daten lesen und auswerten, ist in den meisten Fällen zu aufwendig und für den normalen Benutzer nicht möglich.

Die Programm-Geschwindigkeit ist für größere Projekte nicht ohne RAM-Disk zumutbar. Hier ist eine grundsätzliche Programm-Überarbeitung nötig. Ohne diese Computer-Ausstattung sollte man überlegen, ob man nicht lieber bei der Version HTPM II bleibt.

Die Urlaubsplanung ist jetzt zwar über EM-Kalender möglich, aber was nützt es, wenn dadurch die Probleme des Kapazitätsabgleichs nur in andere Zeiträume verschoben werden? Das 'Urlaubsproblem' ist also für ernsthaftere Benutzer immer noch nicht gelöst.

Das Programm sollte die Erzeugung von benutzerdefinierten Makros zulassen, um bestimmte, immer wiederkehrende Projektdarstellungen leichter zu erzeugen. Die jetzt vorhandenen Ausdruck-Schablonen sind schon der erste Schritt in diese Richtung.

4 Anhang

4.1 GLOSSAR

A > :
Betriebssystem-Anzeige des Disketten-Laufwerks 'A' (Vergleichbar: B > oder C >).

Arbeit:
Die Gesamtzeit, die alle Einsatzmittel für einen Vorgang benötigen (z.B. Manntage oder Mannstunden).

Arbeitszeit:
Die Tage an denen gearbeitet wird. So entsprechen 10 Arbeitstage in der Regel einer Zeitdauer von 14 Kalendertagen.

Archivieren:
Herauslösen eines Projekts aus dem Netzplanprogramm, z.B. um es als Dokumentation zu sichern.

Auslastungs-Faktor:
Das Maß der Belastung eines Einsatzmittels. Er liegt für eine Person zwischen 0 und 1, also zwischen '0' und maximal 100 Prozent.

Balkenplan:
Vorgangs-Darstellung durch eine dicke Linie, die der Vorgangsdauer entspricht. Auf der parallel verlaufenden Zeitachse entsprechen Balkenanfang und -ende den Vorgangsterminen.

Basisplan:
Die ursprünglichen Plandaten werden in ihm gespeichert, um sie den aktuellen gegenüber stellen zu können.

Beziehung:
(Siehe Verzögerung)

Code:
Sortierkriterium, in dessen Feld beliebige Angaben eingetragen werden können. Z.B. kann nach diesem Eintrag für eine spezielle Auswahl sortiert werden.

Cursor:
Zeiger auf dem Bildschirm, der die aktuelle Eingabeposition des Programms oder Betriebssystems zeigt. Er kann in der Form nicht nur einem blinkenden Strich oder Block ähneln, sondern erscheint auch als Balken oder Rahmen, z.B. bei Grafik-Darstellungen des Netzplans.

Datei:
Eine gespeicherte Einheit von zusammengehörenden Daten, z.B. denen eines Projekts.

Dauer:
Die zeitliche Länge eines Vorgangs.

Direktwahl:
Ersetzt Menüwahl durch das gleichzeitige Drücken zweier Tasten (meist Kombinationen von Ctrl oder ALT mit einer Buchstaben-Taste).

Einsatzmittel:
Eine Person oder eine Maschine, die mit Arbeit belastet werden kann.

EM:
Abkürzung für Einsatzmittel

EM-Kalender:
Ein Kalender für ein Einsatzmittel, in dem z.B. der Urlaub eines Mitarbeiters als arbeitsfreie Tage eingetragen wird.

Erwirtschafteter Wert:
Der Wert der bisher geleisteten Arbeit. Hier werden die gespeicherten, ursprünglich geplanten Basisplan-Kosten mit den aktuellen IST-Kosten verglichen. Die Abweichungen zum Plan-Wert zeigen eventuelle Rückstände.

Expandieren:
Ausweiten eines Unterprojekt-Platzhalters: er wird durch den Netzplan des Unterprojekts ersetzt.

Exportieren:
Textauswertungen werden in einem für das andere Programme lesbaren Format erstellt. So können extern weitere Auswertungen mit Hilfe anderer Programme verfaßt werden.

Extrahieren:
Einen Teil eines Projekts herauslösen und als eigenständiges Unterprojekt einrichten.

FAST TRACK:
Eine Sonderform der Balkenplan-Darstellung. Die Balken zusammengehörender Vorgänge können hintereinander angeordnet werden.

Fenster:
Ein Bildschirmausschnitt, in dem eine Programmdarstellung unabhängig von den umgebenden Bildschirm-Anzeigen bearbeitet werden kann.

Festkosten:
Zeitunabhängige Kosten, die auf einmal fällig werden. Also z.B. Fremdarbeiten, die mit einer Vorgangsfertigstellung verknüpft sind.

FL/SL:
Der Früheste oder Späteste Start, der bei einem Vorgang möglich ist (FL wird vom Programm automatisch eingestellt).

Folger:
Der Vorgang, der einem anderen folgt.

Formular:
Eine Bildschirm-Maske, in der in festgelegten Positionen bestimmte Werte einzutragen sind.

Formatierung:
Anpassen der verschiedenen grafischen Bildschirmdarstellungen an spezielle, projektbezogene Aufgabenstellungen (z.B. Zeitachsenlänge).

Fremdkosten:
Kosten von Arbeiten, die außerhalb der Firma bei manchen Aufgaben anfallen und somit nur als Ergebnis in der Planung auftauchen.

Frühester Start / Ende:
Die vom Programm entsprechend den Vorgangsdaten und der Vernetzung berechneten Termine.

Fußzeile:
Erläuterungen am unteren Rand von Auswertungs-Ausdrukken, um diese zu kommentieren.

Hauptprojekt:
Ein Projekt, dem ein oder mehrere Subprojekte untergeordnet sein können.

Hilfe:
Programmteil, das die wichtigsten Arbeitsschritte und Programmfunktionen erläutert. Sie wird über die Taste 'F1' (oder 'Shift'-'F1') aufgerufen.

IST-Ende/-Start:
Das Datum des wirklich erfolgten Vorgang-Beginns oder -Endes.

Kalender:
Die angepaßte Zeitgrundlage, auf der dieses Projekt erstellt wird, mit der das entsprechende Unternehmen arbeitet. Der Projektkalender enthält die firmenspezifischen Feiertage.

Kalenderzeit:
Die Zeitdauern werden entsprechend dem normalen Kalender angegeben, also mit allen Feiertagen. Sie wird verwendet, wenn z.B. eine Wartezeit auf einen externen Vorgang zu berücksichtigen ist, der unabhängig von den firmenspezifischen Arbeitstagen terminiert werden muß.

Kalkulation:
Die Neuberechnung des Netzplans eines Projekts. Alle Termine, Kosten, Einsatzmittel-Auslastungen und der Kritische Pfad werden dabei ermittelt.

Kritischer Pfad:
Der zeitlich kürzeste Weg durch einen Netzplan, der nur über Vorgänge führt, die keine Pufferzeit besitzen. Jede Verzögerung bei einem dieser Vorgänge wirkt somit direkt auf den Endtermin.

Kumulative Kosten:
Kosten-Darstellungsart, bei der jeder neue Wert zu der Summe aller bisherigen addiert wird.

Marken:
Die Attribute, also Kurzangaben, zu einem Vorgang oder Meilenstein, die ausgewählte Projektdaten im Netz- oder Balkenplan anzeigen.

Meilenstein:
Verknüpfungs- oder Kontrollpunkt zwischen Vorgängen in einem Netzplan.

Mindestpuffer:
Entsprechend seiner Größeneingabe im Projektformular wird der Kritische Pfad angezeigt. Ohne Eintrag werden nur Vorgänge mit dem Puffer '0' einbezogen.

Negativer Puffer:
Fehlermeldung, die dann auftritt, wenn bei der Berechnung eines Netzplans z.B. ein terminierter Vorgang nicht um den notwendigen Zeitraum nach hinten verschoben werden kann. Der Projekt-Endtermin ist somit falsch.

Netzplan:
Die Grafikdarstellung aller Arbeitsvorgänge eines Projekts, bei der die logischen Verbindungen zwischen diesen Aufgaben gezeigt werden.

Overhead-Kosten:
Diejenigen festen Kosten, die nur dem Gesamtprojekt zuzuordnen sind. Sie besitzen keine zeitliche oder vorgangsbezogene Verbindung.

Path:
Suchpfad des Betriebssystems zum Auffinden bestimmter Programmteile.

PLAN-Arbeit:
Die Arbeitszeit aller beteiligten Einsatzmittel an einem Vorgang oder Projekt, angegeben z.B. in Manntagen.

PLAN-Ende/-Start/-Dauer:
Die Vorgangsdaten, die den geplanten Terminen oder Zeiträumen entsprechen. Die Termine werden aus der Vernetzung berechnet, wenn sie nicht vorgegeben werden.

Projektierungs-Kosten:
Diejenigen Kosten, die beim Projektfortgang in der bisherigen Form und Geschwindigkeit, pro Vorgang oder für das Projekt entstehen werden.

Puffer:
Der überschüssige Zeitraum eines Vorgangs, um den dieser sich verschieben darf, ohne daß Termine gefährdet werden.

Pull-Down-Menüs:
Nach der Auswahl eines Menüpunkts erscheint unter diesem ein diesem Thema entsprechendes weiteres Menü.

Sortierung:
Aufsteigend (a b c d ...) oder Absteigend (z y x w ...) können z.B. Vorgangsnamen in den Tabellen sortiert werden.

Spätester Start / Ende:
Errechnet sich aus den Vorgangsdaten und dem Puffer in der Form, daß er denjenigen Termin angibt, der den Pufferzeitraum nach hinten ausnutzt. Jeder spätere Termin gefährdet den Projektendtermin.

Standard (-Kalender):
Dieser Kalender wird bei einer Projekteröffnung automatisch eingesetzt, wenn kein anderer angegeben wird. Er beinhaltet als Feiertage nur die Wochenenden.

Strukturplan:
Die Hauptbestandteile eines Projektes werden in ihren wesentlichsten Zusammenhängen entsprechend den verschiedenen Arbeitsebenen dargestellt. Er kann als Grundlage eines Netzplans dienen.

Strukturplan-Liste:
Tabellarische Zusammenfassung aller Aufgaben eines Strukturplans. In dieser Liste sind auch die Zu- und Anordnungen der Vorgänge erkennbar.

Subprojekt:
Ein Unter- oder Teilprojekt eines Hauptprojekts. Bestimmte zusammenhängende Projektteile werden aus dem Hauptprojekt ausgegliedert, um z.B. die Übersichtlichkeit zu verbessern.

Tutorial:
Unterrichtsprogramm, das mit praktischen Beispielen die Programm-Möglichkeiten vorstellt. Ein Lerneffekt entsteht verstärkt dadurch, daß die einzelnen Arbeitsschritte durch eigene Tastenbetätigung selbst durchgeführt werden müssen.

Überziehungskosten:
Wird ein Projekt nicht zu einem angegebenen Datum fertig, können dem Unternehmen vorher festgelegte Zusatzkosten entstehen (z.B. Strafgebühren).

Unvollständig:
Fehlermeldung, wenn es im Netzplan unverbundene Vorgangs- oder Meilensteinenden gibt. Bis zur Beseitigung dieses Problems ist keine Berechnung möglich.

Verbindung:
Der Abhängigkeit zwischen verschiedenen Projektteilen kann nicht nur durch eine Verbindung mit Hilfe eines Vorgangs, sondern auch durch eine einfache Verbindungslinie erfolgen.

Verknüpfungen:
Verbindungen der Teilaufgaben (Vorgänge) eines Projekts in der Darstellungsart eines Netzplans.

Verschobener Start:
Der Arbeitsbeginn eines Einsatzmittels in einem Vorgang kann verzögert angegeben werden.

Verzögerung:
Die Verbindung zweier Vorgänge kann eine Start-Verzögerung des hinteren Vorgangs gegenüber dem Start- oder Endtermin des vorstehenden Vorgangs beinhalten.

Verzweigung:
Die Gabelung von Vorgängen in mehrere Pfade eines Netzplans, um die geplanten Verknüpfungsbedingungen zu ermöglichen.

Vorgang:
Eine einzelne Aufgabe innerhalb eines Netzplans.

Vorgangsliste:
Eine Tabelle mit der Aufzählung aller Vorgänge und den zugehörigen Vorgangsdaten.

Zoom:
Netzplan-Darstellung als Überblick: Details werden weggelassen, um möglichst viel der Strukturen zeigen zu können.

Zuweisungsliste:
Die in diesem Vorgang verplanten Einsatzmittel werden hier mit ihren Belastungswerten eingegeben.

4.2 LITERATUR

In willkürlicher Auflistung folgen einige Fachbücher, die sich mit den Themen 'Netzplantechnik', 'Projektmanagement' und 'Planung' beschäftigen:

Netzplantechnik - H.J.Zimmermann - de Gruyter Verlag

Netzplantechnik - J.Schwarze - Neue Wirtsch.-Buchvlg.

Netzplantechnik - Anleit. zum Projektmanagement für Studium und Praxis - G. Altrogge - Gabler

Netzplantechnik - kurz und bündig - B.Heigenhauser - Vogel Vlg.

Projektleiter-Praxis - J.Hansel - Springer Vlg.

Projektmanagement - Handbuch für Industriebetriebe - B.Maddaus - Poeschel Vlg.

Projektmanagement in der industriellen Forschung und Entwicklung - J.Platz - Springer Vlg.

Projektmanagement mit dem PC - H. Mahnke - Vogel Vlg.

Projektmanagement - Planung und Abwicklung - W.Dreger - Bauverlag.

Projektmanagement - Planung, Überwachung und Steuerung - P.Rinza - VDI-Vlg.

Projektmanagement und Hierachie - P.Heintel - Gabler Vlg.

Projektplanung und Projektcontrolling - H.Schmitz - VDI-Vlg.

Planung und Plankostenrechnung - K.Mellerowicz - Haufe Vlg.

Planungsverfahren des Operations Research - M.Meyer - Vahlen Vlg.

Computergestützte Projektorganisation - R.W.Kuba - Müller Vlg.

Leitfaden des Software Projektmanagements - W.C.Cave - Forkel Vlg.

Lineare Planungsrechnung und Netzplantechnik - B. Runzheimer - Gabler Vlg.

Systems Projekt Management - Methodik, Planung, Durchführung - K.H.Rüsberg - Mod. Industrie Vlg.

Zur Kunst der Projektsteuerung - Qualifikation und Aufgabe - H.Kupper - Oldenbourg Vlg

4.3 TASTATUR-FUNKTIONEN

Diese Liste mit Tastenkombinationen für die schnellere Bedienung der wichtigsten Programmfunktionen, sollte bei der Arbeit mit HPM neben der Tastatur liegen. Bis man die Kombinationen auswendig kann, erspart sie einem das lange Suchen nach den richtigen Menüpunkten.

Ctrl-A	Aufnehmen, Vorgang
Ctrl-B	Balkenplan
Ctrl-C	Kalenderliste
Ctrl-D	Darstellung wechseln
Ctrl-E	Einsatzmittel-Zuweisungsliste
Ctrl-F	Finden, Vorgang, Datum oder Einsatzm.
Ctrl-H	Feier-/Arbeitstag anlegen
Ctrl-I	Inhalt eines Feldes löschen
Ctrl-K	Kalkulieren
Ctrl-L	Projektliste
Ctrl-N	Netzplan
Ctrl-O	Projektstrukturliste
Ctrl-P	Projektstrukturplan
Ctrl-Q	Fast Track
Ctrl-S	Sichern, Projekt
Ctrl-U	Umsetzen, Vorgang
Ctrl-V	Vorgangsformular
Ctrl-W	Wechseln, Fenster
Ctrl-X	Vorgang löschen
Ctrl-Z	Zoom, Netzplan

BILD 4.3-1 DIE WICHTIGSTEN TASTEN-BEFEHLE

4.4 MAßNAHMENLISTEN-BEISPIEL

Hier ist nochmals das Beispiel einer Maßnahmenliste aus Kapitel 2.8 aufgeführt, jetzt aber in der vollständigen Ausführung mit allen Unteraufgaben, um das Ideenlisten-Beispiel bis zum Ende vorzuführen.

M A ß N A H M E N - L I S T E

NR	VORGANG (Aufgabe)	VERANTW. (Mitarb)	TERMIN (Dauer)	BEMERK. (Fertig)
1	STAND PLANEN	MEIER	10 Tage	
1a	Standgröße ermitteln			
1b	Personal aussuchen			
1c	Geräte festlegen			
2	STAND MIETEN			
2a	Stand anmelden			
2b	Gebühr überweisen			
2.1	HOTELS BUCHEN			
2.1a	Hotel aussuchen			

BILD 4.4-1 MAßNAHMENLISTE (1.Teil)

- 2 -

NR	VORGANG (Aufgabe)	VERANTW. (Mitarb)	TERMIN (Dauer)	BEMERK. (Fertig)
2.1b	Zimmer reservieren			
3	STAND HERSTELLEN			
3a	Aufbau planen			
3b	Material beschaffen			
3c	Stand bauen			
3d	Stand prüfen			
3e	Stand zerlegen			
3.1	GERÄTE AUSSUCHEN			
3.1a	Ger. zusammenstellen			
3.1b	Vom Lager holen			
4	STAND TRANSPORTIEREN			
4a	Tr.-Mittel reservieren			
4b	Stand verpacken			

BILD 4.4-2 MAßNAHMENLISTE (2.Teil)

\- 3 -

NR	VORGANG (Aufgabe)	VERANTW. (Mitarb)	TERMIN (Dauer)	BEMERK. (Fertig)
4c	Stand verladen			
4d	Stand transportieren			
4e	Stand entladen			
5	STAND AUFBAUEN			
5a	Stand auspacken			
5b	Stand montieren			
5c	Stand dekorieren			
5.1	GERÄTE TRANS PORTIEREN			
5.1a	Tr.-Mittel PORTIEREN			
5.1a	Tr.-Mittel reservieren			
5.1b	Geräte verpacken			
5.1c	Geräte verladen			
5.1d	Ger. transportieren			

BILD 4.4-3 MAßNAHMENLISTE (3.Teil)

- 4 -

NR	VORGANG (Aufgabe)	VERANTW. (Mitarb)	TERMIN (Dauer)	BEMERK. (Fertig)
5.1e	Geräte entladen			
6	GERÄTE AUFSTELLEN			
6a	Geräte auspacken			
6b	Geräte anschließen			
6c	Geräte in Be trieb nehmen			

BILD 4.4-4 MAßNAHMENLISTE (4.Teil)

4.5 BILDER INDEX

5 Sachwortverzeichnis

- A -

- B -

- F -

- G -

- H -

- I -

- J -

- K -

- L -

- M -

- N -

- O -

- P -

- Q -

- R -

- S -

- T -

CAD mit AutoCAD

von Ekbert Hering und Ute Fallscheer

Eine umfassende Einführung für alle AutoCAD-Versionen einschließlich 9.0.
2., erweiterte und verbesserte Auflage 1990.
Ca. XVI, 385 Seiten mit 1 Falttafel.
Kartoniert ca. DM 78,–
ISBN 3-528-14590-0

Inhalt: Hardwarevoraussetzungen, Installation, Tastaturbelegung – Befehlseingabe, Menüs, Umgang mit Daten und Koordinaten – Verändern des Status, Einstellen der Peripheriegeräte – Digitalisiertabletts und Standardtabletts – Beispiele: Linien und Texte, Erklärung der Befehle – Anwendung der geometrischen Grundkonstruktionen – Bemaßung von Werkstücken – Arbeiten mit Blöcken und Schraffieren von Teilen – Darstellungen in der dritten Dimension (3D) – Isometrisches Zeichnen, Anwendung von Attributen – Restliche Befehle – Programmieren von AutoLISP.

Das Buch führt umfassend in die Handhabung und den Einsatz des CAD-Paketes AutoCAD ein. Der Leser erfährt alles über Computer Aided Design mit dem PC, angefangen bei den Hardwarevoraussetzungen über die Erklärung der Befehlsmöglichkeiten bis hin zur 3D-Darstellung, das Programmieren mit AutoLISP und isometrisches Zeichnen. Nicht zuletzt die vielen Übungsbeispiele, die Informationen über Zusatzanwendungen mit AutoCAD sowie ein Anhang mit einem ausführlichen Sachwortverzeichnis machen das Buch zu einem zuverlässigen Partner für alle Programmieraufgaben mit AutoCAD – sei es als Lehr- und Lernbuch oder als Nachschlagewerk.

Prof. Dr. Dr. *Ekbert Hering* und Dipl.-Ing. *Ute Fallscheer* sind an der Fachhochschule Aachen tätig.